U0145639

凝煉知識品味閱讀

凝煉知識品味閱讀

中介與調節模式：

SPSS + 外掛模組PROCESS之應用

吳明隆 著

五南圖書出版公司 印行

自序

中介模式（mediation model）與調節模式（moderation model）都是線性迴歸統計分法的應用，二種模式在社會科學研究範疇中常是研究者研究架構的研究模式之一。進階統合的模式為中介模式結合調節模式，此種模式又稱為中間的調節模式（mediated moderation）、調節的中介模式（moderated mediation）、條件化間接效果模式（conditional indirect effects）等，由於中介或調節模式都是以線性迴歸方程為導向，因而採用 SPSS 統計軟體都可以達到資料分析的目的。

《中介與調節模式——SPSS + 外掛模組 PROCESS 之應用》一書除介紹中介模式或調節模式之 SPSS 軟體的操作分析程序與結果解釋外，增列 SPSS 軟體外掛模組 PROCESS 的操作與實務應用。PROCESS 模組為免費軟體，作者為 Andrew F. Hayes 博士，Hayes 博士（2022）在其專書中對於 PROCESS 軟體如何應用於中介、調節及條件化程序有完整論述。PROCESS 模組的特色是可以直接進行中介、調節等模式的統計分析，就中介模式而言可以直接進行完全間接效果值檢定；就調節模式而言，自變項與調節變項不用進行平減轉換程序，可以直接使用原始變項測量值進行調節模式的統計分析，之後根據語法碼繪製調節變項水準群組的迴歸線。

PROCESS 模組的模式序號共有 92 個，即有 92 種研究架構模式，本書範例只介紹幾種研究論文常用的中介模式及調節模式，各種模式配合實例加以說明，包括操作程序與結果解析，並搭配 SPSS 軟體的操作與輸出表格結果供讀者前後對照，讓讀者能以最有效率方法「看得懂、學得會」。本書以深入淺出的方式，視讀者為中心的觀點書寫，以讀者能理解的字語書寫統計分析輸出結果。

本書得以出版，要感謝五南及其編輯群的協助，尤其是侯主編的聯繫與幫忙。由於作者所知有限，書中內容若有欠妥或繆誤之處，希望教育先進能加以指導，作為日後修正之參考。

吳明隆 于高雄師範大學

112 年 4 月 7 日

目錄

Chapter 1

中介變項

在實驗研究法中，實驗者操弄控制的變項稱為「自變項」（independent variable; [IV]），或稱為獨變項，受實驗操弄控制所影響的變項稱為「依變項」（dependent variable; [DV]），在迴歸分析中，依變項又稱「結果變項」（outcome variable）或「效標變項」（criterion variable），自變項又稱為解釋變項或預測變項。如投入動機對學習表現的影響中，投入動機為自變項（X 變項）、學習表現為依變項（Y 變項）。

壹、中介變項意涵

二個變項間的相關稱為積差相關，其量數值稱為積差相關係數，有相關才有迴歸預測功能，也才有可能有因果關係，二個變數間之迴歸方程式稱為簡單迴歸，預測力為積差相關係數的平方值一決定係數。

簡單線性迴歸方程式為：$Y_j = b_0 + b_1X + error_j$，$b_0$ 為截距項或迴歸常數項（regression constant），b_1 為迴歸係數或稱迴歸加權值（斜率）（regression coefficient/regression weight），表示自變項 X 變化一個單位時，依變項會改變 b_1 個單位。

自變項與依變項有顯著中高度相關時，在自變項與依變項間可能存有第三個變項，此變項會受到自變項的影響，變項本身又顯著影響依變項，此種變項稱為「中介變項」（mediating variable/mediators）。自變項與依變項間的相關不高，或是自變項對依變項的預測力未達統計顯著水準（$p > .05$），表示二者積差相關係數顯著等於 $r = 0$，r 平方決定係數一解釋變異量也是 0，此時進行自變項與依變項間的中介變項檢定便沒有實質意義。自變項與依變項間有顯著中高度相關時，為進一步探究其中是否受第三個變項影響，會增列第三個變項（M），此變項受到自變項 X 影響又可能影響依變項，稱為中介變項。中介模型的作用是確定並解釋在自變項與依變項之間的第三個假設變項，此第三個變項即為中介變項。Baron 與 Kenny（1986）提出以下的中介變項判斷準則：

1. 自變項 X 與依變項 Y 有顯著相關。
2. 自變項 X 與中介變項 M 有顯著相關。
3. 同時考量到自變項 X 與中介變項 M 時，中介變項 M 對依變項可能有影響。
4. 當考量到中介變項 M 時，自變項 X 對依變項 Y 的影響程度會低於未同時考量到中介變項投入情況。

5. 自變項 X 對依變項 Y 預測力未達統計顯著水準（積差相關係數值不顯著），就不用進行中介變項的檢定。

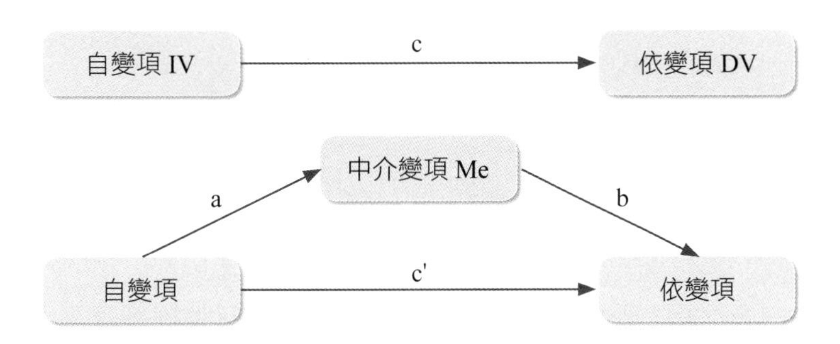

中介變項 M 在自變項 X 與依變項 Y 間的影響情況有二種型態：

1. 模式中同時投入中介變項 M 與自變項 X 作為解釋變項時，徑路係數 $c' = 0$，此時中介變項在模式中扮演的角色稱為「完全中介」（completely mediation）效果。
2. 模式中同時投入中介變項 M 與自變項 X 作為解釋變項時，徑路係數 $c' \neq 0$ 且 $c' < c$，此時中介變項在模式中扮演的角色稱為「部分中介」（partial mediation）效果。

貳、中介模式的圖示

範例主題：國中學生投入動機與學習表現關係之研究——學習策略為中介因子。

自變項為投入動機、依變項為學習表現、中介變項為學習策略。

1. 自變項（X 變項）投入動機對中介變項（M 變項）學習策略有直接影響，迴歸方程式為：$Me = \alpha_0 + \alpha_1 X$。

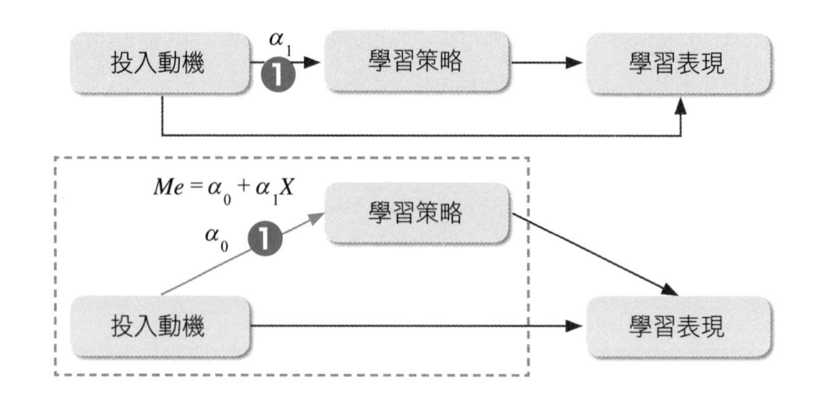

2. 自變項（X）投入動機對依變項（Y）學習表現有直接影響，迴歸方程式為：$Y=\beta_0+\beta_1 X$。

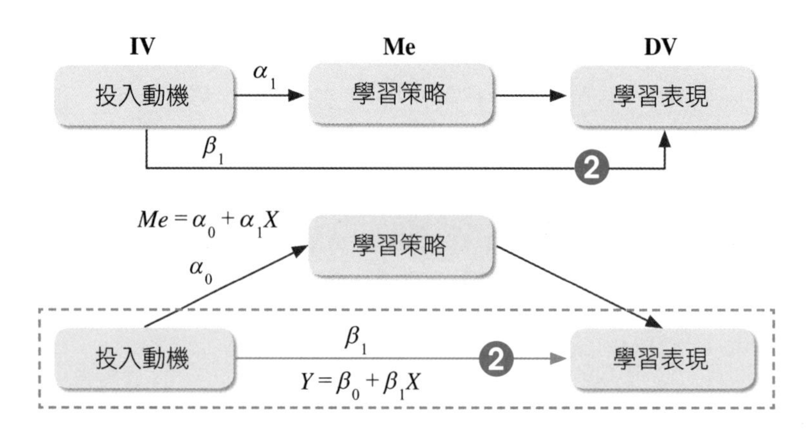

3. 同時將自變項 X 與中介變項 M 投入迴歸模式中，探究二者對依變項 Y 的影響結果，迴歸方程式為：$Y=\gamma_0+\gamma_1 X+\gamma_2 Me$。
4. 比較方程式 $Y=\beta_0+\beta_1 X$ 中迴歸係數 β_1，與方程式 $Y=\gamma_0+\gamma_1 X+\gamma_2 Me$ 中 γ_1 二個迴歸係數值標準化後的變化情況，若 γ_1 迴歸係數值未達統計顯著水準，表示同時投入自變項（X）與中介變項（M）後，自變項（X）對依變項（Y）無直接效果。

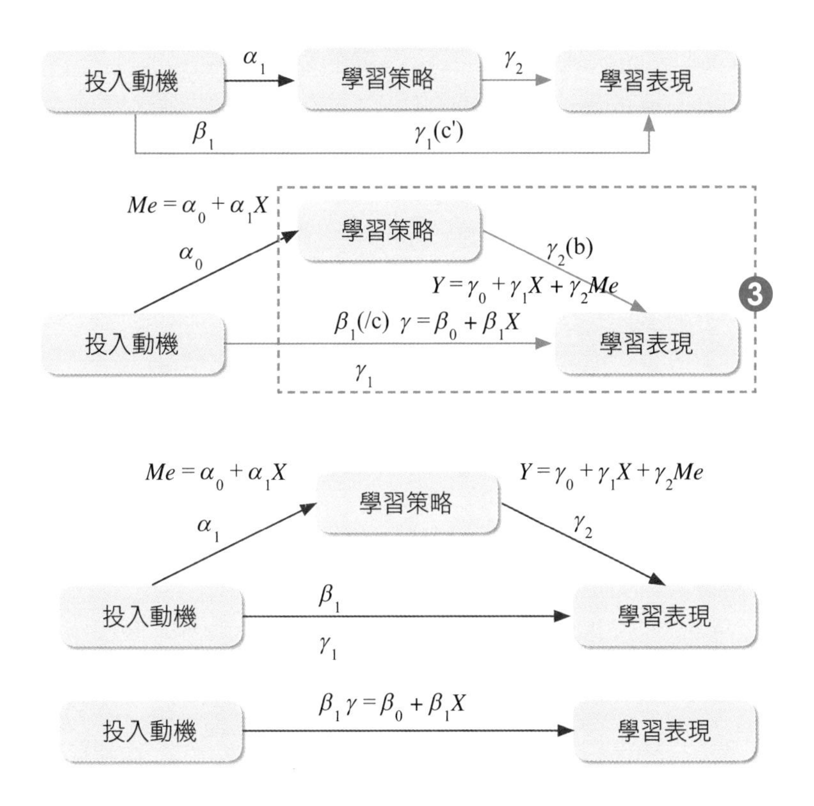

參、SPSS 操作程序

執行功能表列「分析 (A)/迴歸 (R)/線性 (L)」程序，開啟線性迴歸對話視窗。

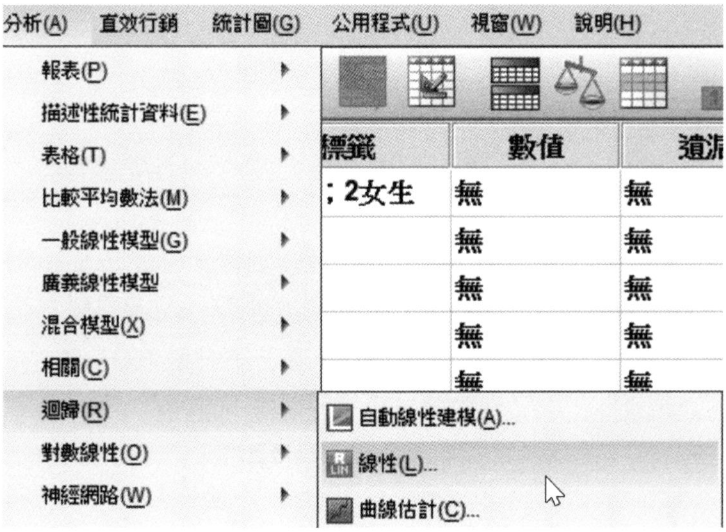

1. 在「線性迴歸」對話視窗中，從左邊變數清單點選中介變項「學習策略 [STRA]」至右邊「依變數 (D)：」下方框內，點選自變項「投入動機 [MOTI]」至「自變數 (I)：」方框內，按『確定』鈕。執行線性迴歸程序對應的圖示路徑如下：

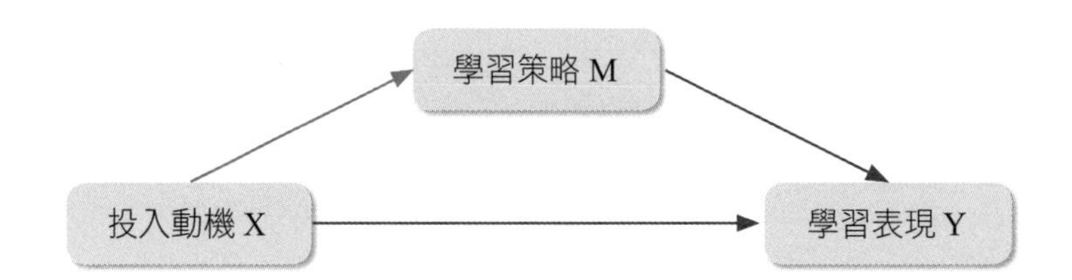

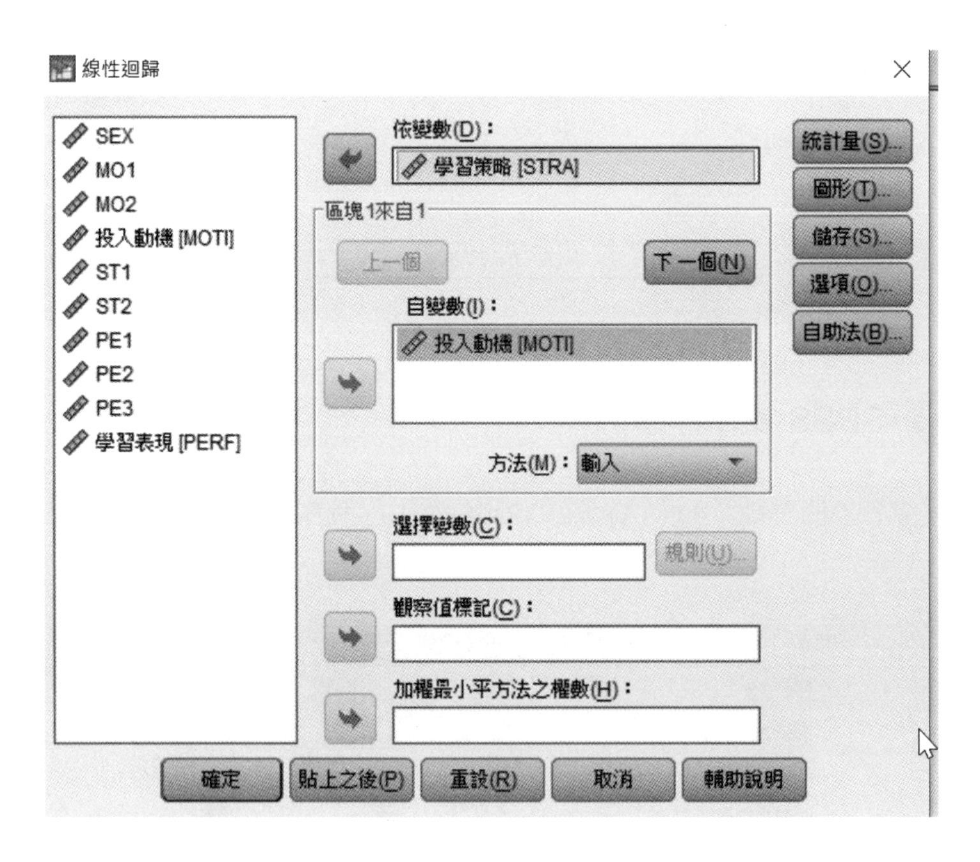

2. 在「線性迴歸」對話視窗中，從左邊變數清單點選依變項「學習表現 [PERF]」至右邊「依變數 (D)：」下方框內，點選自變項「投入動機 [MOTI]」至「自變數 (I)：」方框內，按『下一個 (N)』鈕，方盒區塊標記從「區塊 1 來自 1」（階層一模式）變成「區塊 2 來自 2」（階層二模式）。階層一迴歸操作程序對應的模式路徑如下：

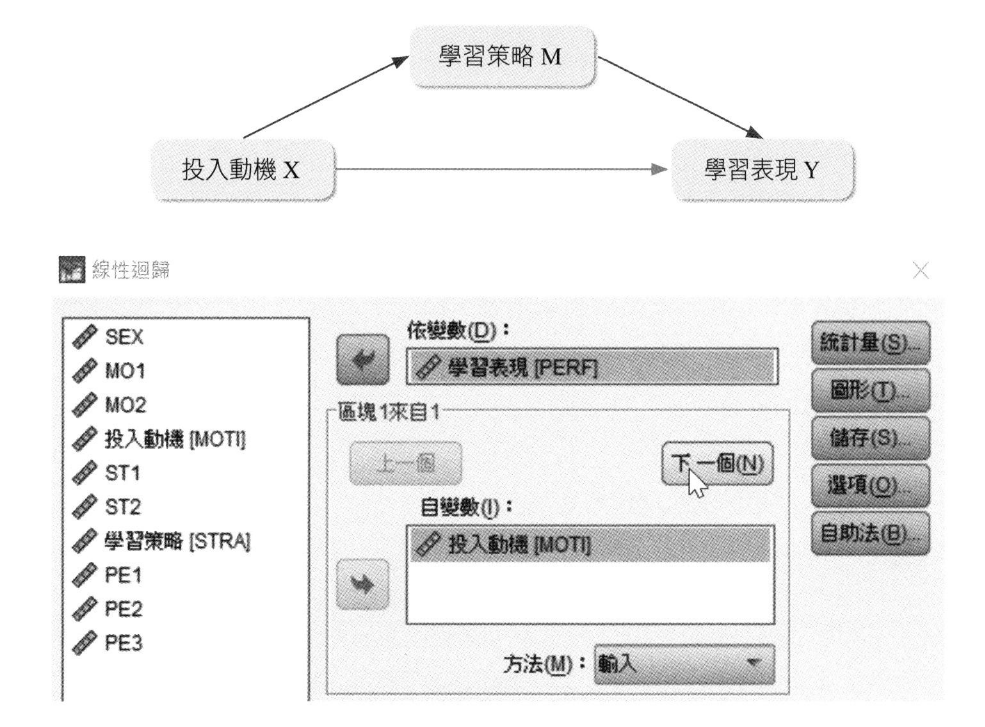

3. 點選中介變項學習策略 [STRA] 至右邊「區塊 2 來自 2」（階層二模式）方框內，此時階層二的模式有二個自變項，除學習策略外，也包括第一層之投入動機自變項。

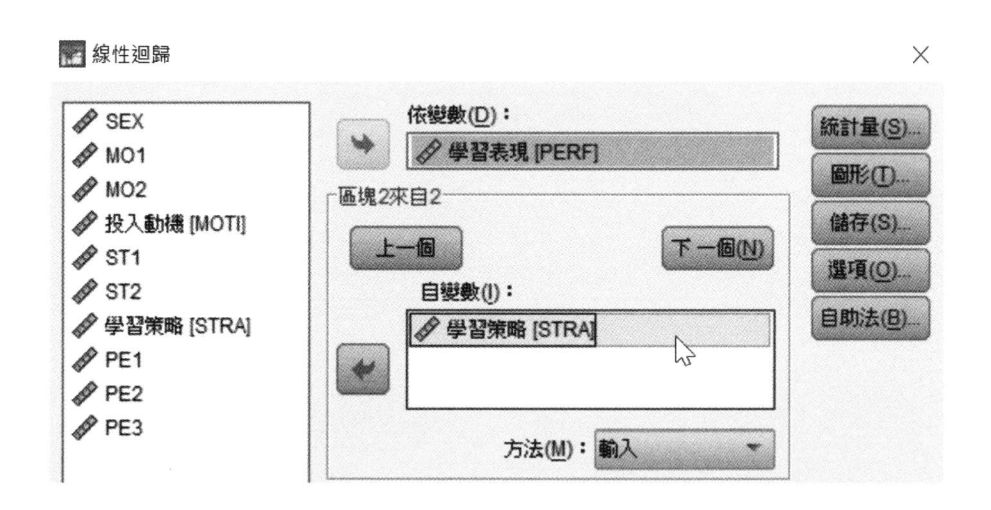

階層二迴歸操作程序對應的模式路徑如下：

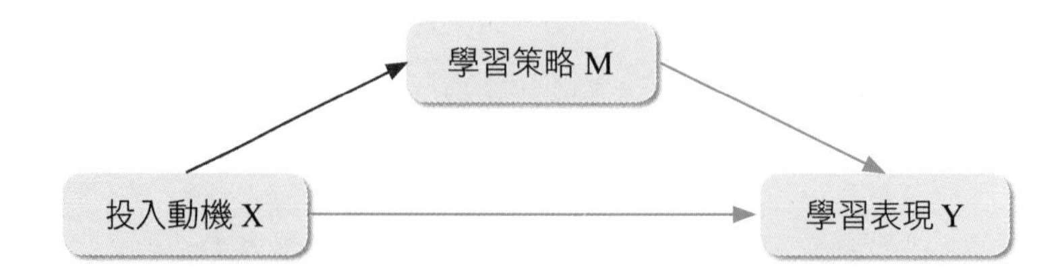

按『統計量 (S)...』鈕，開啟「線性迴歸：統計量」次對話視窗，勾選「☑ R 平方改變量 (S)」選項，原內定選項為「☑ 估計值 (E)」、「☑ 模式適合度 (M)」二個，增列勾選「☑ R 平方改變量 (S)」選項，在複迴歸程序中可以呈現階層二的 R^2 增加量多少。

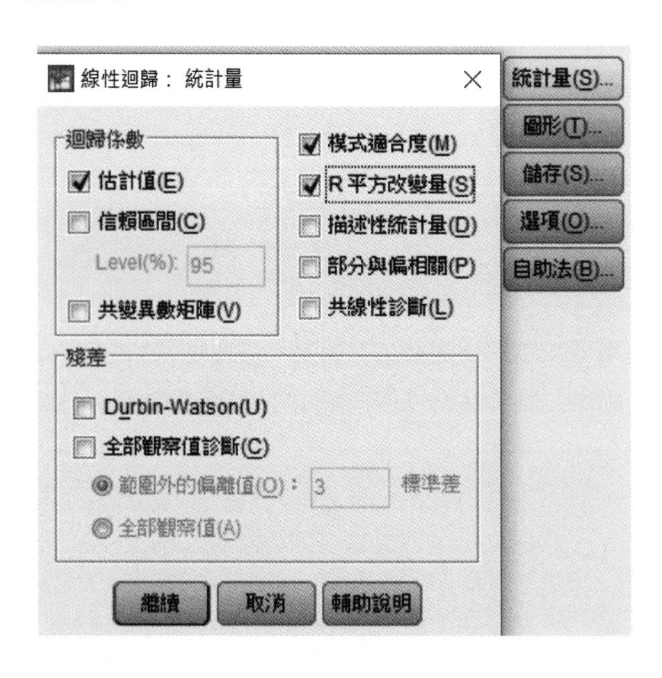

肆、輸出結果*

模式摘要

模式	R	R 平方	調過後的 R 平方	估計的標準誤
1	.651[a]	.424	.422	6.225

a. 預測變數: (常數), 投入動機

預測變項為學習動機、依變數為中介變項學習策略，多元相關係數為 .651，解釋變異量為 .424（等於二者相關係數的平方值——決定係數）。

係數[a]

模式		未標準化係數		標準化係數		
		B 之估計值	標準誤差	Beta 分配	t	顯著性
1	(常數)	5.178	3.131		1.654	.099
	投入動機	1.173	.064	.651	18.426	.000

a. 依變數: 學習策略

自變項對中介變項預測的原始迴歸係數 B = 1.173、標準誤 = .064、標準化迴歸係數 β = .651***，迴歸係數量數顯著性檢定之 t 值統計量 = 18.426（$p < .05$），拒絕虛無假設，迴歸係數達統計顯著水準（迴歸係數顯著不等於 0）。

模式摘要

模式	R	R 平方	調過後的 R 平方	估計的標準誤	變更統計量				
					R 平方改變量	F 改變	df1	df2	顯著性 F 改變
1	.527[a]	.278	.276	5.266	.278	177.641	1	462	.000
2	.666[b]	.444	.442	4.625	.166	138.051	1	461	.000

a. 預測變數: (常數), 投入動機
b. 預測變數: (常數), 投入動機, 學習策略

---

* 註 1：本書中的 SPSS 軟體同時使用二種不同版本，不同版本之線性迴歸輸出的表格文字有稍許差異，讀者可前後對照研讀。

註 2：模式即模型，B 之估計值欄位有些版本只輸出為 B，量數表示為非標準化迴歸係數；Beta 分配輸出為 Beta，量數表示為標準化迴歸係數。

對依變項 Y 學習表現的階層迴歸中，階層一自變項投入動機的解釋變異量為 .276，階層二自變項投入動機 + 中介變項學習策略的聯合解釋變異量為 .442，學習策略中介變項的 R 平方改變量 =.166，淨 F 值統計量 = 138.051（$p < .05$），達到統計顯著水準。

係數[a]

模式		未標準化係數		標準化係數	t	顯著性
		B 之估計值	標準誤差	Beta 分配		
1	(常數)	15.520	2.649		5.860	.000
	投入動機	.718	.054	.527	13.328	.000
2	(常數)	13.418	2.333		5.752	.000
	投入動機	.241	.062	.177	3.875	.000
	學習策略	.406	.035	.537	11.750	.000

a. 依變數: 學習表現

未投入中介變項學習策略時，投入動機對學習表現的影響（直接效果）為 .527（$p < .05$），模式中加入中介變項學習策略後，投入動機對學習表現的影響（直接效果）降至為 .177（$p < .05$），迴歸係數 = .241、標準誤 = .062，迴歸係數顯著性檢定的 t 值統計量 = 3.875，達到統計顯著水準。統計分析結果發現自變項投入動機對中介變項學習策略有顯著正向影響作用（$\beta = .651$），中介變項學習策略對依變項學習表現也有顯著正向影響作用（$\beta = .537$），迴歸係數 = .406、標準誤 = .035，迴歸係數顯著性檢定的 t 值統計量 = 11.750（$p < .05$），達到統計顯著水準。

投入學習策略中介變項後，三條徑路係數之標準化迴歸係數值如下：

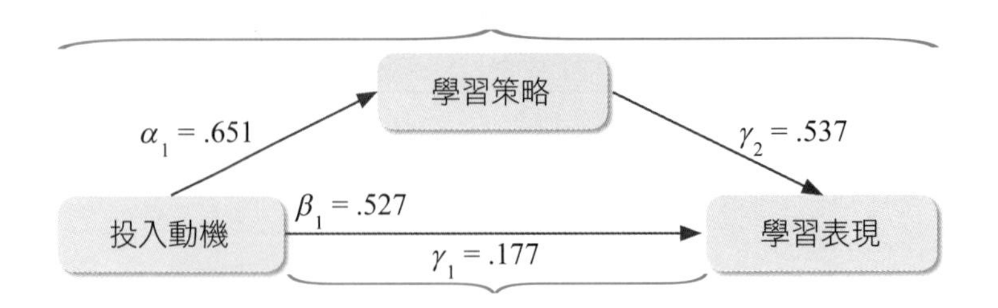

自變項投入動機對中介變項的直接效果值 = .651，未考量到中介變項學習策略時自變項投入動機對依變項的直接效果值 = .527，考量到中介變項學習策略時，自變項投入動機對依變項學習表現的直接效果值 = .177，中介變項學習策略

對依變項學習表現的直接效果值 = .537。

投入學習策略中介變項後，三條徑路係數之非標準化迴歸係數值如下，原始迴歸係數後括號內的量數為標準誤，非標準化迴歸係數值表示的是解釋變項改變一個單位量時，結果變項可以改變多少個的單位量。

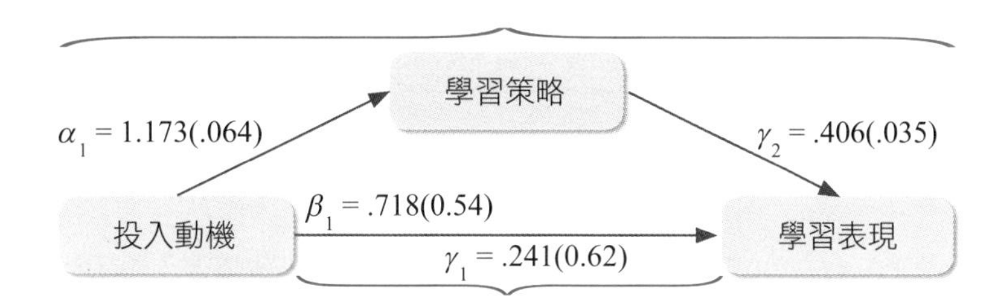

模式圖中的直接效果、間接效果與總效果值為：

直接效果（direct effect）：二個變項間直接的關係，影響大小程度為標準化迴歸係數 β 量數的大小。

間接效果（indirect effect）：二個變項與一個中介變項間的間接關係 =（IV⇨Me）×（Me⇨Y）= 投入動機對學習策略的直接效果乘以學習策略對學習表現的直接效果 = $\alpha_1 \times \gamma_2$ = .651 × .537 = .3495 = .350。

投入中介變項後模式中自變項對依變項影響的總效果值 = 直接效果值 + 間接效果值 = .177 + .350 = .527。統計量數 .527 為未投入中介變項學習策略時，自變項投入動機對依變項學習表現的影響程度量數值。

上述徑路圖考驗的是各徑路係數是否顯著不等於 0 的檢定，間接效果值是否顯著也要加以檢定，常用的檢定方法有二種：一為 Sobel test 法，二為拔鞋法（bootstrapping），拔鞋法可隨機產製大量與樣本屬性性質相同的樣本數，再進行統計量 95% 信賴區間的上下限量數值估計值。

伍、Sobel test 檢定法

Sobel test 檢定法統計量讀者可以依公式用 EXCEL 試算表計算，線上也有多個免費供讀者進行 Sobel test 的網站。下面列舉網站 uantpsy.orgl（網址：https://quantpsy.org/sobel/sobel.htm）所提供中介效果檢定的快速計算頁面。網站首頁如下：

中間效果值的檢定，傳統都是採用 Baron 與 Kenny（1986）所提的 Sobel test 法，以檢驗中間效果值是否顯著不等於 0。Sobel test 公式為：標準誤量數 $SE = \sqrt{a^2 s_b^2 + b^2 s_a^2}$。

上述公式中：

a：為自變項 X 對中介變項 M 迴歸方程之原始迴歸係數（未標準化迴歸係數）、s_a 為迴歸係數的標準誤（standard error）。

b：為中介變項 M 對依變項 Y 迴歸方程之原始迴歸係數（未標準化迴歸係數）、s_b 為迴歸係數的標準誤。

$$z\text{（或 } t \text{ 值統計量）} = \frac{ab}{\text{總標準誤}} = \frac{ab}{\sqrt{a^2 s_b^2 + b^2 s_a^2}}$$

虛無假設：母群體中的中間效果值 = 0

對立假設：母群體中的中間效果值 ≠ 0

雙尾檢定 z 值統計量（t 值統計量）絕對值若大於 1.96，則拒絕虛無假設，接受對立假設：母群體中的中間效果值顯著不等於 0；相對的，如果 z 值統計量

（t 值統計量）絕對值小於1.96，接受虛無假設：母群體中的中間效果值顯著等於 0。

網站中除提供 Sobel test 法量數外，另提供 Aroian test、Goodman test 二種檢定方法，二個檢定方法之方程公式為：

$$\text{Aroian test 公式} = \frac{ab}{\sqrt{a^2 s_b^2 + b^2 s_a^2 + s_a^2 s_b^2}}$$

$$\text{Goodman test 公式} = \frac{ab}{\sqrt{a^2 s_b^2 + b^2 s_a^2 - s_a^2 s_b^2}}$$

上述三個間接效果值檢定公式的差別在於二階標準誤（second order standard error），Sobel 檢定法的使用時機是母群體符合常態分配假定，樣本資料結構符合常態化型態，若是小樣本或是明顯偏態資料採用 Sobel 檢定法會有所偏誤。

第二種間接效果值是否顯著方式為直接鍵入迴歸係數顯著性檢定的 t 值統計量，二種方式檢定結果應是相同的。

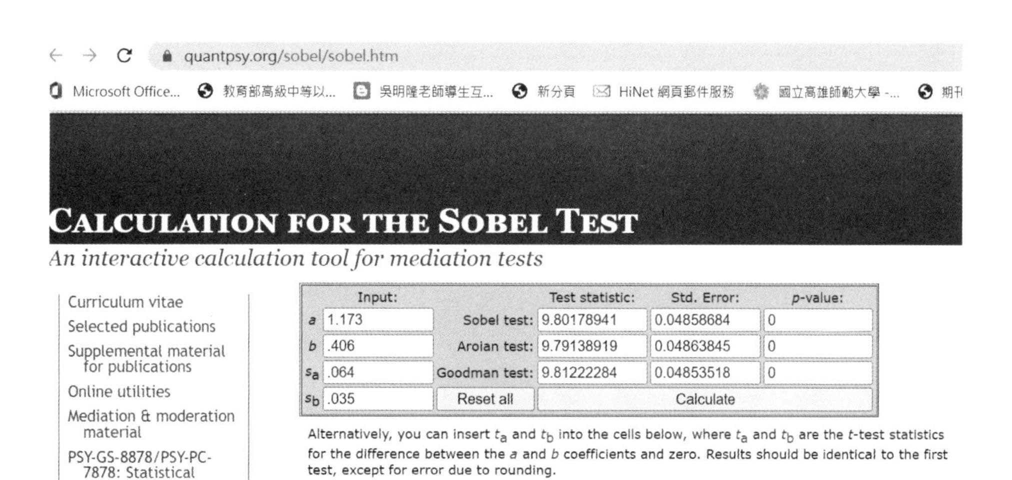

三種中間效果值檢定之統計量：

Sobel test 統計量 = 9.802、Aroian test 統計量 = 9.791、Goodman test 統計量 = 9.812，三個統計量數十分接近，均大於 +1.96。第二種表格直接鍵入迴歸係數之

t 值統計量量數，Sobel test 統計量 = 9.907、Aroian test 統計量 = 9.897、Goodman test 統計量 = 9.917，三個方法估算的檢定統計量量數差異甚小，統計量之顯著性機率值 $p < .001$。

Chapter 2

SPSS 外掛模組 PROCESS 安裝與操作

SPSS PROCESS 外掛模組的作者為 Andrew F. Hayes，Hayes（2022）在其編著的第三版 *Introducation to Mediation, Moderation, and Conditional Process Analysis—A Regression-Based Approach* 專書中之附錄 A，頁 621 至頁 649 可查閱到各概念型模式的序號，書中共列舉出模式 1 至模式 92，其中多數模式在論文期刊中很少看到。專書即針對 PROCESS 外掛模組執行程序的說明與結果解釋，本書的模式序號即參考此書附錄 A 提供的序號。

簡單中介模式之模式編號為模式 4：

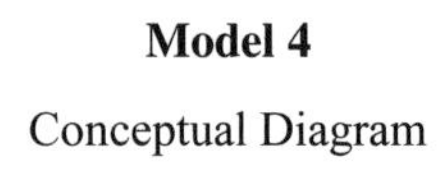

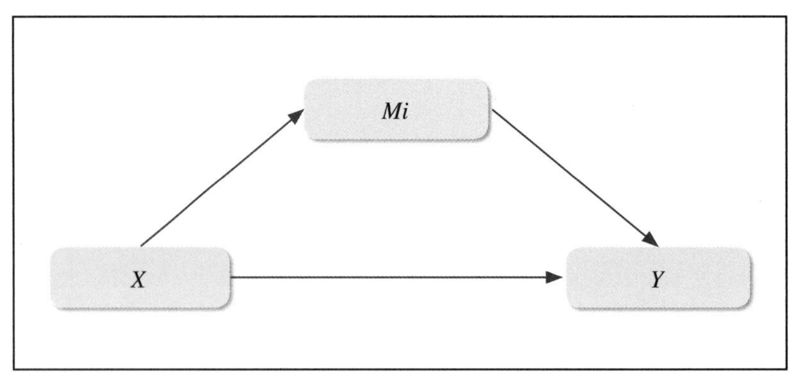

SPSS 外掛模組 PROCESS 程式下載的官方網址：「http://processmacro.org/index.html」。網址的首頁為「The PROCESS macro for SPSS, SAS, and R」，模組同時可安裝於 SPSS、SAS 及 R 軟體三個統計應用程式。

在首頁上點選『DOWNLOAD』選項，開啟軟體下載頁面（網址：http://processmacro.org/download.html）。

不安全 | processmacro.org/download.html

教育部高級中等以... 吳明隆老師導生互... 新分頁 HiNet 網頁郵件服務 國立高雄師範大學 -... 期刊投稿及稿件編... 統計資訊網:::範例資...

Process Analysis. SPSS and SAS users will find that the documentation in the **2nd** edition of the book applies to version 4 as well. Documentation for the R version of PROCESS is only available in the 3rd edition.

Click the button below to download version 4.2 of PROCESS (released 13 November 2022). When you do so, a .zip archive will download in accordance with your browser settings. The installation and use of PROCESS is documented in Appendix A as well as throughout the book. Appendix A also contains the model number templates for preprogrammed models. Instructions for creating your own models or modifying numbered models can be found in Appendix B. The appendices are not electronically available except in the e-book edition. PROCESS version 2 and 3 are no longer available or supported.

ATTENTION: MacOS "Catalina" users: This version of MacOS locks file access that makes it appear that files are missing and affects the operation of SPSS and the ability to install PROCESS. Here is a video that might be helpful in working around this problem.

點選『Download PROCESS v4.2』紅色鈕，下載壓縮檔「process v42.zip」檔案（2022 年 11 月 20 日），作者下載時的版本為壓縮檔「process v41.zip」，壓縮檔案可分別安裝於 SPSS 統計軟體、SAS 統計軟體、R 語言，書中的範例程序的統計分析同時有使用 PROCESS v4.1 及 PROCESS v4.2 二個版本。

、SPSS 軟體安裝 PROCESS 程序

安裝 PROCESS v4.1 的簡要程序步驟（SPSS 要安裝 V20 以上版本）：

1. 執行功能表列「公用程式 (U)」/「自訂對話框 (D)」/「安裝自訂對話框 (D)」程序：

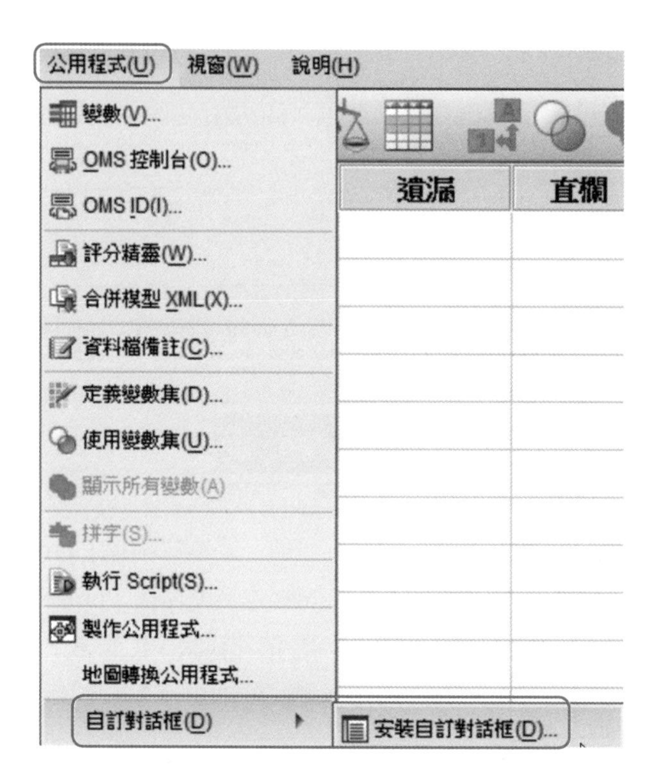

2. 在「開啟對話框規格」對話視窗中，點選 processv41 資料夾。

3. processv41 資料夾中有三個次資料夾，「PROCESSv4.1 for R」、「PROCESSv4.1 for SAS」、「PROCESSv4.1 for SPSS」，範例中點選「PROCESSv4.1 for SPSS」次資料夾。

開啟對話框規格

搜尋：processv41

PROCESS v4.1 for R
PROCESS v4.1 for SAS
PROCESS v4.1 for SPSS

檔案名稱：
檔案類型：自訂對話框封包檔案 (*.spd)

開啟(O)
取消
說明(H)
從儲存庫擷取檔案(R)...

4. 在「PROCESSv4.1 for SPSS」次資料夾中點選「Custom dialog builder file」子資料夾。

開啟對話框規格

搜尋： PROCESS v4.1 for S...

Custom dialog builder file

檔案名稱：

檔案類型： 自訂對話框封包檔案 (*.spd)

開啟(O)

取消

說明(H)

從儲存庫擷取檔案(R)...

5. 在「Custom dialog builder file」子資料夾中點選「process.spd」檔案，按『開啟』鈕。

安裝完成後於迴歸模組中會增列「PROCESS v4.1 by Andrew F. Hayes」子選單的名稱，子選單選項註記 PROCESS 作者為 Andrew F. Hayes。

分析(A) 直效行銷 統計圖(G) 公用程式(U) 視窗(W) 說明(H)

報表(P)
描述性統計資料(E)
表格(T)
比較平均數法(M)
一般線性模型(G)
廣義線性模型
混合模型(X)
相關(C)
迴歸(R)
對數線性(O)
神經網路(W)
分類(Y)
維度縮減(D)

標籤 數值 遺漏

自動線性建模(A)...
線性(L)...
曲線估計(C)...
偏最小平方(S)...
PROCESS v4.1 by Andrew F. Hayes

範例圖示為同時安裝「PROCESS v4.1 by Andrew F. Hayes」、「PROCESS v4.2 by Andrew F. Hayes」二個版本。

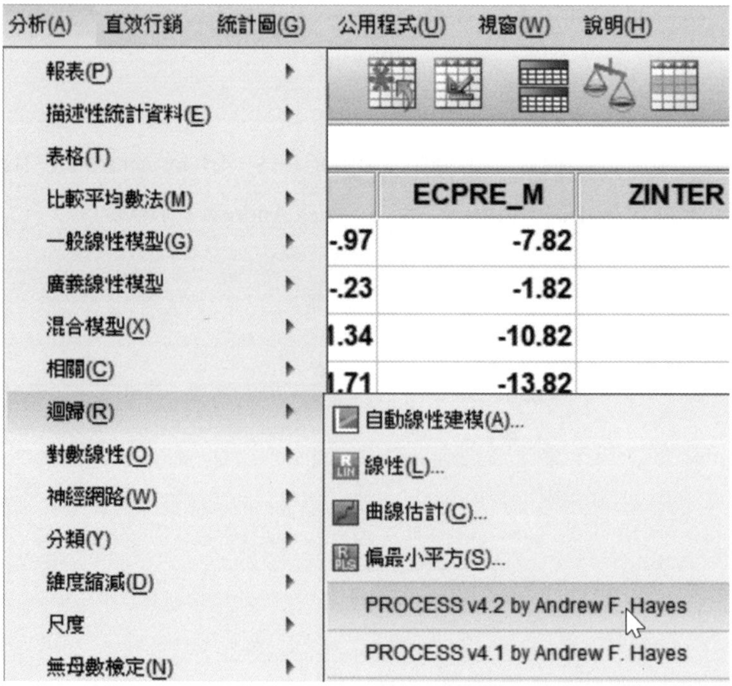

分析(A) 直效行銷 統計圖(G) 公用程式(U) 視窗(W) 說明(H)

報表(P)
描述性統計資料(E)
表格(T)
比較平均數法(M)
一般線性模型(G)
廣義線性模型
混合模型(X)
相關(C)
迴歸(R)
對數線性(O)
神經網路(W)
分類(Y)
維度縮減(D)
尺度
無母數檢定(N)

	ECPRE_M	ZINTER
-.97	-7.82	
-.23	-1.82	
1.34	-10.82	
1.71	-13.82	

自動線性建模(A)...
線性(L)...
曲線估計(C)...
偏最小平方(S)...
PROCESS v4.2 by Andrew F. Hayes
PROCESS v4.1 by Andrew F. Hayes

、PROCESS 視窗界面簡要說明

「PROCESS_v4.1」主對話視窗中，左邊「Variables:」方框中為資料檔的所有變項名稱，右邊的變項包括以下幾個：

「Y variable:」下方框選取的變項為模式中界定的依變項（結果變項/效標變項）（只能選取一個）。

「X variable:」下方框選取的變項為模式中界定的自變項（獨變項）（只能選取一個）。

「Mediator(s)M:」下方框選取的變項為模式中界定的中介變項（可以選取多個中介變項）。

「Covariate(s):」下方框選取的變項為模式界定的控制變項（可以選取多個控制變項）。

「Moderator variable W:」下方框選取的變項為模式界定的第一個調節變項。

「Moderator variable Z:」下方框選取的變項為模式界定的第二個調節變項（第二個調節變項在模式中用 Z 或 V 表示）。

「Model number:」選單選取模式的序號，內定的數值為 1（一個調節變項的簡易模式）。概念型模式圖的模式序號在 Andrew F. Hayes（2022）編著的專書中可查閱到。

「Confidence intervals」選單選取信賴區間值的大小，內定的數值為 95，表示信賴區間為 95%（對應的顯著水準為 .05），此選項通常不用更動，此區間估計值採用的方法為拔鞋法（bootstrap），因而又稱拔鞋法信賴區間（bootstrap confidence interval）。

「Number of bootstrap samples」選單選取拔鞋法樣本產製的個數，內定的數值為 5000，研究者若想將拔鞋法樣本產製的個數降低，可以選取樣本數為 1000、2000 選項，樣本產製的個數愈多，電腦執行的程序會稍為久一些。

左下方「□Save bootstrap estimates」選項勾選時表示儲存拔鞋法估計值，「□Bootstrap inference for model coefficients」選項勾選時表示增列模式係數之拔鞋法估計值。PROCESS 模組對於間接效果值的檢定是採用拔鞋法（重新模擬樣本結構產製樣本數）之信賴區間（confidence interval）估計法，拔鞋法 95% 信賴區間若包含數值點 0，表示估計值為 0 的機率很高，接受虛無假設：間接效果值

0；相對的，如果拔鞋法 95% 信賴區間不包含數值點 0，表示估計值為 0 的機率很低，拒絕虛無假設，接受對立假設：間接效果值 $\neq 0$。

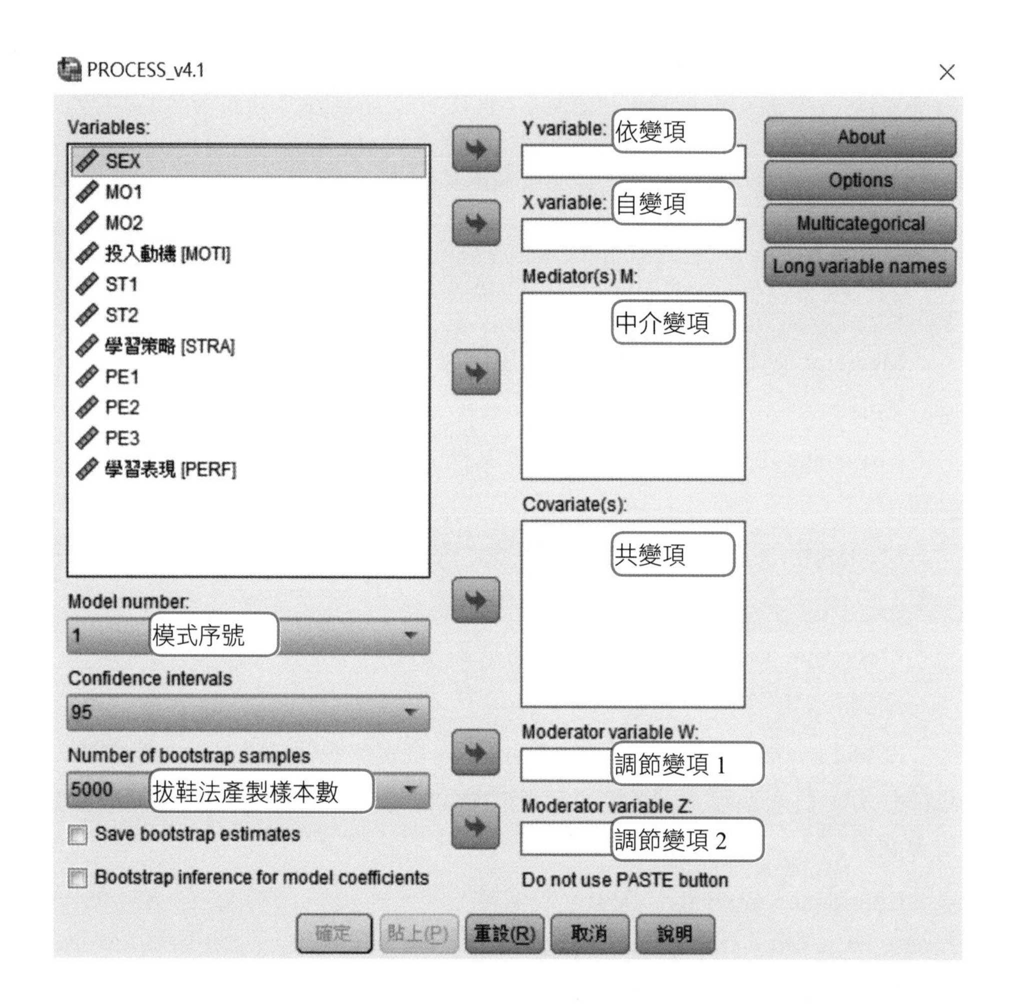

在主視窗中按右邊『Options』（選項）鈕可以開啟「PROCESS options」（PROCESS 選項）次對話視窗，此次對話視窗在設定模式的輸出結果，常用者有以下幾個：

「□Generate code for visualizing interactions」：選項勾選後可輸出調節變項交互作用圖形的資料檔，根據語法資料檔可以繪製出不同調節變項水準群組之迴歸線。

「□Show total effect model (only models 4, 6, 80, 81,82)」：選項勾選後可以顯示總效果模式（只有模式序號 4, 6, 80, 81, 82 才有作用）。

「□Pairwise contrasts of indirect effects」：選項勾選後可進行間接效果的配

對比較結果。

「□Standardized effects(mediation-only models)」：選項只適用於中介模式，勾選後可輸出完全標準化效果值。

「Decimal places in output」選單可選取界定輸出估計值小數位數，內定小數位數為 4 位數（一般可輸出到小數第 3 位就可以）。

「Mean center for construction of products」方盒中有三個選項：

「◉No centering」：模式中的變項不用進行平減處理。

「○All variables that define products」：模式中所有界定變項都要進行平減處理程序（自變項與調節變項，不包括依變項）。

「○Only continuous variables that define products」：只有模式中的連續變項（計量變項）才要進行平減處理。

註：平減程序一般用於調節變項模式，平減程序是變項原測量值分數減掉變項總平均數，平減轉換的變項為自變項與調節變項。

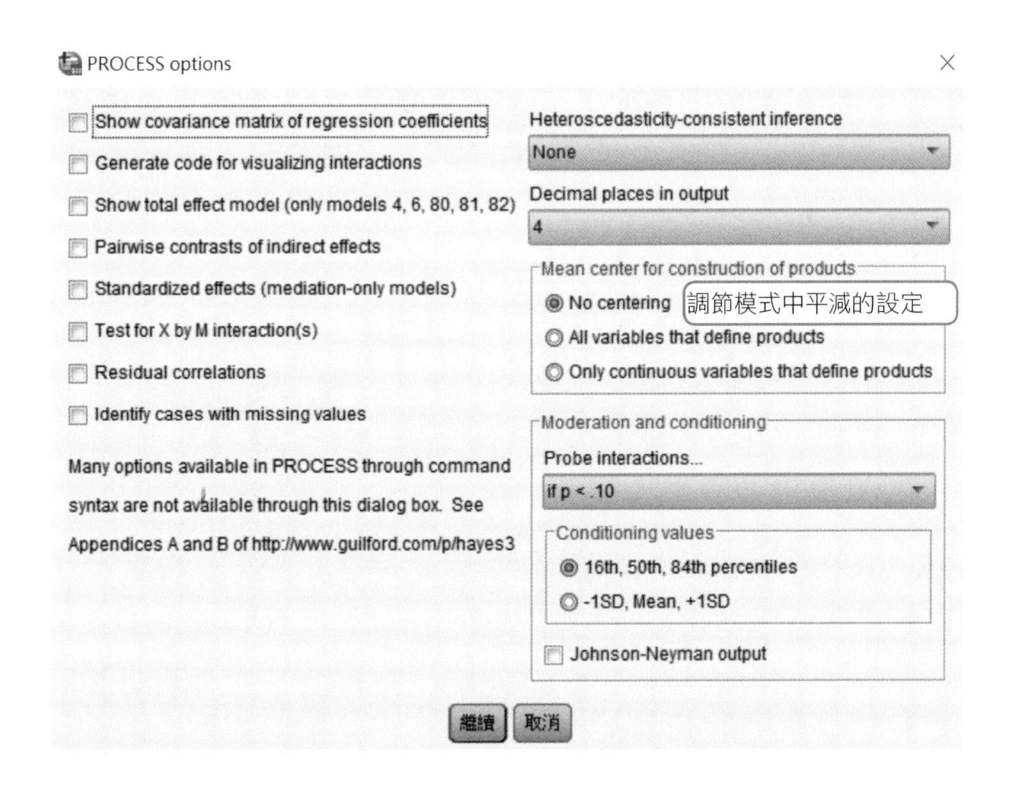

「Probe interactions...」選單界定探究交互作用項的顯著性機率值，內定為「if p < .10」，選單中有五個選項，「always」、「if p < .20」、「if p < .10」、「if p < .05」、「if p < .01」。顯著性 p 值一般界定為「p < .05」。

「Conditioning values」（條件化數值）方盒界定界定計量變數之調節變項的水準群組如何劃分，內定選項為「◉16th, 50th, 84th percentiles」（百分位數 16、50、84 為分割點）；另一個選項為「○-1SD, Mean, +1SD」，平均數下一個標準差為低分組、平均數上一個標準差為高分組，平均數上下一個標準差中間為中分組。在調節變項模式中，調節變項的分組一般是選取方盒中的第二個選項「◉-1SD, Mean, +1SD」，但因為平均數 +1 個標準差位置之百分位數約為 84，-1 個標準差百分位數位置約為 16，所以二個選項得出結果是相同的。

右邊最下方選項「□Johnson-Neyman output」為共變數分析程序中界定輸出詹森內曼法的估計結果。

參、一個中介效果檢定——模式 4

範例對話視窗中，分別將依變項「學習表現 [PERF]」、自變項「投入動機 [MOTI]」、中介變項「學習策略 [STRA]」從變項清單中分別點選至右邊提示字語「Y variable:」、「X variable:」、「Mediator(s)M:」下方方框中（原資料檔中的變數名稱為英文、變數標記為中文，[ ] 中的英文才是變數名稱）。

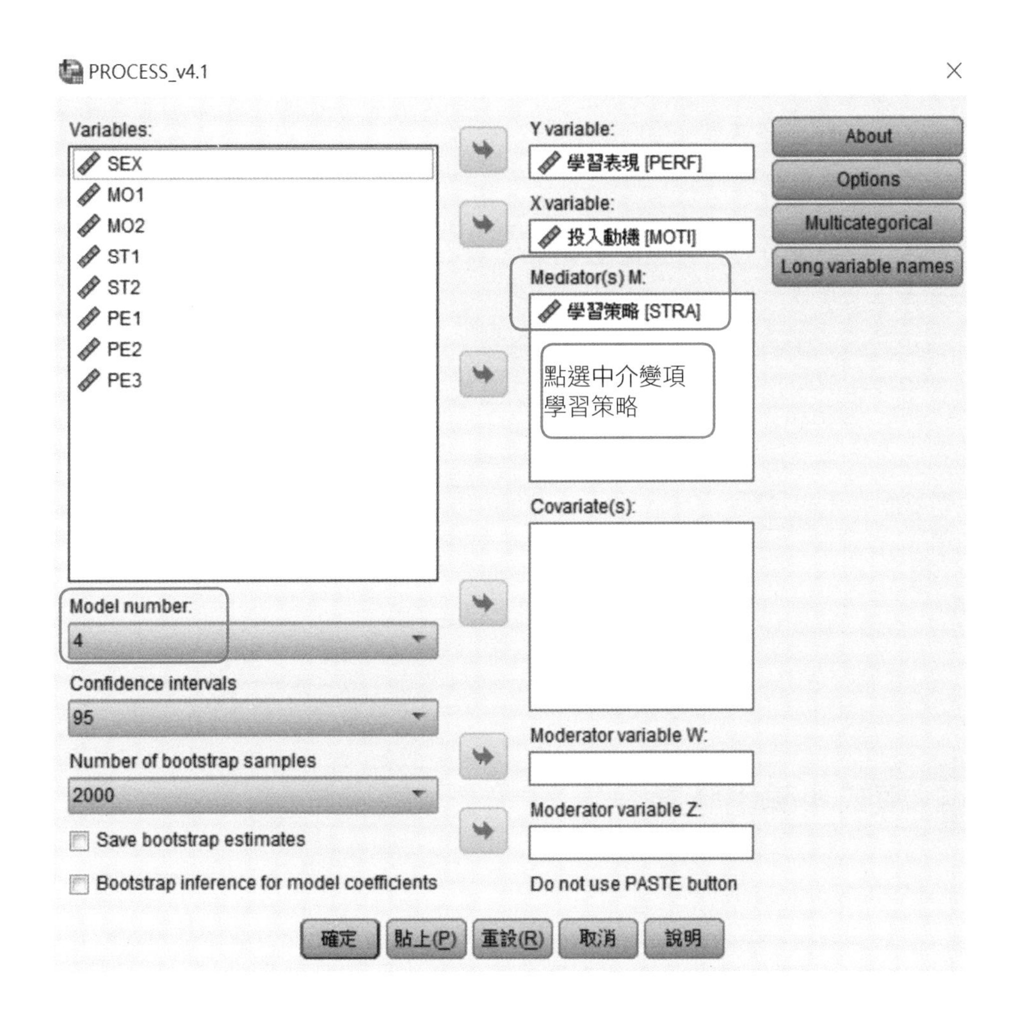

模式序號（Model number）選單選取模式 4。拔鞋法樣本產製的個數（Number of bootstrap samples）選單選取數值 2000。

主對話視窗中按右邊『Options』（選項）鈕開啟「PROCESS options」（PROCESS 選項）次對話視窗：

1. 勾選「☑Show total effect model (only models 4, 6, 80, 81,82)」、「☑Standardized effects (mediation-only models)」二個選項。
2. 「Decimal places in output」選單選取數值 3，界定輸出估計量小數點到小數第三位。

按『繼續』鈕，回到「PROCESS」主對話視窗，再按『確定』鈕。

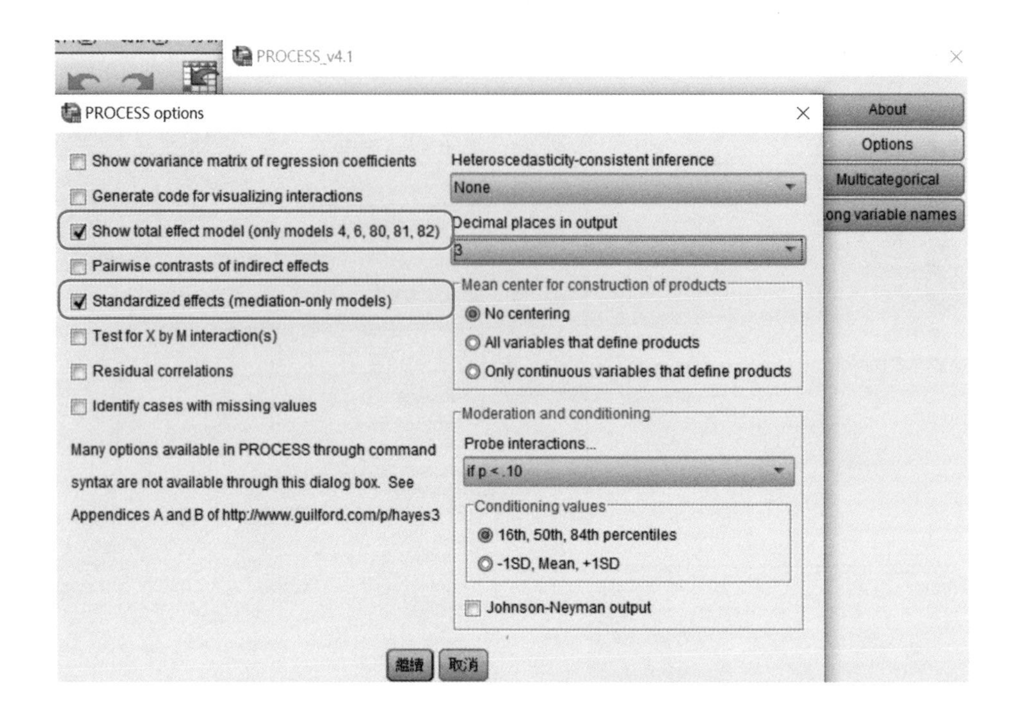

肆、模式 4 輸出結果

Run MATRIX procedure:

***************** PROCESS Procedure for SPSS Version 4.1 *****************

Written by Andrew F. Hayes, Ph.D.　　www.afhayes.com

Documentation available in Hayes (2022). www.guilford.com/p/hayes3

****

[說明]　軟體版本及作者的說明，PROCESS 模組的作者為 Andrew F. Hayes，PROCESS 模組版本為 4.1。

Model : 4

Y : PERF

X : MOTI

M : STRA

Sample

Size: 464

[說明] 模式序號為 4，依變項 Y 為「PERF」（學習表現）、自變項 X 為「MOTI」（投入動機）、中介變項 M 為「STRA」（學習策略），有效樣本數共 464 位（N = 464）。

****

OUTCOME VARIABLE:

STRA

Model Summary

R	R-sq	MSE	F	df1	df2	p
.651	.424	38.755	339.531	1.000	462.000	.000

Model

	coeff	se	t	p	LLCI	ULCI
constant	5.178	3.131	1.654	.099	-.975	11.330
MOTI	1.173	.064	18.426	.000	1.048	1.298

Standardized coefficients

	coeff
MOTI	.651

[說明] 結果變項為學習策略，預測變項為投入動機、多元相關係數為 .651，R^2 = .424，原始迴歸係數為 1.173、標準誤為 .064，迴歸係數是否顯著等於 0 的 95% 信賴區間值 [1.048, 1.298]，不包括數值點 0，表示迴歸係數顯著不等於 0。標準化迴歸係數 β = .651，模式迴歸方程式為：

學習策略（M）= 5.178 + 1.173 投入動機（X）

註：圖示中括號前量數為非標準化迴歸係數值，括號內量數為標準化迴歸係數值。

****

OUTCOME VARIABLE:

PERF

Model Summary

R	R-sq	MSE	F	df1	df2	p
.666	.444	21.390	184.194	2.000	461.000	.000

Model

	coeff	se	t	p	LLCI	ULCI
constant	13.418	2.333	5.752	.000	8.833	18.002
MOTI	.241	.062	3.875	.000	.119	.364
STRA	.406	.035	11.750	.000	.338	.474

Standardized coefficients

	coeff
MOTI	.177
STRA	.537

[說明] 結果變項為學習表現，預測變項為投入動機及學習策略二個、多元相關係數為 .666，R^2 = .444，投入動機原始迴歸係數為 0.241、標準誤為 .062，t 值統計量 = 3.875（p <.05），達到統計顯著水準；學習策略原始迴歸係數為 0.406、標準誤為 .035，t 值統計量 = 11.750（p < .05），達到統計顯著水準。複迴歸方程中，預測變項投入動機及學習策略的標準化迴歸係數 β 分別為 .177、.537。模式的迴歸方程式為：

學習表現（Y）= 13.418 + 0.241 × 投入動機（X）+ 0.406 × 學習策略（M）

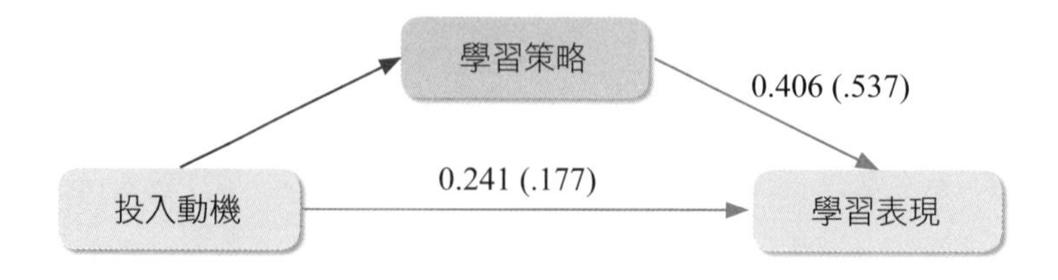

********************** TOTAL EFFECT MODEL *************************

OUTCOME VARIABLE:

PERF

Model Summary

R	R-sq	MSE	F	df1	df2	p
.527	.278	27.735	177.641	1.000	462.000	.000

Model

	coeff	se	t	p	LLCI	ULCI
constant	15.520	2.649	5.860	.000	10.316	20.725
MOTI	.718	.054	13.328	.000	.612	.823

Standardized coefficients

	coeff
MOTI	.527

[說明] 結果變項為學習表現，預測變項為投入動機、多元相關係數為 .527，R^2 = .278，原始迴歸係數為 0.718、標準誤為 .054，迴歸係數是否顯著等於 0 的 95% 信賴區間值 [.612, .823]，不包括數值 0，表示迴歸係數顯著不等於0。標準化迴歸係數 β = .527，迴歸模式的迴歸方程式為：
學習表現（Y）= 15.520 + 0.718 投入動機（X），投入動機自變項改變一個單位，結果變項學習表現就改變 0.718 個單位，由於迴歸係數為正值，表示解釋變項對結果變項的影響程度為正向。

********** TOTAL, DIRECT, AND INDIRECT EFFECTS OF X ON Y ***********

Total effect of X on Y

Effect	se	t	p	LLCI	ULCI	c_cs
.718	.054	13.328	.000	.612	.823	.527

[說明] 自變項 X 對依變項 Y 的總效果，Effect 欄的量數並非標準化量數，總效果值為直接效果值 + 間接效果值 = .241 + .476 = .717。

Direct effect of X on Y

Effect	se	t	p	LLCI	ULCI	c'_cs
.241	.062	3.875	.000	.119	.364	.177

[說明] 自變項 X 對依變項 Y 的直接效果，Effect 欄的量數並非標準化量數。

Indirect effect(s) of X on Y:

	Effect	BootSE	BootLLCI	BootULCI
STRA	.476	.045	.390	.568

[說明] 模式中自變項 X 對依變項 Y 的間接效果，Effect 欄的量數並非標準化量數。非標準化間接效果值拔鞋法估計結果，95% 信賴區間值為 [.390, .568]，未包含數值點 0，拒絕虛無假設，間接效果值達到統計顯著水準，即模式投入動機自變項對依變項學習表現影響間接效果值量數顯著不為 0。間接效果值為（投入動機⇨學習策略的直接影響效果）×（學習策略⇨學習表現的直接影響效果）= ab = 1.173 × 0.406 = 0.476。

Completely standardized indirect effect(s) of X on Y:

	Effect	BootSE	BootLLCI	BootULCI
STRA	.350	.030	.291	.407

[說明] 自變項對依變項完全標準化間接效果值 = .350，拔鞋法下限值（BootLLCI）= .291、上限值（BootULCI）= .407，95% 信賴區間值 [.291, .407] 未包含量數 0，表示間接效果值顯著不等於 0。效果值（Effect）欄的統計量 .350 =（投入動機⇨學習策略間接效果值）×（學習策略⇨學習表現間接效果值）= .651 × .537 = .350。

```
******************** ANALYSIS NOTES AND ERRORS ********************
Level of confidence for all confidence intervals in output:  95.0000
Number of bootstrap samples for percentile bootstrap confidence intervals:
  2000
------ END MATRIX -----
```

[說明] 信賴區間與拔鞋法樣本產製數目界定的說明。

投入動機對學習表現的影響——學習策略為中介變項之統計分析的結果整理如下：

	結果變項-學習策略				結果變項-學習表現			
解釋變項	截距	非標準化迴歸係數 B	標準誤	標準化迴歸係數 β	截距	非標準化迴歸係數 B	標準誤	標準化迴歸係數 β
投入動機 (X)	5.178	1.173***	.064	.651	----	----	----	----
	R^2 = .424							
投入動機 (X)	----	----	----	----	15.520	718***	.054	.527
					R^2 = .278			
投入動機 (X)	----	----	----	----	13.418	.241***	.062	.177
學習策略 (M)	----	----	----	----		.406***	.035	.537
					R^2 = .444			

學習策略在投入動機自變項與學習表現依變項間的中介效果為「部分中介」（partial mediation）而非「完全中介」（complete mediation）。某些研究者認為中介變項在模式中扮演「完全中介」比較好，這個信念不是十分正確，假想中介變項 M 在自變項 X 與依變項 Y 間的角色為「完全中介」，表示納入中介變項 M 進到模式中後，中介變項 M 對依變項 Y 的影響程度大於自變項 X 對依變項 Y 的影響程度，研究者直接探究中介變項 M 對依變項 Y 的迴歸預測可能更有實質意義。因而在中介變項模式中，不宜進行完全中介與部分中介模式優劣的比較。

Chapter 3
序列中介模式檢定

序列中介模式中有二個中介變項，範例探究主題為退休人員學習參與、身心健康、正向情緒與生活滿意度關係之研究。系列中介模式概念圖為：

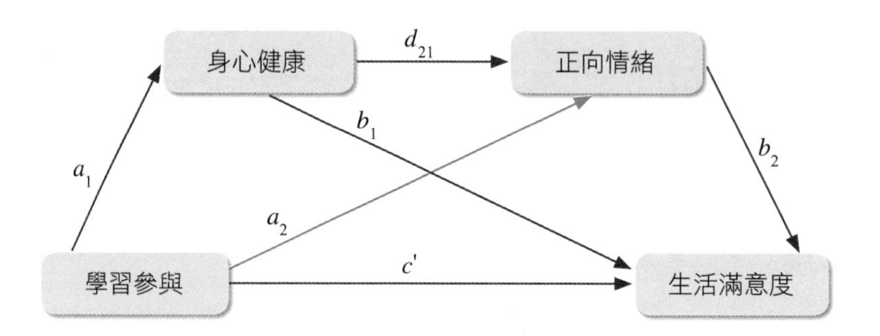

概念圖對應的統計分析迴歸方程式為：

身心健康（M1） = 截距項 + a_1 × 學習參與（X）
正向情緒（M2） = 截距項 + a_2 × 學習參與（X）+ d_{21} × 身心健康（M1）
生活滿意度（Y） = 截距項 + c' × 學習參與（X）+ b_1 × 身心健康（M1）+ b_2 × 正向情緒（M2）

系列中介模式概念圖也可以將圖示繪製如下，二個中介變項的影響次序為身心健康影響正向情緒。

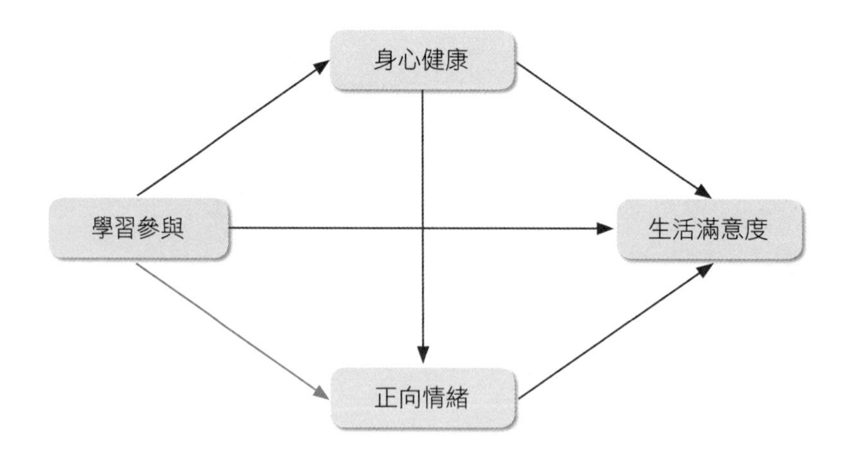

與序列中介模式類似的多個中介變項模式為「平行多元中介變項模型」（parallel multiple mediator model），其二個平行中介變項的概念型模式圖如下：

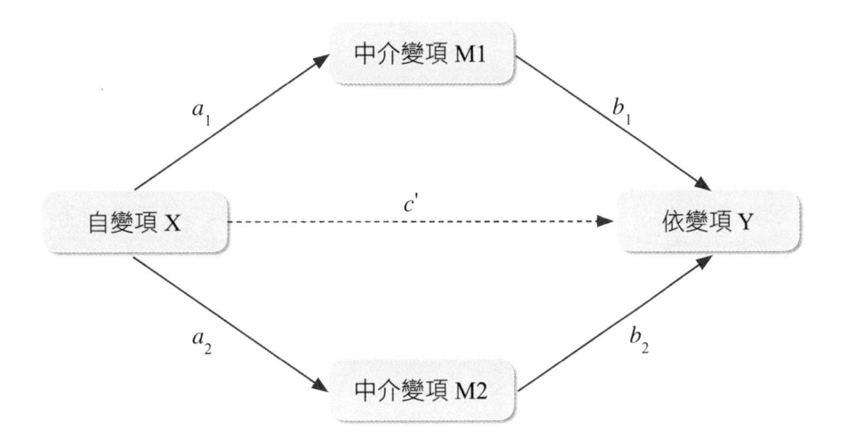

三個中介變項的統計模式圖如下，平行多個中介變項模型在 PROCESS 模組中的序號為模式 4：

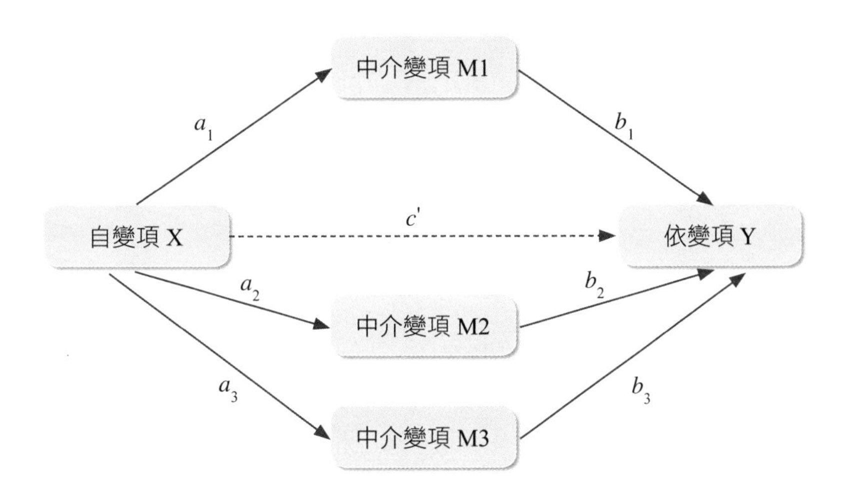

壹、SPSS 操作程序

1. 第一個迴歸各程序

從左方變數清單中點選中介變項 M1「身心健康 [PMHE]」至右邊「因變數（依變數）(D)：」下方框中，再點選自變項「學習參與 [INVO]」至「自變數 (I)：」方框中，按『確定』鈕。

迴歸程序：自變項 X（學習參與）⇨中介變項 M1（身心健康）。

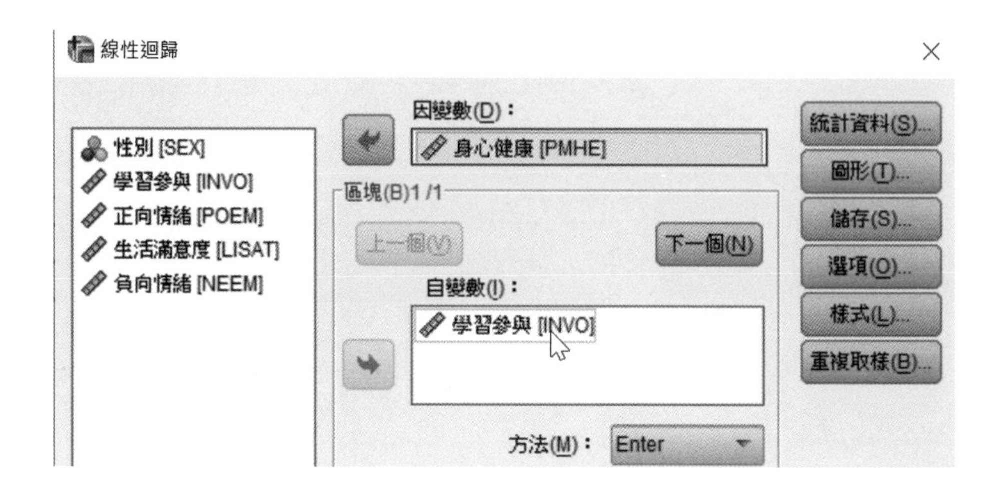

2. 第二個階層迴歸各程序

從左方變數清單中點選中介變項 M2「正向情緒 [POEM]」至右邊「因變數(D)：」下方框中，再點選自變項「學習參與 [INVO]」至「自變數 (I)：」方框中。

按「區塊 (B)1/1 方盒」中的『下一個 (N)』鈕，跳至「區塊 (B)2/2 方盒」。

迴歸程序階層一：自變項 X（學習參與）⇨中介變項 M2（正向情緒）。

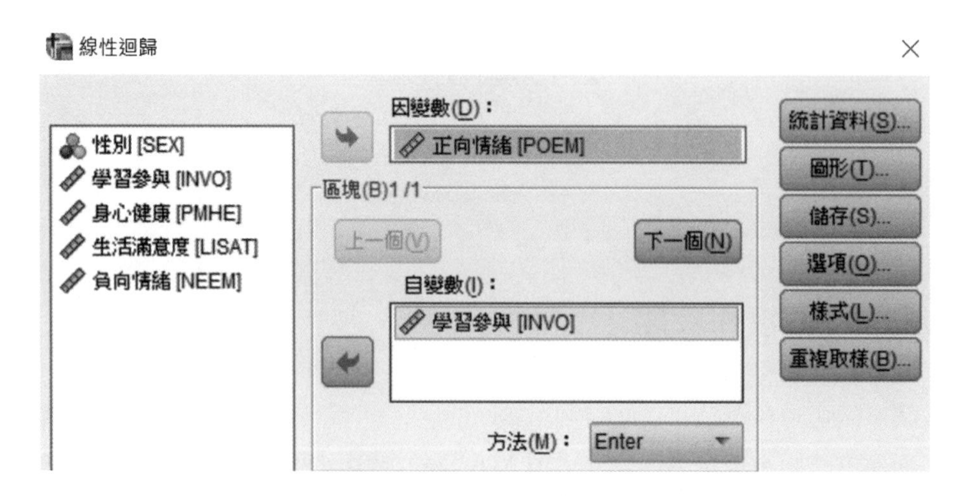

3. 「區塊 (B)2/2 方盒」時，從變數清單中點選中介變項 M1「身心健康 [PMHE]」至「自變數 (I)：」方框中，按右邊『統計資料（統計量）(S)』鈕，開啟「線性迴歸：統計資料（統計量）」次對話視窗。

迴歸程序階層二：自變項 X（學習參與）+ 中介變項 M1（身心健康）⇨中介變項 M2（正向情緒）。

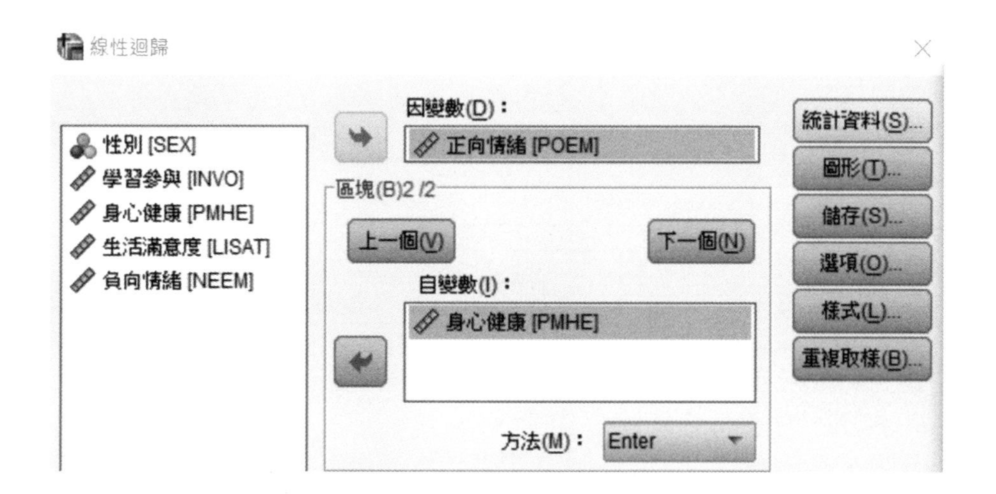

4. 於「線性迴歸：統計資料（統計量）」次對話視窗中增列勾選「☑R 平方改變量 (S)」選項，原內定已勾選的選項為「估計值 (E)」、「模型適合度 (M)」二個。按『繼續』鈕，回到「線性迴歸」主對話視窗，按『確定』鈕。

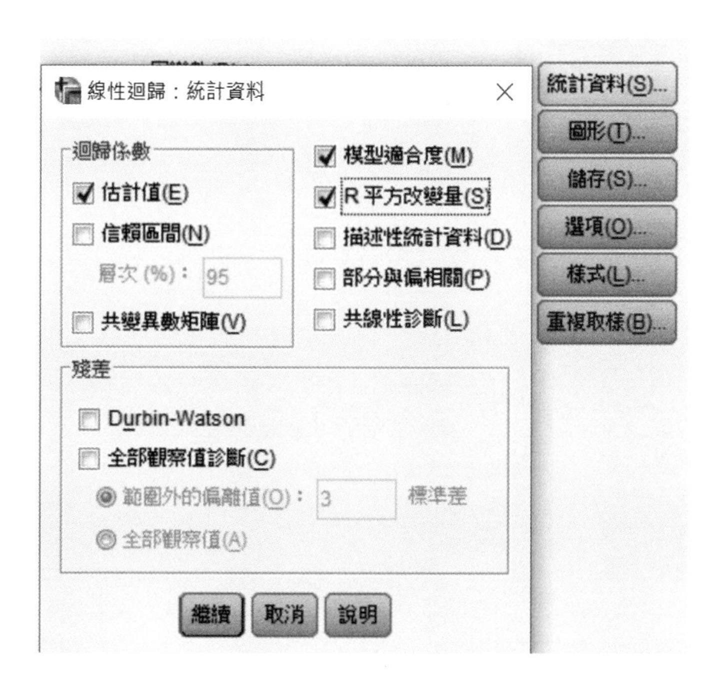

5. 第三個階層迴歸各程序

從左方變數清單中點選依變項「生活滿意度 [LISAT]」至右邊「因變數（依變數）(D)：」下方框中，再點選自變項「學習參與 [INVO]」至「自變數 (I)：」方框中。

按「區塊 (B)1/1」方盒中的『下一個 (N)』鈕，跳至「區塊 (B)2/2 方盒」。
迴歸程序階層一：自變項 X（學習參與）⇨依變項 Y（生活滿意度）。

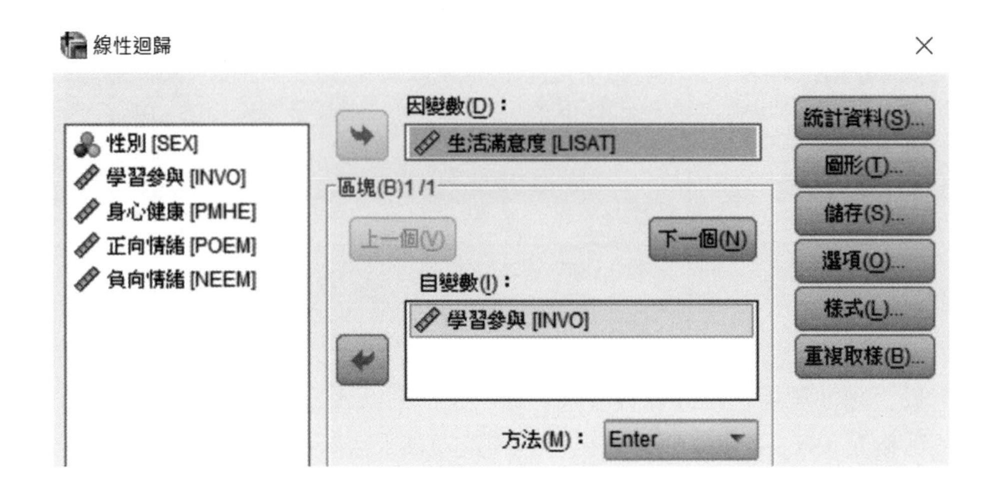

「區塊 (B)2/2」方盒時，從變數清單中點選中介變項 M1「身心健康 [PMHE]」至「自變數 (I)：」方框中。
迴歸程序階層二：自變項 X（學習參與）+ 中介變項 M1（身心健康）⇨依變項 Y（生活滿意度）。
「區塊 (B) 2/2」方盒子視窗中按『下一個 (N)』鈕，跳至「區塊 (B) 3/3」方盒。

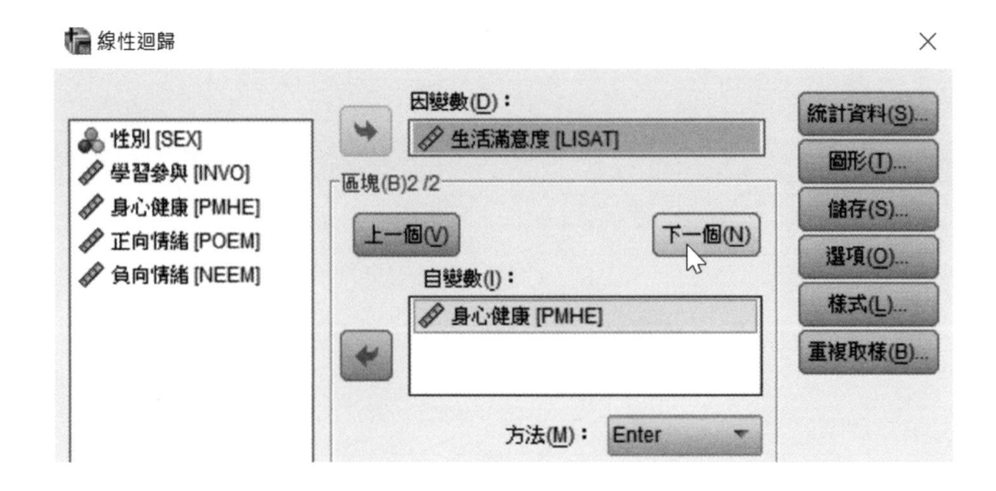

「區塊 (B)3/3」方盒時從變數清單中點選中介變項 M2「正向情緒 [POEM]」至「自變數 (I)：」方框中。

迴歸程序階層三：自變項 X（學習參與）+ 中介變項 M1（身心健康）+ 中介變項 M2（正向情緒）⇨依變項 Y（生活滿意度）。

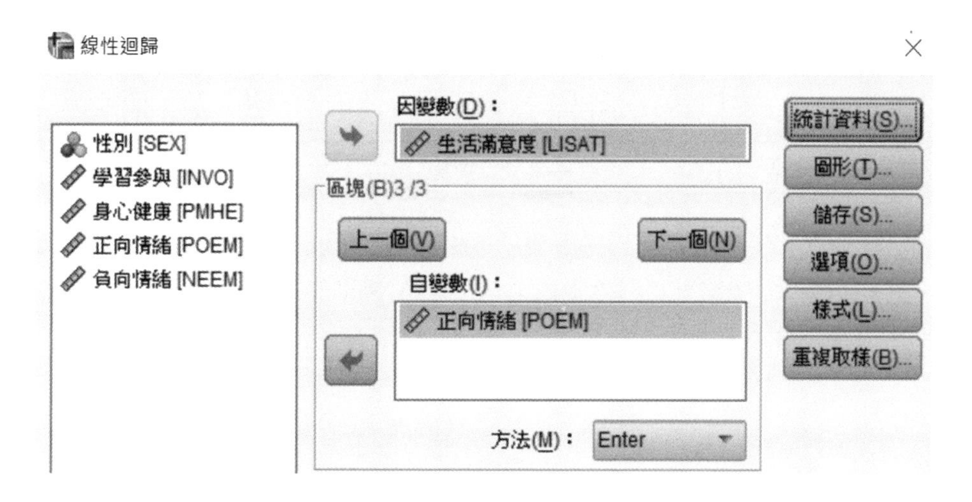

按右邊『統計資料（統計量）(S)』鈕，開啟「線性迴歸：統計資料（統計量）」次對話視窗，在「線性迴歸：統計資料（統計量）」次對話視窗中勾選「☑R平方改變量 (S)」選項。按『繼續』鈕，回到線性迴歸主對話視窗，按『確定』鈕。

貳、SPSS 輸出結果

一、第一個複迴歸

模型摘要

模型	R	R 平方	調整後 R 平方	標準偏斜度錯誤
1	.717[a]	.514	.513	4.408

a. 預測值: (常數), 學習參與

自變項 X（學習參與）對中介變項 M1（身心健康）的多元相關係數 R = .717、R^2 = .514。

係數[a]

模型		非標準化係數 B	非標準化係數 標準誤	標準化係數 Beta	T	顯著性
1	(常數)	5.613	1.087		5.162	.000
	學習參與	.921	.027	.717	33.600	.000

a. 應變數: 身心健康

自變項 X（學習參與）對中介變項 M1（身心健康）迴歸預測之標準化迴歸係數 β = .717，非標準化迴歸係數值 B = 0.921、標準誤 = .027，迴歸係數顯著性檢定 T 值統計量 = 33.600（p < .05），達到統計顯著水準。

二、第二個階層迴歸

模型摘要

模型	R	R 平方	調整後 R 平方	標準偏斜度錯誤	變更統計資料 R 平方變更	F 值變更	df1	df2	顯著性 F 值變更
1	.338[a]	.114	.113	5.368	.114	137.704	1	1069	.000
2	.430[b]	.185	.183	5.152	.071	92.795	1	1068	.000

a. 預測值: (常數), 學習參與
b. 預測值: (常數), 學習參與, 身心健康

迴歸方程模式中的自變項學習參與對依變項正向情緒的解釋變異量為 .114、身心健康中介變項對結果變項正向情緒的解釋變異量為 .071，二個自變項的個別預測力均達統計顯著水準，淨 F 值統計量分別為 137.704（p < .05）、92.795（p < .05）。

係數[a]

模型		非標準化係數 B	標準錯誤	標準化係數 Beta	T	顯著性
1	(常數)	14.816	1.324		11.189	.000
	學習參與	.392	.033	.338	11.735	.000
2	(常數)	12.883	1.286		10.014	.000
	學習參與	.075	.046	.064	1.624	.105
	身心健康	.344	.036	.382	9.633	.000

a. 應變數: 正向情緒

迴歸方程模式中，學習參與、身心健康的標準化迴歸係數 β 分別等於 .064（$p > .05$）、.382（$p < .05$），階層二模式中再增列投入中介變項 M1（身心健康）後，原階層一模式自變項 X（學習參與）對結果變項正向情緒的影響程度由顯著變成不顯著，標準化迴歸係數值由 .338（$p < .05$）降為 .064（$p > .05$）。

學習參與與正向情緒之關係——以身心健康中介因子的題目探究而言，統計模式圖如下：

未投入中介變項身心健康變因前，學習參與對正向情緒的影響為 .338（$p < .05$），投入中介變項身心健康後，學習參與對正向情緒結果變項的影響不顯著（$\beta = .064$，$p > .05$），Sobel test 檢定的 t 值統計量 = 9.201（$p < .001$），因而身心健康變項完全中介學習參與對正向情緒的影響。

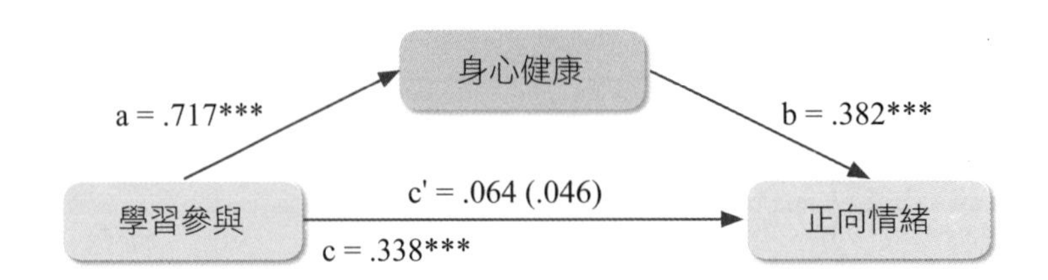

三、第三個階層迴歸

模型摘要

模型	R	R 平方	調整後 R 平方	標準偏斜度錯誤	變更統計資料				
					R 平方變更	F 值變更	df1	df2	顯著性 F 值變更
1	.616[a]	.380	.379	5.640	.380	655.160	1	1069	.000
2	.689[b]	.474	.473	5.196	.094	191.397	1	1068	.000
3	.724[c]	.524	.523	4.944	.050	112.670	1	1067	.000

a. 預測值: (常數), 學習參與
b. 預測值: (常數), 學習參與, 身心健康
c. 預測值: (常數), 學習參與, 身心健康, 正向情緒

迴歸方程模式同時投入身心健康 M1、正向情緒 M2 二個中介變項後，學習參與、身心健康、正向情緒三個解釋變項對依變項生活滿意度的聯合解釋量為 52.4%，個別解釋變異量 ΔR^2 分別為 .380、.094、.050，淨 F 值統計量分別為 655.160（$p < .05$）、191.397（$p < .05$）、112.670（$p < .05$），均達到統計顯著水準。

係數[a]

模型		非標準化係數		標準化係數		
		B	標準錯誤	Beta	T	顯著性
1	(常數)	20.244	1.391		14.551	.000
	學習參與	.898	.035	.616	25.596	.000
2	(常數)	17.444	1.298		13.443	.000
	學習參與	.438	.046	.301	9.460	.000
	身心健康	.499	.036	.440	13.835	.000
3	(常數)	13.428	1.291		10.399	.000
	學習參與	.415	.044	.285	9.403	.000
	身心健康	.391	.036	.345	10.946	.000
	正向情緒	.312	.029	.248	10.615	.000

a. 應變數: 生活滿意度

模式 1 自變項 X（學習參與）對依變項 Y（生活滿意度）迴歸方程的標準化迴歸係數 β = .616（$p < .001$），表示學習參與對生活滿意度影響的總效果值為 .616。

模式 2 之迴歸方程式中解釋變項為學習參與 X、身心健康 M1 二個，非標準化迴歸係數 B 分別為 .438、.499，標準化迴歸係數 β 值分別為 .301、.440，迴歸係數顯著性檢定的 t 值統計量分別為 9.460（$p < .05$）、13.835（$p < .05$），均達統計顯著水準，表示二個迴歸係數均顯著不等於 0。

模式 3 之迴歸方程模式投入的解釋變項為學習參與 X 及身心健康 M1、正向情緒 M2 二個中介變項，學習參與 X、身心健康 M1、正向情緒 M2 三個解釋變項非標準化迴歸係數 B 分別為 .415、.391、.312，標準化迴歸係數值 β 分別為 .285、.345、.248，對應的 t 值統計量分別為 9.403（$p < .05$）、10.946（$p < .05$）、10.615（$p < .05$），均達統計顯著水準。

上述系列模型之中介模式對應於 AMOS 執行結果的圖示如下：

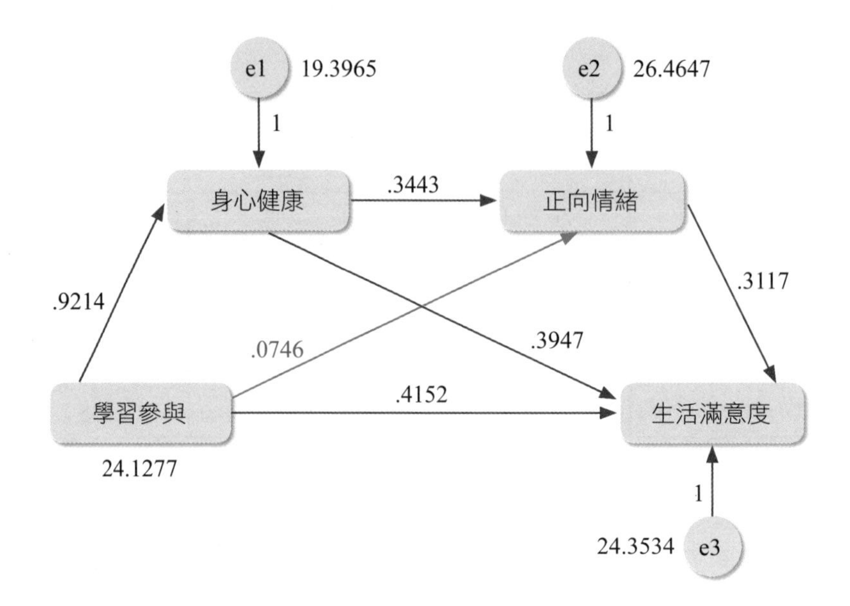

上面圖示的參數為非標準化迴歸係數 B。

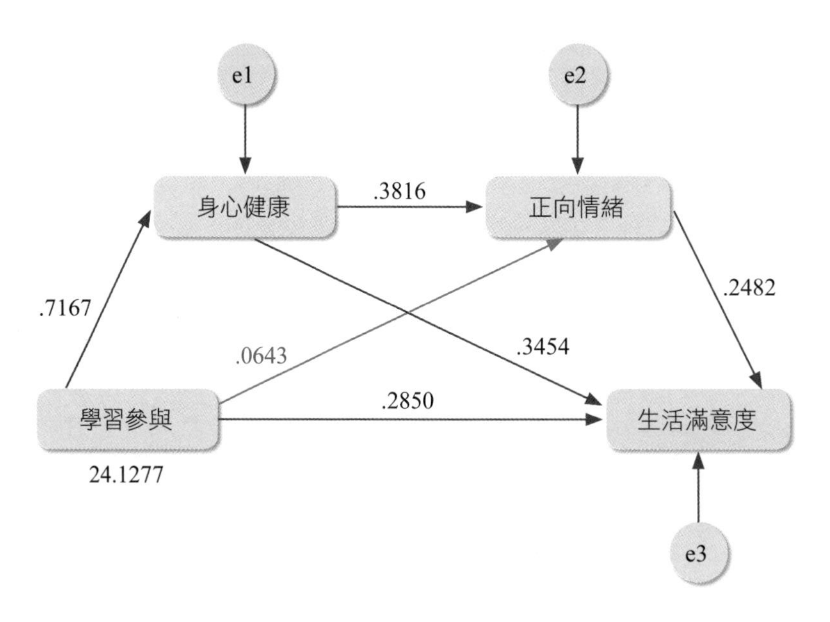

上面圖示的參數為標準化迴歸係數 β。

模式中身心健康中介變項的間接效果值：學習參與⇨身心健康⇨生活滿意度 $= 0.7167 \times 0.3454 = .2476$。

模式中正向情緒中介變項的間接效果值有二：

1. 學習參與⇨正向情緒⇨生活滿意度 $= .0643 \times .2482 = .0160$。
2. 學習參與⇨身心健康⇨正向情緒⇨生活滿意 $= .7167 \times .3816 \times .2482 = .0679$。

正向情緒的中間效果值 = .0160 + .0679 = .0839。

系列中介模式中雙中介變項總間接效果值 = .2476 + .0839 = .3314。

系列中介模式自變項學習參與對依變項生活滿意度的總效果值 = 直接效果值 + 總間接效果值 = .2850 + .3314 = .2850 + (.2476 + .0839) = .6164。

、PROCESS 操作程序

在 PROCESS_v4.1 主對話視窗中，分別選取原始依變項、自變項、中介變項至對應的方格中：

在左邊變數清單內點選依變項「生活滿意度 **[LISAT]**」至右邊「Y variable:」下方方框中。

左邊變數清單內點選自變項「學習參與 **[INVO]**」至右邊「X variable:」下方方框中。

左邊變數清單內點選中介變項 M1「身心健康 **[PMHE]**」至右邊「Mediator(s)M:」下方方框中。

左邊變數清單內點選中介變項 M2「正向情緒 **[POEM]**」至右邊「Mediator(s)M:」下方方框中。

「模式序號」（Model number:）選取對應模式 6（原書中序列中介變項模式範例包括二個中介變項、三個中介變項、四個中介變項，多個序列中介變項模式的序號均為 6）。

Statistical Diagram

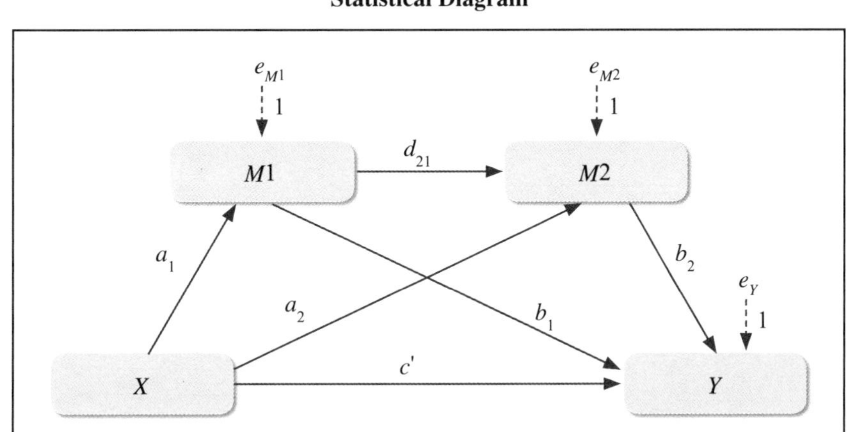

二個序列中介變項假定模式圖為：

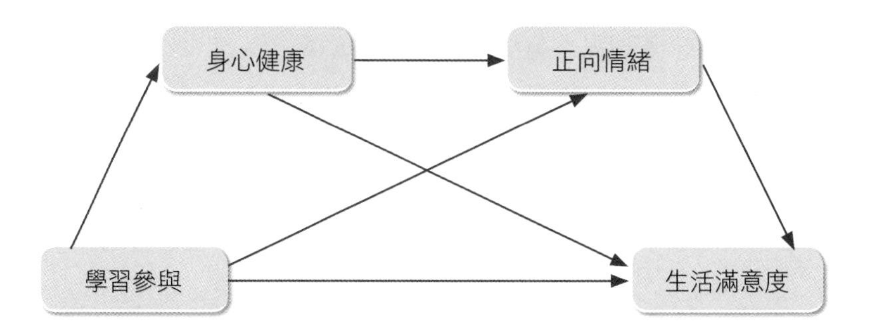

拔鞋法樣本產製的個數（Number of bootstrap samples）選單選取拔鞋法樣本產製的個數 2000。

勾選「☑Bootstrap inference for model coefficients」選項，以輸出拔鞋法推算出的模式參數。

按『選項』（Options）鈕，開啟「PROCESS options（PROCESS 選項）次對話視窗。

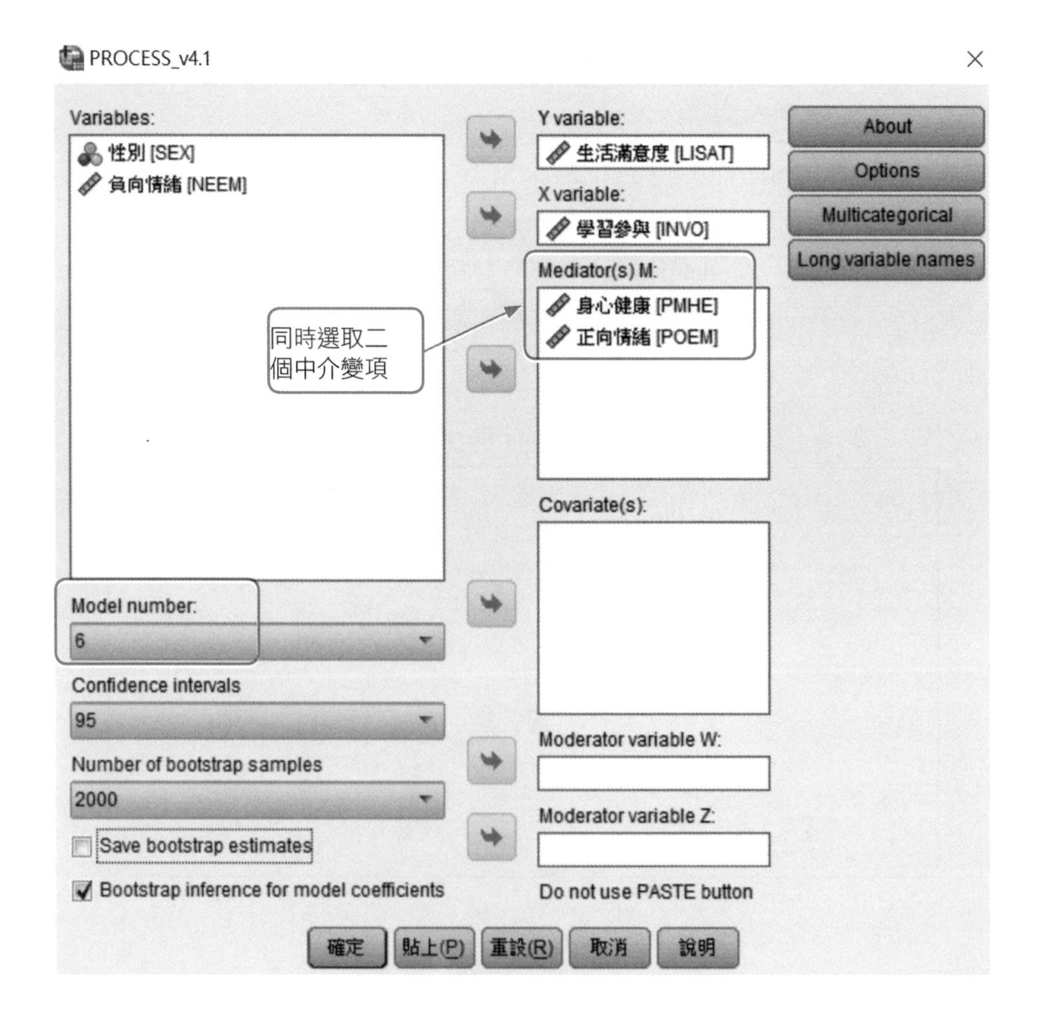

在選項次對話視窗中勾選「☑Show total effect mode (only models 4, 6, 80, 81, 82)」(此選項只有在模式序號為 4、5、80、81、82 等五個才有作用)、「☑Pairwise contrasts of indirect effects」(間接效果的配對比較)「☑Standardized effects (mediation-only models)」等選項，其中最重要的選項為「☑Standardized effects (mediation-only models)」，在中介模式中一定要勾選。

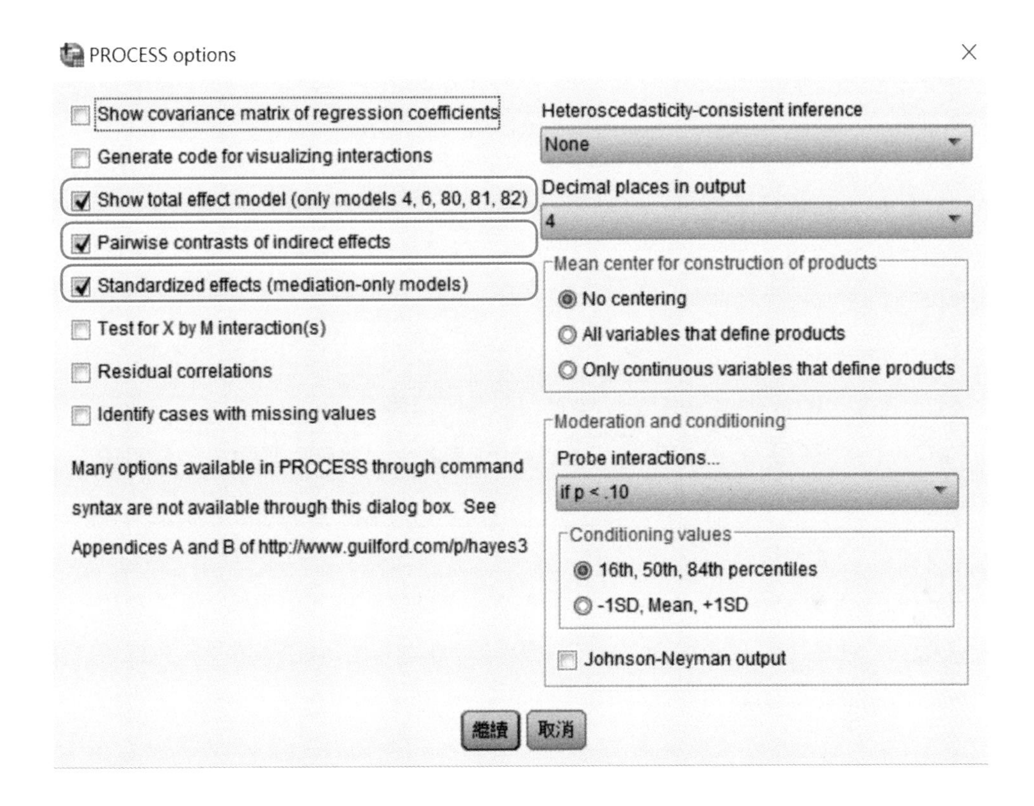

肆、PROCESS 輸出結果

Run MATRIX procedure:

***************** PROCESS Procedure for SPSS Version 4.1 *****************

Written by Andrew F. Hayes, Ph.D.   www.afhayes.com

Documentation available in Hayes (2022). www.guilford.com/p/hayes3

****

Model : 6

Y : LISAT

X : INVO
M1 : PMHE
M2 : POEM
Sample
Size: 1071

[說明] 模式序號中四個變項說明，Y 為依變項（生活滿意度）、X 為自變項（學習參與）、M1 為第一個中介變項（身心健康）、M2 為第二個中介變項（正向情緒）。界定分析的模式序號為模式 6，有效樣本數 N = 1071。

****

OUTCOME VARIABLE:
PMHE

Model Summary

R	R-sq	MSE	F	df1	df2	p
.7167	.5136	19.4328	1128.9545	1.0000	1069.0000	.0000

Model

	coeff	se	t	p	LLCI	ULCI
constant	5.6133	1.0874	5.1621	.0000	3.4796	7.7470
INVO	.9214	.0274	33.5999	.0000	.8676	.9752

Standardized coefficients

	coeff
INVO	.7167

[說明] 迴歸程序中，結果變項為身心健康（PMHE）、預測變項為學習參與（INVO）。R^2 = .5136，迴歸係數為 .9214，迴歸係數顯著性檢定的 t 值統計量 = 33.5999（$p < .05$），達到統計顯著水準，標準化迴歸係數 β = .7167。

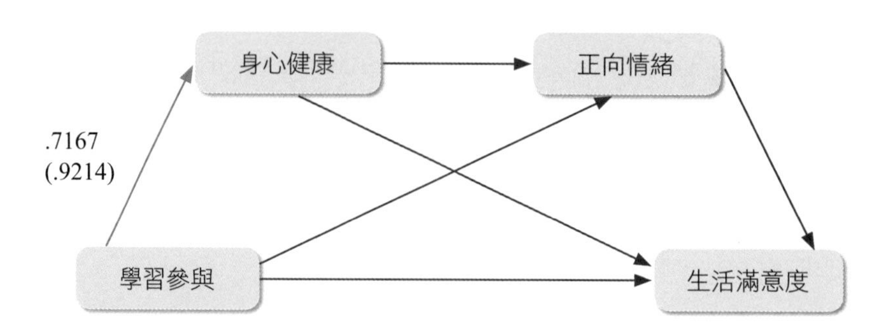

註：圖示中括號內的量數為非標準化迴歸係數（迴歸權重值），括號外數值為標準化迴歸係數。

****

OUTCOME VARIABLE:

POEM

Model Summary

R	R-sq	MSE	F	df1	df2	p
.4300	.1849	26.5390	121.1618	2.0000	1068.0000	.0000

Model

	coeff	se	t	p	LLCI	ULCI
constant	12.8832	1.2865	10.0141	.0000	10.3588	15.4075
INVO	.0746	.0460	1.6241	.1047	-.0155	.1648
PMHE	.3443	.0357	9.6330	.0000	.2742	.4144

Standardized coefficients

	coeff
INVO	.0643
PMHE	.3816

[說明] 迴歸程序中，結果變項為 M2 正向情緒（POEM），預測變項為 X 學習參與（INVO）、M1 身心健康（PMHE）二個。R^2 = .1849，迴歸係數分別為 .0746、.3443，迴歸係數顯著性檢定的 t 值統計量分別為 1.6241（$p > .05$）、9.6330（$p < .05$），學習參與解釋變項對結果變項正向情緒沒有顯著解釋量，身心健康解釋變項對正向情緒的解釋量達到統計顯著水準，標準化迴歸係數 β = .3816。

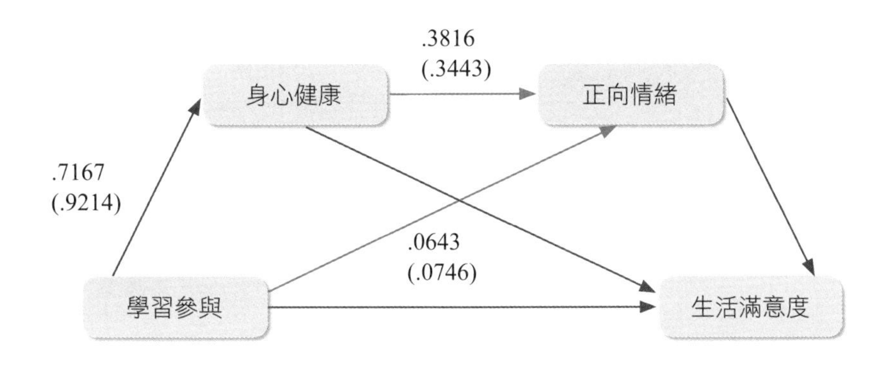

****
OUTCOME VARIABLE:
LISAT

Model Summary

R	R-sq	MSE	F	df1	df2	p
.7242	.5244	24.4447	392.2106	3.0000	1067.0000	.0000

Model

	coeff	se	t	p	LLCI	ULCI
constant	13.4283	1.2914	10.3985	.0000	10.8944	15.9622
INVO	.4152	.0442	9.4033	.0000	.3286	.5019
PMHE	.3914	.0358	10.9455	.0000	.3213	.4616
POEM	.3117	.0294	10.6146	.0000	.2541	.3693

Standardized coefficients

	coeff
INVO	.2850
PMHE	.3454
POEM	.2482

[說明] 迴歸程序中，結果變項為生活滿意度（LISAT），預測變項為學習參與（INVO）、身心健康（PMHE）、正向情緒（POEM）三個。R^2 = .5244，三個解釋變項的迴歸係數分別為 .4152、.3914、.3117，均達統計顯著水準（p < .05），表示三個迴歸係數均顯著不等於 0，三個解釋變項的標準化迴歸係數 β 分別等於 .2850、.3454、.2482，三個解釋變項的迴歸係數都是正值，表示學習參與、身心健康、正向情緒三個解釋變項對依變項生活滿意度的影響均為正向。

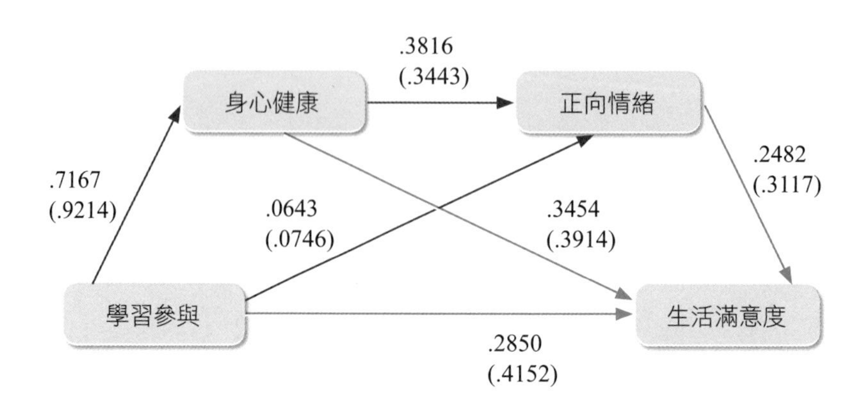

*********************** TOTAL EFFECT MODEL ***********************

OUTCOME VARIABLE:

LISAT

Model Summary

R	R-sq	MSE	F	df1	df2	p
.6164	.3800	31.8097	655.1597	1.0000	1069.0000	.0000

Model

	coeff	se	t	p	LLCI	ULCI
constant	20.2440	1.3912	14.5511	.0000	17.5141	22.9738
INVO	.8980	.0351	25.5961	.0000	.8292	.9669

Standardized coefficients

	coeff
INVO	.6164

[說明] 迴歸程序中，結果變項為生活滿意度（LISAT）、預測變項為學習參與（INVO）。量數標題為總效果模式（TOTAL EFFECT MODEL）表示學習參與（INVO）自變項對模式依變項生活滿意度（LISAT）影響的總效果值，量數值為 .6164（模式中的直接效果加上二個中介變項的間接效果值）。

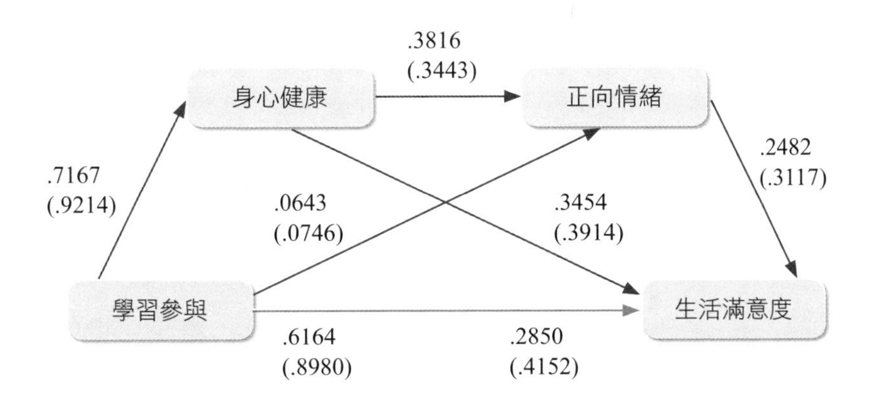

*********** TOTAL, DIRECT, AND INDIRECT EFFECTS OF X ON Y **********

Total effect of X on Y

Effect	se	t	p	LLCI	ULCI	c_cs
.8980	.0351	25.5961	.0000	.8292	.9669	.6164

[說明] 自變項 X 對依變項 Y 的總效果值之非標準化統計量 = .8980，總效果值是否顯著不等於 0 的 t 值統計量 = 25.5961（$p < .05$），達到統計顯著水準。模式中自變項 X 對依變項 Y 影響的總效果值為直接效果值 + 間接效果值 = 0.4152 + 0.4828 = 0.8980。

Direct effect of X on Y

Effect	se	t	p	LLCI	ULCI	c'_cs
.4152	.0442	9.4033	.0000	.3286	.5019	.2850

[說明] 直接效果量數 .4152 為非標準化迴歸係數值，對應 t 值統計量 = 9.4033（$p < .05$），達到統計顯著水準，表示自變項 X 對依變項 Y 直接影響達到顯著，非標準化迴歸係數顯著不等於 0，表示標準化迴歸係數 β 也顯著不為 0，由於迴歸係數值為正，表示自變項學習參與對依變項生活滿意度有顯著正向影響作用，自變項 X 增加一個單位量，依變項 Y 生活滿意度就增加 0.4152 個單位量。

Indirect effect(s) of X on Y:

	Effect	BootSE	BootLLCI	BootULCI
TOTAL	.4828	.0412	.4030	.5671
Ind1	.3607	.0419	.2792	.4438
Ind2	.0233	.0153	-.0044	.0546
Ind3	.0989	.0160	.0701	.1317
(C1)	.3374	.0450	.2505	.4239
(C2)	.2618	.0491	.1634	.3586
(C3)	-.0756	.0246	-.1246	-.0298

[說明] 模式中呈現的間接效果為非標準化量數，變項間的影響程度要檢視標準化迴歸係數，中間效果值要查看完全標準化間接效果值中的數據。間接效果值可以看出自變項改變一個單位量時，依變項可以增加或減少的間接效果有多少個單位量。總間接效果量為 .4828，拔鞋法 95% 信賴區間值為 [.4030, .5671]，區間值未包含數值點 0，表示總間接效果量數為 0 的機率很低，總間接效果值達統計顯著水準，自變項經由中介變項的確對依變項有影響作用。

Completely standardized indirect effect(s) of X on Y:

	Effect	BootSE	BootLLCI	BootULCI
TOTAL	.3314	.0277	.2772	.3863
Ind1	.2476	.0290	.1919	.3038
Ind2	.0160	.0104	-.0031	.0370
Ind3	.0679	.0108	.0484	.0900
(C1)	.2316	.0314	.1705	.2923
(C2)	.1797	.0340	.1114	.2469
(C3)	-.0519	.0169	-.0855	-.0201

[說明] 模式中完全標準化間接效果值下的量數意涵如下：

第 1 列 TOTAL = .3314，表示系列中介模式中雙中介變項總間接效果值，拔鞋法 95% 信賴區間值為 [.2772, .3863]，區間值未包含量數 0，表示達到統計顯著水準（$p < .05$）。

第 2 列 Ind1 = .2476，為模式中身心健康中介變項的間接效果值：學習參與⇨身心健康⇨生活滿意度，拔鞋法 95% 信賴區間值為 [.1919, .3038]，區間值未包含量數 0，表示達到統計顯著水準（$p < .05$）。

第 3 列 Ind2 = .0160 為學習參與⇨正向情緒⇨生活滿意度的間接效果值量數，拔鞋法 95% 信賴區間值為 [-.0031, .0370]，區間值包含量數 0，表示未達統計顯著水準（$p > .05$），此間接效果值顯著為 0。

第 4 列 Ind3 = .0679，為學習參與⇨身心健康⇨正向情緒⇨生活滿意度的間接效果值量數，拔鞋法 95% 信賴區間值為 [.0484, .0900]，區間值未包含量數 0，表示達到統計顯著水準（$p < .05$）。

Specific indirect effect contrast definition(s):

(C1)	Ind1	minus	Ind2
(C2)	Ind1	minus	Ind3
(C3)	Ind2	minus	Ind3

[說明] (C1) 列量數為 Ind1 列間接效果值減掉 Ind2 列間接效果值，(C2) 列量數為 Ind1 列間接效果值減掉 Ind3 列間接效果值，(C3) 列量數為 Ind2 列間接效果值減掉 Ind3 列間接效果值，特定間接效果對比檢定在檢定二個間接效果量的差異值是否顯著不等於 0，若差異值顯著不等於 0，表示二個間接效果量大小或

程度間有明顯差異，檢定方法採用拔鞋法 95% 信賴區間，若區間值未包含量數 0，表示二個間接效果差異值等於 0 機率很低，拒絕虛無假設，二個間接效果大小或程度間有明顯差異存在。

C1 列標準化間接效果量為 .2316 = .2476 - .0160。

C2 列標準化間接效果量為 .1797 = .2476 - .0679。

C3 列標準化間接效果量為 -.0519 = .0160 - .0679。

Indirect effect key:

Ind1 INVO	->	PMHE	->	LISAT		
Ind2 INVO	->	POEM	->	LISAT		
Ind3 INVO	->	PMHE	->	POEM	->	LISAT

[說明] Ind1、Ind2、Ind3 等三個間接效果值在迴歸模式中的路徑，三條間接效果對應的圖示架構如下：

Ind1 列的影響路徑：INVO⇨ PMHE⇨LISAT = .7167 × .3454 = .2476。

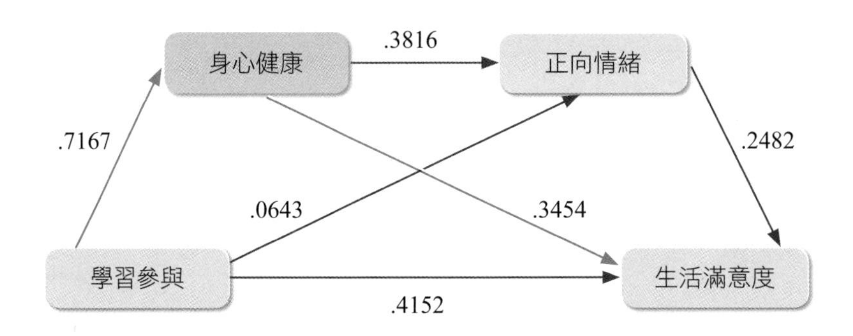

Ind2 列的影響路徑：INVO⇨ POEM⇨ LISAT = .0643 × .2482 = .0160。

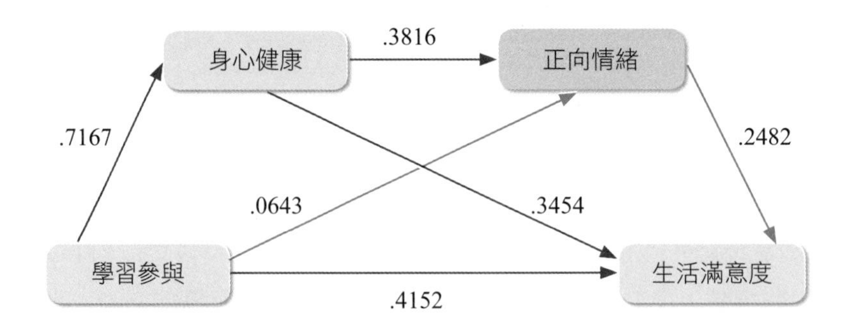

Ind3 列的影響路徑：INVO⇨PMHE⇨POEM⇨LISAT = .7167 × .3816 × .2482 = .0679。

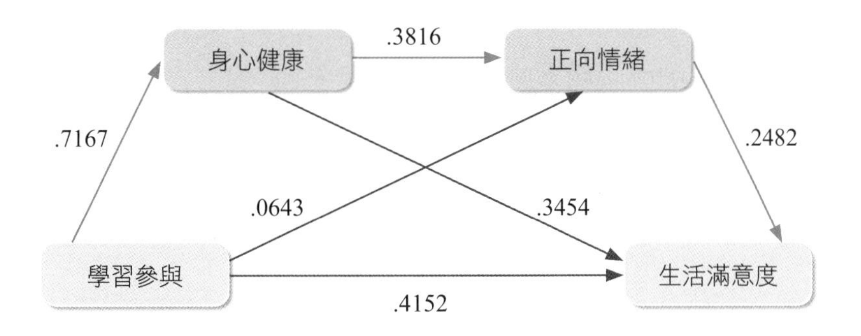

***** BOOTSTRAP RESULTS FOR REGRESSION MODEL PARAMETERS *****

OUTCOME VARIABLE:

PMHE

	Coeff	BootMean	BootSE	BootLLCI	BootULCI
constant	5.6133	5.6014	1.1309	3.4761	7.9033
INVO	.9214	.9217	.0285	.8645	.9763

OUTCOME VARIABLE:

POEM

	Coeff	BootMean	BootSE	BootLLCI	BootULCI
constant	12.8832	12.8467	1.4281	10.0136	15.6655
INVO	.0746	.0760	.0473	-.0156	.1675
PMHE	.3443	.3439	.0358	.2735	.4128

OUTCOME VARIABLE:

LISAT

	Coeff	BootMean	BootSE	BootLLCI	BootULCI
constant	13.4283	13.3953	1.6111	10.3300	16.5991
INVO	.4152	.4157	.0528	.3100	.5189
PMHE	.3914	.3911	.0454	.3021	.4799
POEM	.3117	.3125	.0368	.2416	.3858

[說明] 主對話視窗中勾選「☑Bootstrap inference for model coefficients」選項，表示結果增列模式係數之拔鞋法估計值。標題 BOOTSTRAP RESULTS FOR REGRESSION MODEL PARAMETERS 下的統計量數為迴歸模式採用拔鞋法估計

所得的各參數。三個複迴歸程序之統計分析結果所估算的迴歸係數（迴歸權重）值與直接採用 OLS 法估算結果相同，迴歸係數（迴歸權重）的顯著性採用拔鞋法 95% 信賴區間值，其中第二個複迴歸程序中，自變項學習參與（INVO）對結果變項正向情緒預測的迴歸係數為 .0746，拔鞋法 95% 信賴區間值為 [-.0156, .1675]，區間值包含量數 0，接受虛無假設，迴歸係數顯著為 0。

****************** ANALYSIS NOTES AND ERRORS ********************

Level of confidence for all confidence intervals in output: 95.0000

Number of bootstrap samples for percentile bootstrap confidence intervals: 2000

------ END MATRIX -----

[說明] 信賴區間量數設定值的提示與拔鞋法程序中樣本產製個數（界定為 2000）的說明。

Chapter 4

平行中介模式——模式 4 應用

範例中的自變項 X 為靈性領導、依變項 Y 為學校效能、中介變項 M1 為組織文化、中介變項 M2 為幸福感。PROCESS 程序的模式序號為 4，概念型圖示如下：

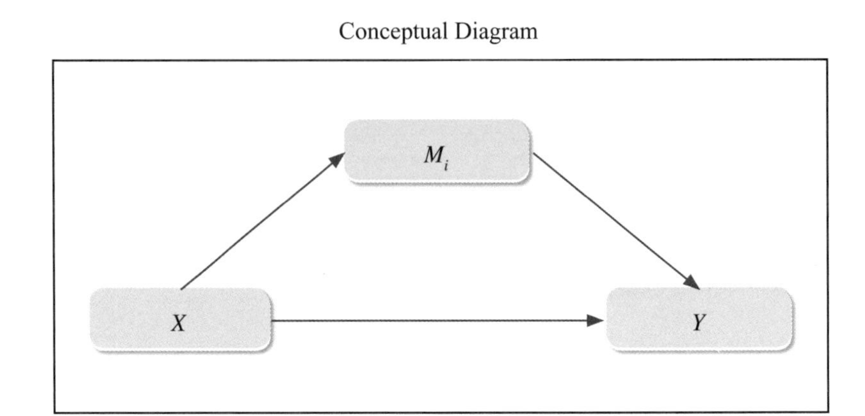

範例圖示架構圖如下：

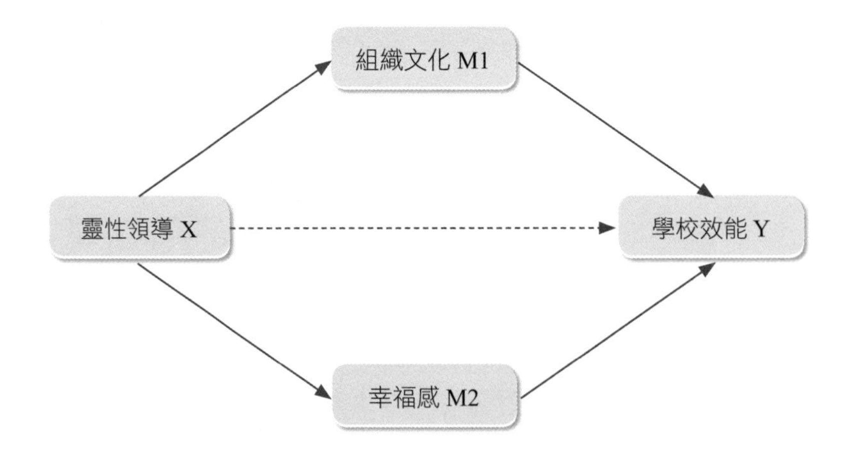

資料檔的變數名稱直接界定 X、Y、M1、M2，對應的變數標記名稱分別為靈性領導、學校效能、組織文化、幸福感。

變項類型	自變項 X	中介變項 M1	中介變項 M2	依變項 Y
變項中文標記名稱	靈性領導	組織文化	幸福感	學校效能

壹、PROCESS 操作程序

在 PROCESS 操作程序與系列中介模式類似，「Mediator(s)M:」方框中選取的中介變項有二個：「組織文化 [M1]」、「幸福感 [M2]」，模式序號選取的對應模式為模式 4。Y 變項方框中選取「學校效能 [Y]」、X 變項方框中選取「靈性領導 [X]」。

PROCESS 選項（PROCESS options）次對話視窗中，除勾選顯示「☑總效果值模式」（Show total effect model）、「☑標準化效果（只有中介模式）（Standardized effects）」二個選項外，增列勾選「☑Pairwise contrasts of indirect effects」（間接效果值的配對比較）選項，選項功能在於進行二個間接效果值間的差異是否達到顯著。

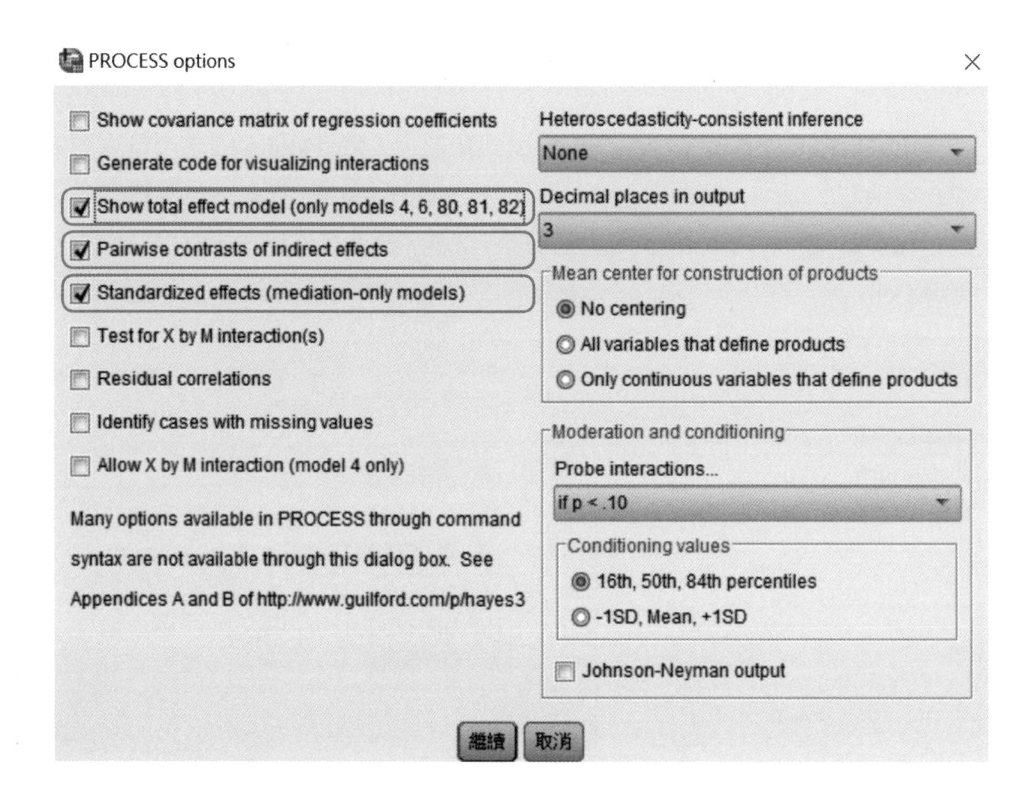

貳、PROCESS 輸出結果

Run MATRIX procedure:

*************** PROCESS Procedure for SPSS Version 4.2 beta ***************

Written by Andrew F. Hayes, Ph.D.   www.afhayes.com

Documentation available in Hayes (2022). www.guilford.com/p/hayes3

[說明] PROCESS 模組的版本為 4.2 beta。

****

Model : 4

Y : Y

X : X

M1 : M1

M2 : M2

Sample

Size: 1000

[說明] 四個變數名稱為 Y、X、M1、M2，四個變項中文標記名稱分別為學校效能、靈性領導、組織文化、幸福感，資料檔之有效樣本數 N = 1000。

****

OUTCOME VARIABLE:

M1

Model Summary

R	R-sq	MSE	F	df1	df2	p
.683	.467	83.965	872.936	1.000	998.000	.000

Model

	coeff	se	t	p	LLCI	ULCI
constant	22.630	1.829	12.373	.000	19.041	26.219
X	.672	.023	29.545	.000	.628	.717

Standardized coefficients

	coeff
X	.683

[說明] 自變項 X 對中介變項 M1 之 OLS 法迴歸分析結果，迴歸係數為 .672，標準誤為 .023，顯著性檢定的 t 值統計量 = 29.545（$p < .05$），達到統計顯著水準，標準化迴歸係數 $\beta = .683$。

迴歸方程式為：M1（組織文化）= 22.630 + 0.672X（靈性領導）。

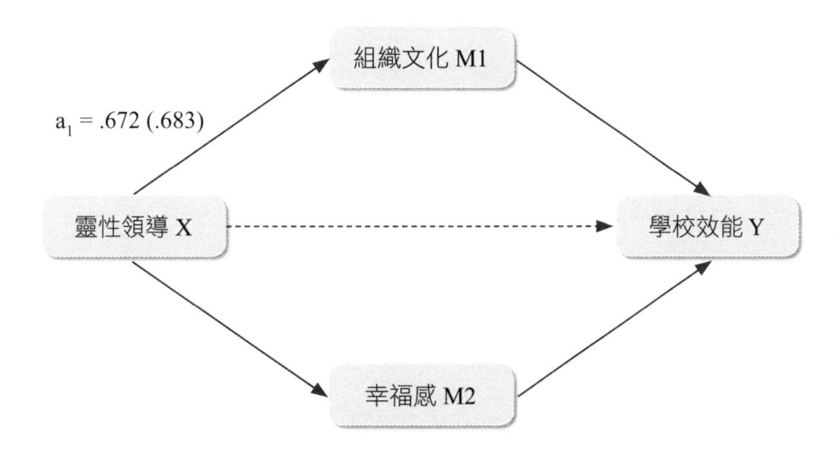

註：圖示中括號內的量數為標準化迴歸係數，括號前的量數為非標準化迴歸係數值。

```
**************************************************************************
OUTCOME VARIABLE:
 M2
Model Summary
        R       R-sq       MSE          F        df1        df2          p
     .448       .200    90.777    250.058      1.000    998.000       .000
Model
               coeff         se          t          p       LLCI       ULCI
constant      48.630      1.902     25.571       .000     44.898     52.362
X               .374       .024     15.813       .000       .328       .421
Standardized coefficients
               coeff
X               .448
```

[說明] 自變項 X 對中介變項 M2 之 OLS 法迴歸分析結果，迴歸係數為 .374，標準誤為 .024，顯著性檢定的 t 值統計量 = 15.813（$p < .05$），達到統計顯著水準，標準化迴歸係數 $\beta = .448$。

迴歸方程式為：M2（幸福感）= 48.630 + 0.374X（靈性領導）。

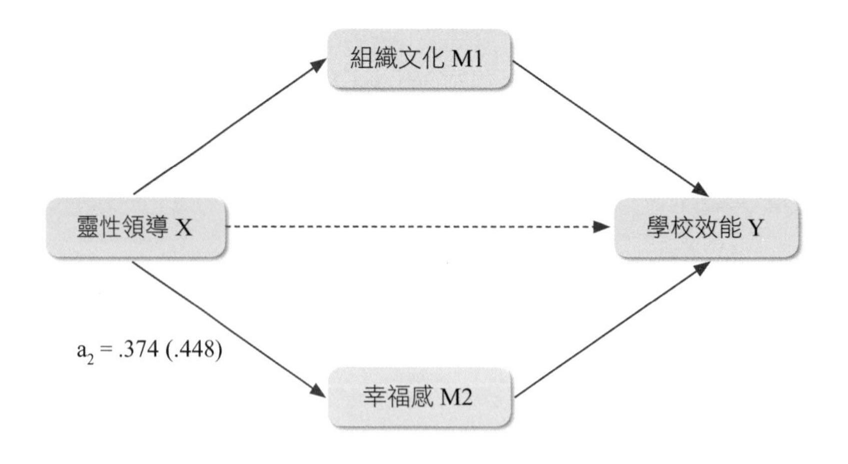


```
**************************************************************************
OUTCOME VARIABLE:
 Y
Model Summary
```

R	R-sq	MSE	F	df1	df2	p
.838	.702	56.401	782.035	3.000	996.000	.000

Model

	coeff	se	t	p	LLCI	ULCI
constant	12.000	1.942	6.180	.000	8.190	15.810
X	.272	.026	10.502	.000	.221	.323
M1	.538	.027	19.740	.000	.485	.592
M2	.306	.026	11.666	.000	.254	.357

Standardized coefficients

	coeff
X	.252
M1	.491
M2	.237

[說明]　結果變項 Y

自變項 X 靈性領導、中介變項 M1 組織文化、中介變項 M2 幸福感對依變項 Y 學校效能之 OLS 法迴歸分析結果，R^2 = .702（F 值 = 782.035，p < .05），三個解釋變項的迴歸係數分別 .272、.538、.306，標準誤分別為 .026、.027、.026，迴歸係數顯著性檢定的 t 值統計量分別為 10.502（p < .05）、19.740（p < .05）、11.666（p < .05），均達統計顯著水準，標準化迴歸係數 β 分別為 .252、.491、.237。

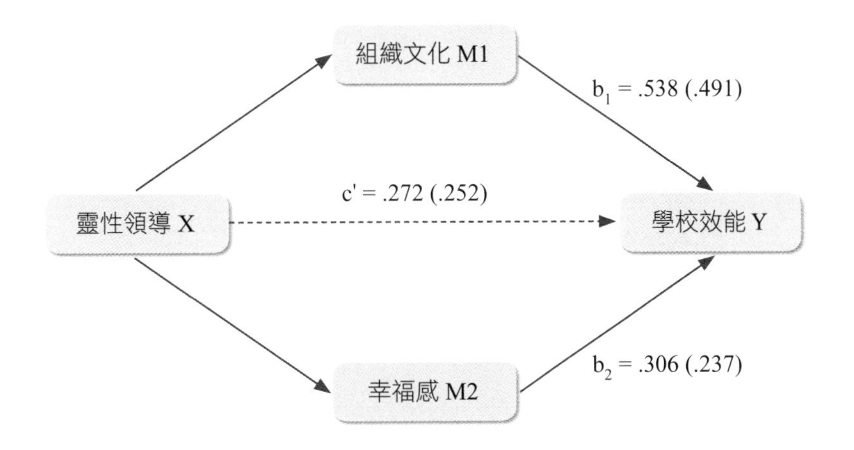

迴歸方程式為：Y（學校效能）= 12.000 + 0.272X（靈性領導）+ 0.538M1（組織文化）+ 0.306M2（幸福感）。

*********************** TOTAL EFFECT MODEL ************************

OUTCOME VARIABLE:

Y

Model Summary

R	R-sq	MSE	F	df1	df2	p
.694	.481	97.953	926.366	1.000	998.000	.000

Model

	coeff	se	t	p	LLCI	ULCI
constant	39.057	1.976	19.770	.000	35.180	42.934
X	.748	.025	30.436	.000	.700	.796

Standardized coefficients

	coeff
X	.694

[說明] 自變項 X 對依變項 Y 之 OLS 法迴歸分析結果，迴歸係數為 .748，標準誤為 .025，顯著性檢定的 t 值統計量 = 30.436（$p < .05$），達到統計顯著水準，標準化迴歸係數 $\beta = .694$，$R^2 = .481$。

迴歸方程式為：Y（學校效能）= 39.057 + 0.748X（靈性領導），迴歸係數 0.748 為二個平行中介模式中自變項靈性領導對依變項學校效能的總影響程度，標準化的總影響效果值為 .694。

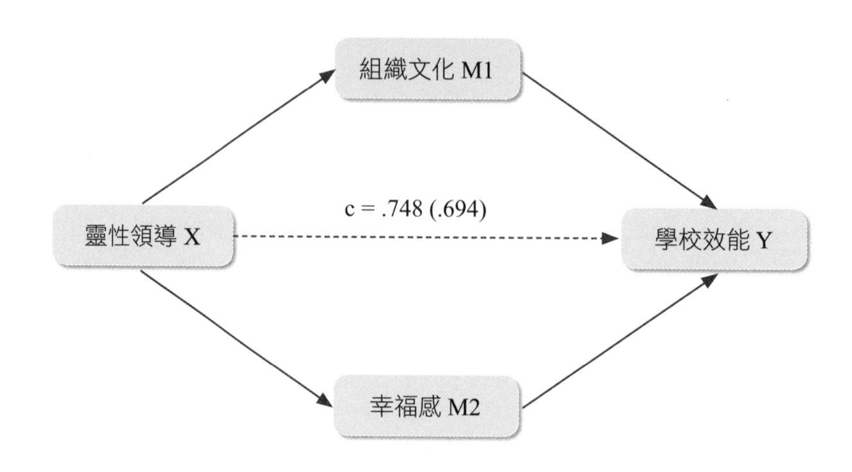

********** TOTAL, DIRECT, AND INDIRECT EFFECTS OF X ON Y **********

Total effect of X on Y

Effect	se	t	p	LLCI	ULCI	c_cs
.748	.025	30.436	.000	.700	.796	.694

[說明] 模式中自變項靈性領導對依變項學校效能影響的總效值為 .748 = 直接效果值 + 間接效果值 = .272 + .476，統計量數 95% 信賴區間值為 [.700, .796]，未包含數值點 0，拒絕虛無假設，總效果值顯著不等於 0。

Direct effect of X on Y

Effect	se	t	p	LLCI	ULCI	c'_cs
.272	.026	10.502	.000	.221	.323	.252

[說明] 同時考量到二個中介變項時，模式中自變項靈性領導對依變項學校效能影響的直接效果值 = .272，統計量數 95% 信賴區間值為 [.221, .323]，未包含數值點 0，拒絕虛無假設，直接效果值顯著不等於 0。

Indirect effect(s) of X on Y:

	Effect	BootSE	BootLLCI	BootULCI
TOTAL	.476	.027	.421	.531
M1	.362	.027	.305	.415
M2	.114	.018	.083	.152

[說明] 同時考量到二個中介變項時，模式中自變項 X 靈性領導對依變項 Y（學校效能）影響的總間接效果值 = .476，統計量數拔鞋法 95% 信賴區間值為 [.421, .531]，未包含數值點 0，拒絕虛無假設，總間接效果值顯著不等於 0。

1. 自變項 X 靈性領導經由中介變項 M1（組織文化）對依變項 Y（學校效能）影響的間接效果值 =.362（$= a_1 \times b_1 = .672 \times .538$），統計量數拔鞋法 95% 信賴區間值為 [.305, .415]，未包含數值點 0，拒絕虛無假設，間接效果值顯著不等於 0。
2. 自變項 X 靈性領導經由中介變項 M2（幸福感）對依變項 Y（學校效能）影響的間接效果值 = .114（$= a_2 \times b_2 = .374 \times .306$），統計量數拔鞋法 95% 信賴區間值為 [.083, .152]，未包含數值點 0，拒絕虛無假設，間接效果值顯著不等於 0。

二個平行中介變項模式統計分析結果圖示如下，圖示中所有直接效果路徑都達統計顯著水準，圖示中括號前量數為非標準化迴歸係數，括號中量數為標準化迴歸係數 β。

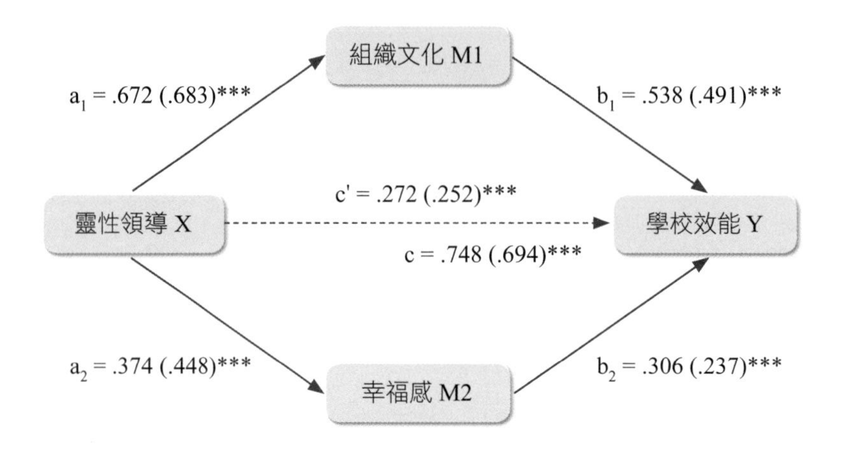

總效果值為間接效果值加上特定間接效果值：

$c = c' + a_1 \times b_1 + a_2 \times b_2 = 0.272 + 0.362 + 0.114 = 0.748$。

自變項 X 的總間接效果值為總效果值與自變項 X 直接效果值間的差異值：

$c - c' = a_1 \times b_1 + a_2 \times b_2 = 0.748 - 0.272 = 0.476$。

Completely standardized indirect effect(s) of X on Y:

	Effect	BootSE	BootLLCI	BootULCI
TOTAL	.442	.021	.399	.485
M1	.336	.023	.289	.380
M2	.106	.016	.077	.140

[說明] 完全標準化間接效果值為模式中直接效果之標準化迴歸係數 β 值的乘積，模式中間接效果值有二條路徑：一為靈性領導⇨組織文化⇨學校效能；二為靈性領導⇨幸福感⇨學校效能，二條間接路徑的效果值分別為 .336、.106，拔靴法 95% 信賴區間值分別為 [.289, .380]、[.077, .140]，均未包含數值點 0，拒絕虛無假設，二個間接效果值統計量均顯著不等於 0。

靈性領導自變項經由組織文化、幸福感二個中介變項對學校效能影響的總間接效果值 = .442，拔靴法 95% 信賴區間值為 [.399, .485]，未包含數值點 0，拒絕虛無假設，母群體總效果值量數顯著不為 0。

******************** ANALYSIS NOTES AND ERRORS *******************

Level of confidence for all confidence intervals in output:

95.0000

Number of bootstrap samples for percentile bootstrap confidence intervals:

2000

------ END MATRIX -----

、配對間接效果間差異檢定

增列勾選「 Pairwise contrasts of indirect effects」（間接效果值的配對比較）選項，「TOTAL, DIRECT, AND INDIRECT EFFECTS OF X ON Y」標題下的量數輸出結果如下：

*********** TOTAL, DIRECT, AND INDIRECT EFFECTS OF X ON Y **********

Total effect of X on Y

Effect	se	t	p	LLCI	ULCI	c_cs
.748	.025	30.436	.000	.700	.796	.694

Direct effect of X on Y

Effect	se	t	p	LLCI	ULCI	c'_cs
.272	.026	10.502	.000	.221	.323	.252

[說明]　平行中介模式中的總效果與直接效果影響量數分別為 .748、.272。

Indirect effect(s) of X on Y:

	Effect	BootSE	BootLLCI	BootULCI
TOTAL	.476	.027	.422	.529
M1	.362	.027	.307	.417
M2	.114	.017	.083	.150
(C1)	.247	.037	.170	.318

[說明]　模式中自變項 X 對依變項 Y 影響的間接效果量數多了一列 (C1)，此列的量數為 M1 間接效果減 M2 間接效果 = .362 - .114 = .247，拔鞋法 95% 信賴區間

值 = [.170, .318]，未包含數值點 0，拒絕虛無假設，表示間接效果差異量顯著不等於 0，由於差異量為正值，表示自變項 X 經由中介變項 M1 對依變項 Y 的影響強度顯著高於自變項 X 經由中介變項 M2 對依變項 Y 的影響強度。若是特定間接效果（specific indirect effects）差異值之拔鞋法 95% 信賴區間值包含數值點 0，表示二個間接效果影響強度沒有顯著不同。

Completely standardized indirect effect(s) of X on Y:

	Effect	BootSE	BootLLCI	BootULCI
TOTAL	.442	.022	.399	.487
M1	.336	.024	.288	.382
M2	.106	.016	.077	.139
(C1)	.229	.034	.158	.292

[說明] 就模式中完全標準化間接效果值而言，模式中自變項 X 對依變項 Y影響的間接效果量數多了一列 (C1)，此列的量數為 M1 間接效果減 M2 間接效果 = .336 - .106 = .229，拔鞋法 95% 信賴區間值 = [.158, .292]，未包含數值點 0，拒絕虛無假設，表示間接效果差異量顯著不等於 0，由於差異量為正值，表示自變項 X 經由中介變項 M1 對依變項 Y 的影響強度顯著高於自變項 X 經由中介變項 M2 對依變項 Y 的影響強度。就二條平行中介變項路徑的影響強度高低而言：「靈性領導⇨組織文化⇨學校效能」中介路徑＞「靈性領導⇨幸福感⇨學校效能」中介路徑。

Specific indirect effect contrast definition(s):

(C1) M1 minus M2

[說明] 界定特定間接效果配對對比量數 C1 的定義，為 M1 中介效果值減掉 M2 中介效果值。

Chapter 5

調節變項模式

壹、調節變項的簡要意涵

調節變項是一個可以強化、減弱、否定或改變自變項與依變項（結果變項）間關係的變項。在什麼條件下會發生？會發生在哪些次水準群體上？如在退休人員生活壓力對自殺意念的影響程度或預測的探究中，生活壓力愈高者其自殺意念愈高，但若是有家人或朋友支持／關懷，即使生活壓力較高者其自殺意念也會降低，因而不同家人或朋友支持變因在生活壓力與自殺意念關係中就扮演一種「調節作用」（regulating effect），此調節作用的變項稱為「調節變項」（moderator）。再如數學學習投入時間與數學學習表現間的關係，樣本學習投入時間愈多，其數學學習表現愈好，但若是學習策略不對，即使投入很多時間，數學學習表現進步也會受限；相對的，學習投入時間愈多，也用對了適切的學習策略，則數學表現通常會有較佳表現，因而在數學投入時間對數學學習表現的影響程度或預測結果會受到樣本學習策略變因的影響。學習策略不同的水準群組，其數學投入時間對數學學習表現的影響程度或強度也會不同，學習策略變項在數學學習投入時間與數學學習表現間的關係中扮演一種調節作用。

一個調節變項最基本理論模型如下：

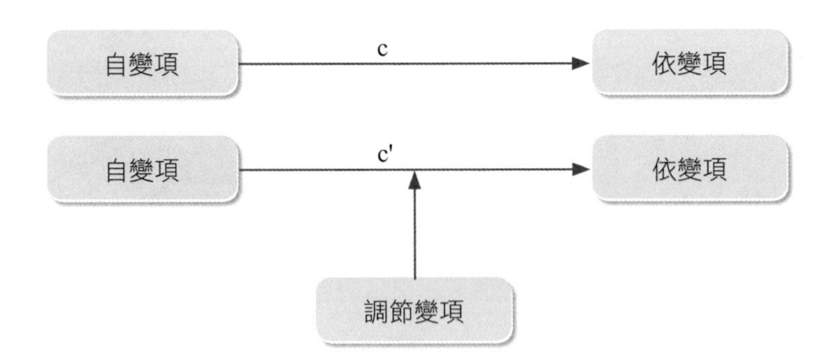

上述簡單調節變項模式理論模型的統計程序圖如下（複迴歸方法或階層迴歸法的運用）。

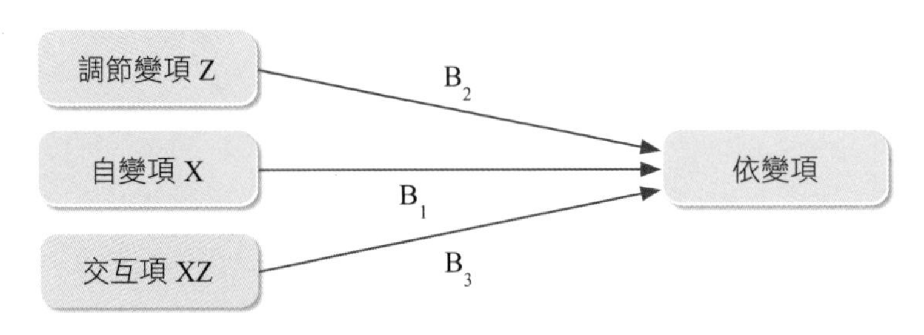

統計程序圖的方程式如下：

$Y = B_0 + B_1X + B_2Z + B_3(XZ) + error$，或

$Y = B_0 + B_1X + B_2W + B_3(XW) + error$

方程式中的 X 為自變項、Z 為調節變項（一般研究常以 W、Z、V 等英文字母表示調節變項）。

模式中同時有調節變項 W 與中介變項 M 稱為調節的中介變項。

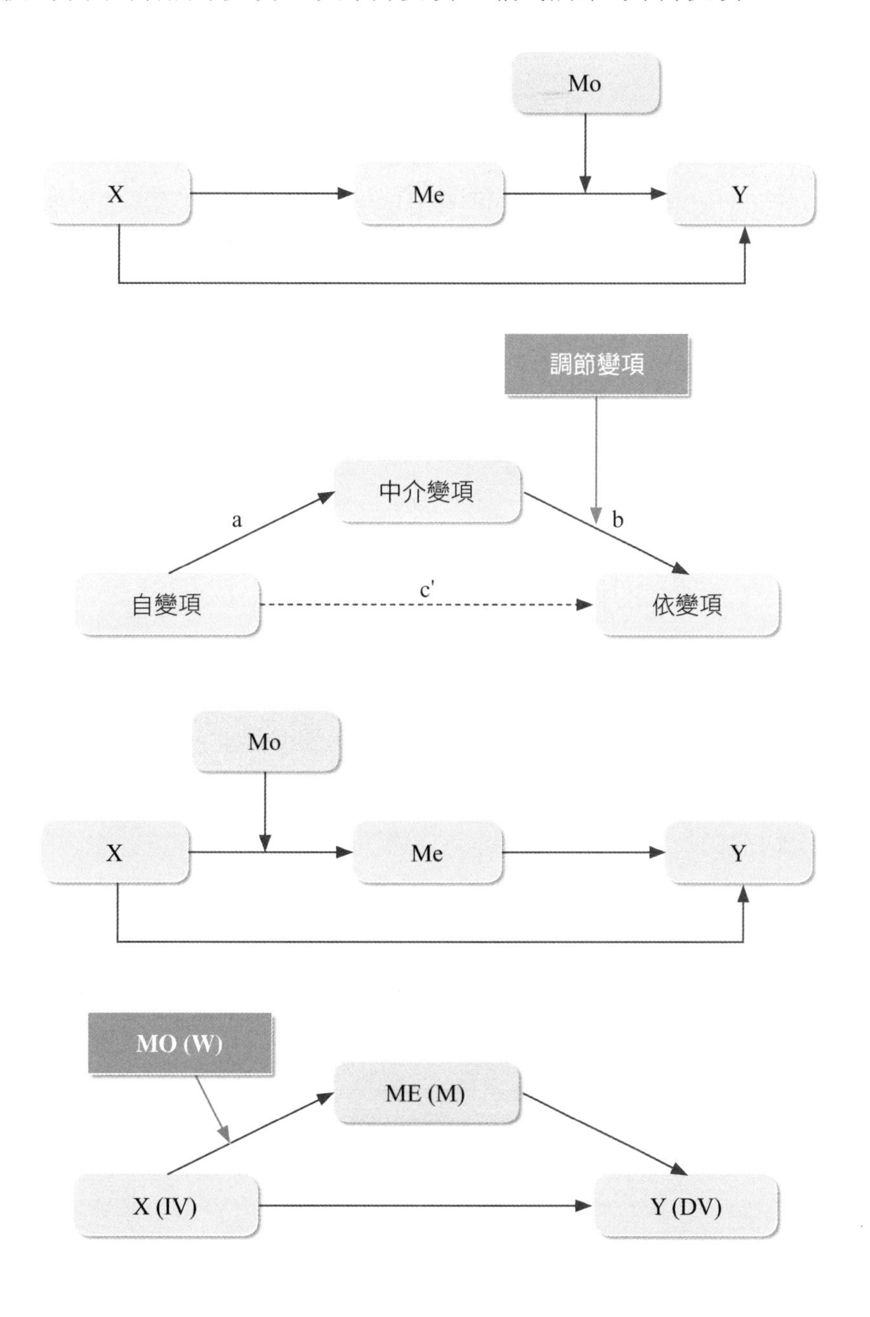

調節變項的統計檢定程序中關注的是自變項 X 與調節變項 W 二者的乘積項。由於交互作用項為自變項與調節變項的乘積，為避免共線性問題，一般交互作用項變數的處理程序會採用自變項 X 與調節變項的標準化分數 Z，或是將自變項與調節變項 W 進行平減／平均數中心化（mean centering）轉換，平減程序即變項中每個樣本原始分數減掉變項總平均數。

交互作用項 =（自變項的標準 Z 分數 Z）×（調節變項的標準 Z 分數），或
交互作用項 =（自變項 – 自變項平均數）×（調節變項 – 調節變項平均數）

迴歸程序中投入的解釋變項包括以下三個：

1. 投入的自變項 X 為轉換後的標準分數 Z 變項（或平減後自變項）。
2. 投入的調節變項 W 為轉換後的標準分數 Z 變項（或平減後調節變項）。
3. 交互作用項
   (1) 調節變項為計量變數時：
   交互作用項 =（Z 自變項）×（Z 調節變項），或
   （平減後自變項）×（平減後調節變項）。
   (2) 調節變項為二分間斷變數時：
   交互作用項 =（自變項 – 自變項總平均數）×（虛擬變項），或
   （平減後自變項）×（虛擬變項），或
   Z 自變項 × 虛擬變項。

階層迴歸分析的程序：

1. 將轉換為 Z 分數自變項作為自變項 1 投入迴歸模式中。
2. 將轉換為 Z 分數調節變項作為自變項 2 投入迴歸模式中。
3. 將交叉相乘項（交互作用項）作為自變項 3 投入迴歸模式中。
4. 若交叉相乘項的迴歸係數達到統計顯著水準，表示調節變項的調節效果顯著：不同調節變項得分之不同水準群體（高分組——平均數 +1 個標準差、低分組——平均數 –1 個標準差）所繪製之自變項對依變項的迴歸線的斜率有顯著不同，二個迴歸方程式之斜率顯著不同，表示二條迴歸線的迴歸係數顯著不相等。

調節變項如果是類別變項（如性別，水準群組分別為 0、1），必須將類別變項轉換為虛擬變項（水準群組的編碼為 0、1），自變項連續變項進行平減

（各數值減總平均數），交互作用項為虛擬變項 X 自變項平減後的新變數。如退休人員社會參與與生活滿意度的關係是否受到性別變項的調節，統計程序圖示如下：

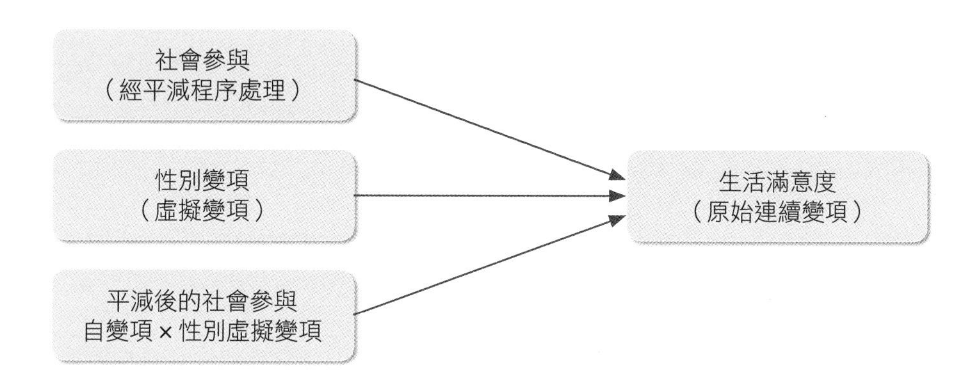

若性別具有調節作用，表示男生、女生二個群體以社會參與預測生活滿意度的迴歸係數值顯著不同，二條迴歸線會有交叉點情況（交叉圖有些會在視覺圖示外）；相對的若性別沒有調節作用，表示男生、女生二個群體以社會參與預測生活滿意度的迴歸係數值相同（原始迴歸線的迴歸係數顯著相等），二條迴歸線互相平行。

1. 調節變項二個水準群組的斜率係數顯著相同的圖示（迴歸線大致平行）：

2. 調節變項二個水準群組的斜率係數顯著不相同的圖示（迴歸線會有一交叉點）：

範例資料檔中，X 為自變項，Y1、Y3 分別為依變項、W 為調節變項，不同 W 水準群組下，X 自變項對依變項 Y1、Y3 的迴歸線如下圖：

X	W	Y1	Y3
-1	0	3	2.0
-1	1	5	2.5
-1	2	7	3.0
0	0	4	3.0
0	1	6	5.0
0	2	8	7.0
1	0	5	4.0
1	1	7	7.5
1	2	9	11.0
2	0	6	5.0
2	1	8	10.0
2	2	10	15.0

資料來源：修改自 Hayes（2022）, p.238

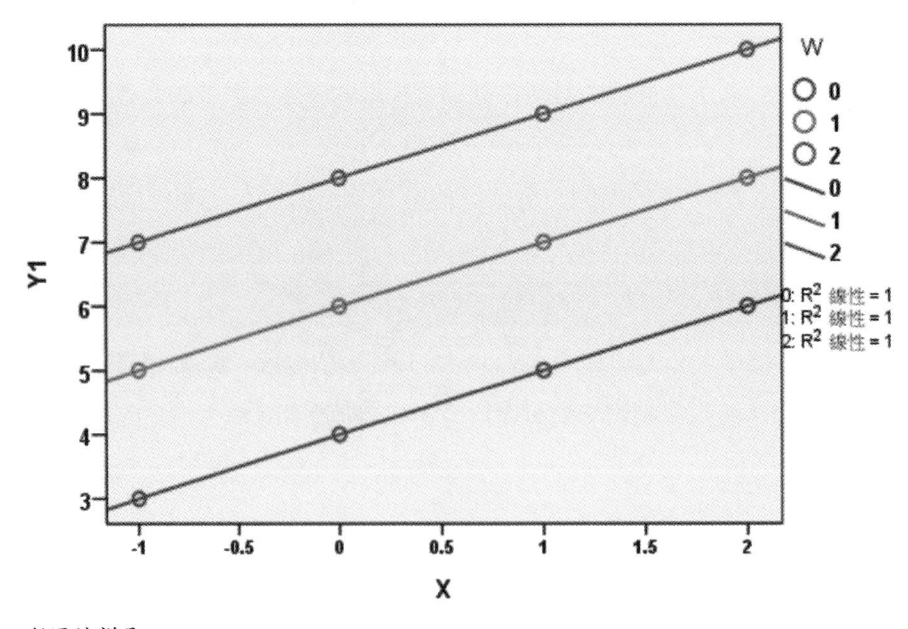

彩圖請詳見 Appendix

上圖中，調節變項 W 的水準群組分別為 0、1、2 時，X 解釋變項對依變項迴歸預測的迴歸係數（斜率）相同，三條迴歸線的傾斜角度相同。

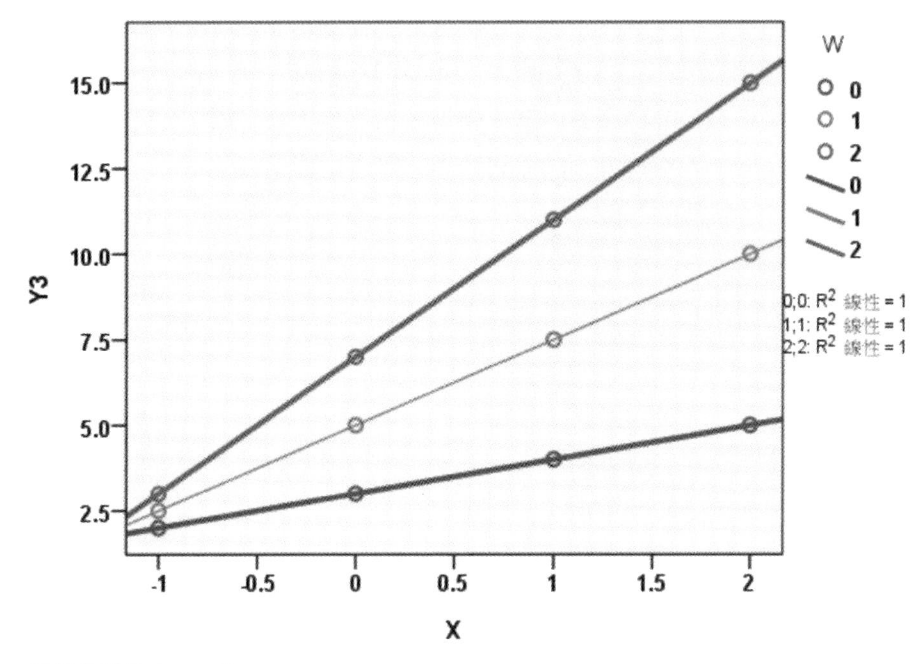

彩圖請詳見 Appendix

上圖中，調節變項 W 的水準群組分別為 0、1、2 時，X 解釋變項對依變項迴歸預測的迴歸係數（斜率）顯著不相同，W 變項的水準群組等於 2 時，迴歸線的斜率最大（最上面紅色線條）、W 變項的水準群組等於 0 時，迴歸線的斜率最小（最下面藍色線條較平坦）。表示就不同 W 變項水準群組，X 解釋變項對依變項迴歸預測情況或影響程度明顯不同。

貳、調節變項為間斷變項範例

探究主題：退休人員經濟壓力與自殺意念關係之研究──人格特質為調節變項。

研究假設：

1. 人格特質是否可以調節經濟壓力對自殺意念的影響程度或預測效果？

   或

2. 經濟壓力對自殺意念的影響程度或預測效果是否會受人格特質不同而有差異？

研究問題中的自變項 IV 為經濟壓力（X 變項）、依變項 DV 為自殺意念

（Y 變項）、調節變項 W 為人格特質，人格特質為二分類別變項，水準編碼 1 為 A 型性格群組；水準編碼 0 為 B 型性格群組。

自變項經濟壓力（解釋變項）對依變項自殺意念（結果變項）的影響程度，是否受調節變項人格特質不同而有差異的概念化圖示為：

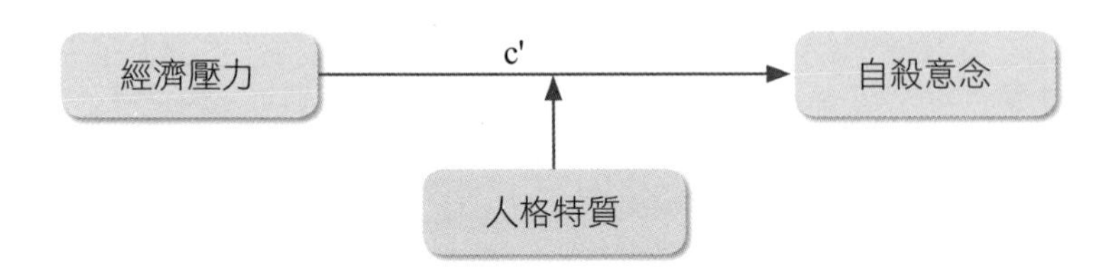

對應的概念型圖示，統計程序圖示如下，複迴歸分析結果關注的解釋變項為自變項與調節變項的乘積項（交互作用項）：

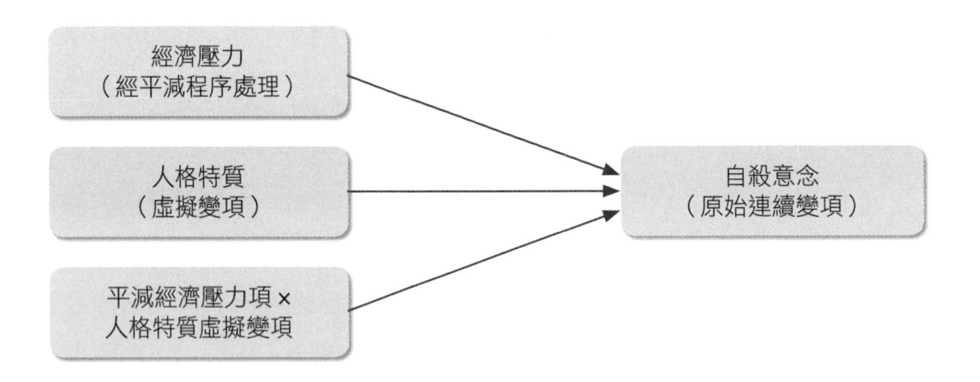

參、增列標準化 Z 分數

執行功能表列「分析 (A)/描述性統計資料（敘述統計）(E)/描述性統計資料（描述性統計量）(D)」程序，開啟「描述性統計資料」對話視窗。

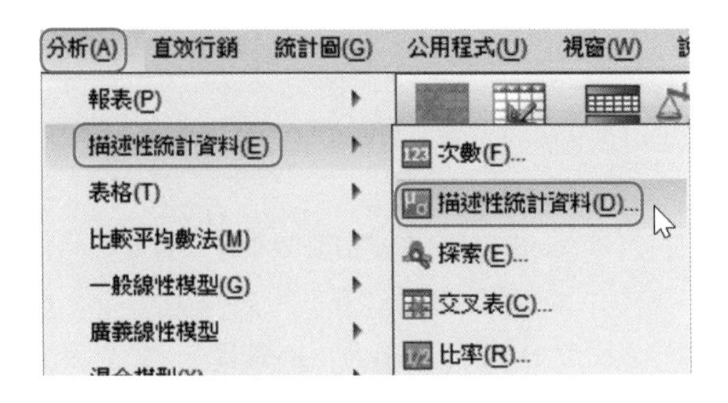

在「描述性統計資料（描述性統計量）」對話視窗中，從左邊變數清單點選自變項「經濟壓力 [ECPRE]」至右邊「變數 (V)：」下方框中，勾選視窗左下方「 將標準化的數值存成變數 (Z)」選項，按『確定』鈕。勾選「 將標準化的數值存成變數 (Z)」選項，可以直接求「變數 (V)：」方框中變項的標準化分數 Z，並儲存在原資料檔中。轉換為標準化分數的新變項名稱會於原變項名稱前增列起始字母 Z，範例之變項的變數名稱為 ECPRE，轉換為標準化分數的新變項名稱內定為 ZECPRE。

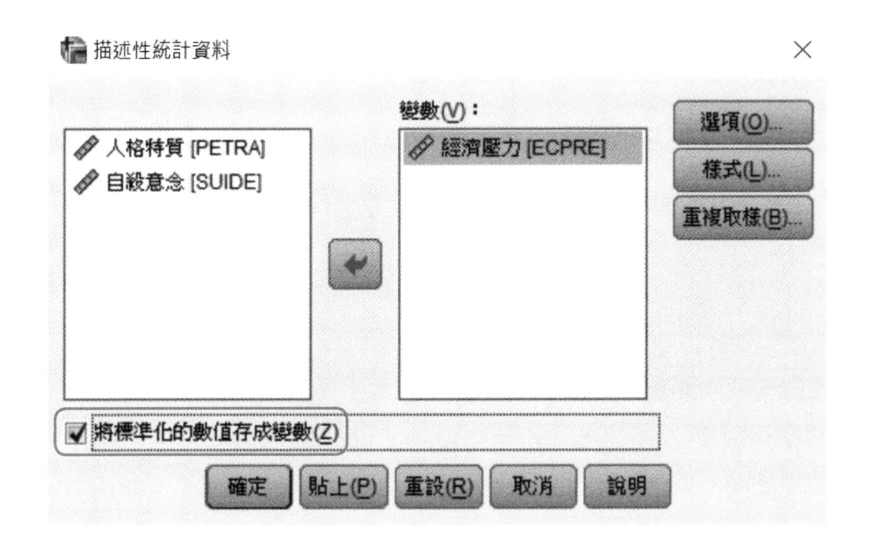

經濟壓力計量變數的平均數為 17.82、標準差為 8.081。平均數集中化／平減程序就是把每位樣本之原始經濟壓力分數減掉 17.82（平均數）。

描述性統計資料

	N	最小值	最大值	平均數	標準偏差
經濟壓力	100	4	34	17.82	8.081
有效的 N (listwise)	100				

肆、增列交互作用項

一、計量自變項平減處理

執行功能表「轉換 (T)/計算變數 (C)」程序開啟「計算變數」對話視窗。在

「計算變數」對話視窗中，於左邊「目標變數 (T)：」下方框中先鍵入平減後新的變數名稱，範例為「ECPRE_M」，再點選變數清單中的自變項「經濟壓力 [ECPRE]」至右邊「數值表示式 (E)：」下方框中，接著鍵入 -17.82，完整數值表示式為「ECPRE-17.82」，按『確定』鈕。

計算變數
目標變數(T)：
ECPRE_M
=
數值表示式(E)：
ECPRE-17.82
類型和標籤(L)...
人格特質 [PETRA]
經濟壓力 [ECPRE]
自殺意念 [SUIDE]
Zscore: 經濟壓力 [Z...
\+ < > 7 8 9

二、增列交互作用項

計量自變項與間斷調節變項的交互作用項中，計量自變項經濟壓力可以使用轉換為標準分數後之 Z 變項，也可以使用平減後的新變項。以下操作程序中計量自變項經濟壓力分別採用其標準化分數與平減後分數增列交互作用項。

求出二分調節變項（水準群組編碼為 0、1）與計量自變項間的乘積項（交互作用項），間斷調節變項已轉為虛擬變項，自變項經濟壓力採用轉換為標準分數後的 Z 變項，範例交互作用項名稱界定為「ZINTER」，完整「數值表示式 (E)：」為「PETRA*ZECPRE（人格特質 *Z 經濟壓力）。按『確定』鈕後，資料檔會增列第一個交互作用項，交互作用項名稱為「ZINTER」。

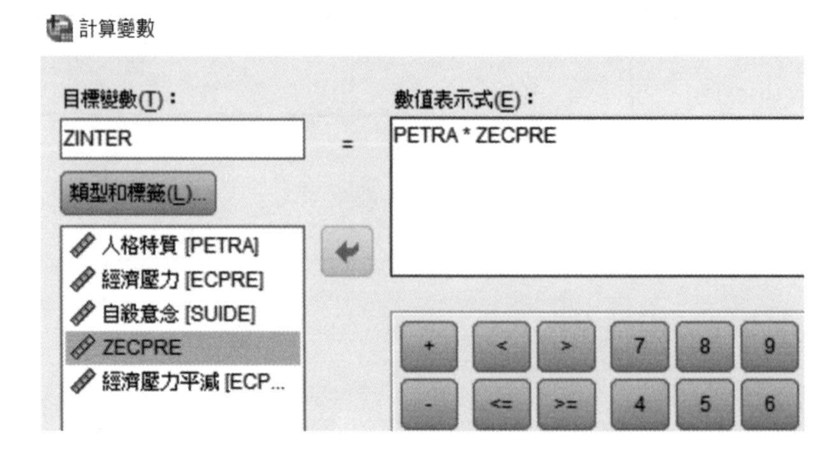

範例間斷調節變項為原虛擬變項，自變項經濟壓力採用平減後的變項，變項名稱為「ECPRE_M」、變數標記名稱設定為「經濟壓力平減」。

交互作用項變項名稱界定為「MINTER」，完整「數值表示式 (E)：」下運算式為「PETRA*ECPRE_M（人格特質變項*經濟壓力平減變項），按『確定』鈕後，資料檔會增列第二個交互作用項，交互作用項名稱為「MINTER」。

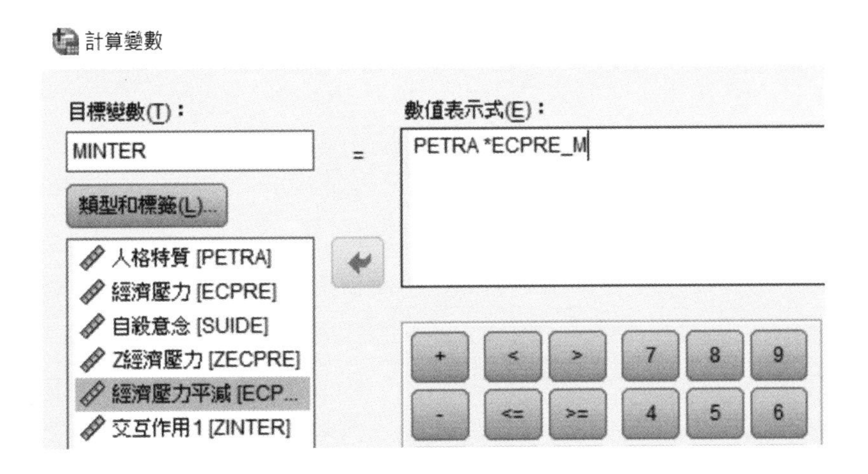

範例資料檔於「變數檢視」視窗中顯示的變項名稱，自變項經濟壓力轉換為標準化分數的變項名稱為「ZECPRE」、變數標記名稱為「Z 經濟壓力」；自變項經濟壓力經平減處理後的標的變項名稱為「ECPRE_M」、變數標記名稱為「經濟壓力平減」。自變項與調節變項乘積的二個交互作用變數名稱分別為「ZINTER」、「MINTER」，變數標記名稱分別界定為「交互作用 1」、「交互作用 2」。

E) 檢視(V) 資料(D) 轉換(T) 分析(A) 直效行銷 統計圖(G) 公用程式(U) 視窗(W) 說明(H)

名稱	類型	寬度	小數	標籤	數值	遺漏	直欄	對齊
PETRA	數值型	8	0	人格特質	{0, B型性格...	無	8	右
ECPRE	數值型	8	0	經濟壓力	無	無	8	右
SUIDE	數值型	8	0	自殺意念	無	無	8	右
ZECPRE	數值型	11	2	Z經濟壓力	無	無	13	右
ECPRE_M	數值型	8	2	經濟壓力平減	無	無	10	右
ZINTER	數值型	8	2	交互作用1	無	無	10	右
MINTER	數值型	8	2	交互作用2	無	無	10	右

伍、階層迴歸分析——使用 ZINTER 交互作用項

執行功能表列「分析 (A)/迴歸 (R)/線性迴歸 (L)」程序，開啟「線性迴歸」對話視窗。

在變數清單中點選依變項「自殺意念 [SUIDE]」至中間上面「因變數（依變數）(D)」下的方框中，點選自變項「Z 經濟壓力 [ZECPRE]」、調節變項「人格特質 [PETRA]」至右邊自變數 (I) 中，「區塊 (B)1/1」方盒中按『下一個 (N)』鈕，區塊方盒跳至「區塊 (B)2/2」方盒（表示第二個階層）。將交互作用項增列於第二層再投入迴歸模式，配合「 R 平方改變量」選項的勾選，輸出表格會增列交互作用預測變數對依變項個別的解釋變異量 R 平方，若是在第一層迴歸操作程序中，直接將自變項「Z 經濟壓力 [ZECPRE]」、調節變項「人格特質 [PETRA]」、「交互作用項」（ZINTER 或 MINTER）同時點選至右邊「自變數 (I)」下方格中，表示將所有變項同時投入在一個階層的迴歸方程中，這就是常見的複迴歸分析或多元迴歸分析，只有一層的複迴歸程序無法看出某些標的變項的 R 平方改變量情況。

變數清單中中括號 [ ] 內的英文字母為資料檔的變數名稱，[ ] 前的中文變數名稱為變項的標記註解（變數標記）。

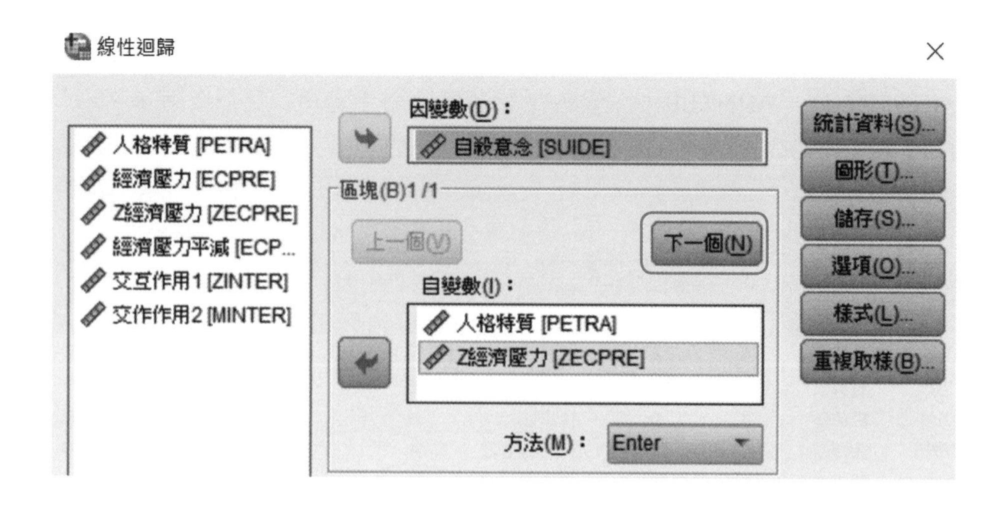

「區塊 (B)2/2」方盒（表示第二個階層迴歸程序），於變數清單中點選「交互作用 1 [ZINTER]」變項至右邊第二層區塊方框中，按『統計資料（統計量）(S)』鈕，開啟「線性迴歸：統計資料（統計量）」次對話視窗。

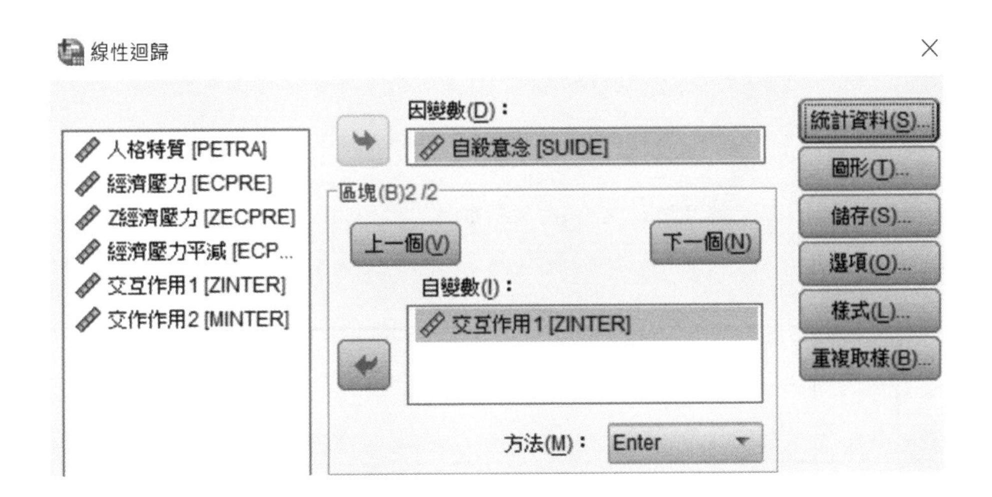

「線性迴歸：統計資料（統計量）」次對話視窗中，原內定勾選選項為「☑ 估計值 (E)」、「☑ 模型適合度 (M)」二個，範例增列勾選「☑ R 平方改變量 (S)」、「☑ 共線性診斷 (L)」選項，按『繼續』鈕回到「線性迴歸」主對話視窗，再按『確定』鈕。

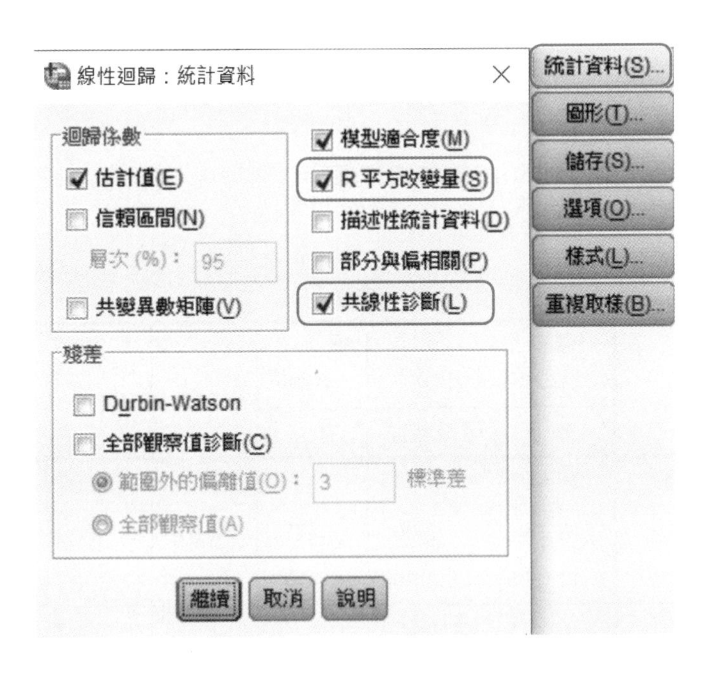

陸、SPSS 輸出結果

一、階層迴歸分析一（計量自變項採用標準化分數）

計量自變項採用轉換為標準化的 Z 分數，階層迴歸模式結果如下：

模型摘要

模型	R	R 平方	調整後 R 平方	標準偏斜度錯誤	變更統計資料				
					R 平方變更	F 值變更	df1	df2	顯著性 F 值變更
1	.757[a]	.573	.564	9.976	.573	65.006	2	97	.000
2	.927[b]	.858	.854	5.772	.286	193.788	1	96	.000

a. 預測值: (常數), Z 經濟壓力, 人格特質
b. 預測值: (常數), Z 經濟壓力, 人格特質, 交互作用 1

迴歸方程投入的區塊一（第一層）的預測變項為人格特質、轉換為標準分數後的經濟壓力（Z 經濟壓力），區塊二（第二層）增列的預測變項為交互作用項（ZINTER），交互作用項個別的解釋量為 .286，淨 F 值 = 193.788（p < .05），R 平方改變量達到顯著。自變項 X（人格特質）、調節變項 W（Z 經濟壓力）與二者乘積項（交互作用項）三個解釋變項與依變項 Y 自殺意念的多元相關係數 R = .927，聯合解釋變異量 R^2 = .858。

係數[a]

模型		非標準化係數		標準化係數	T	顯著性	共線性統計資料	
		B	標準錯誤	Beta			允差	VIF
1	(常數)	75.949	1.414		53.705	.000		
	人格特質	-8.158	2.005	-.271	-4.070	.000	.991	1.010
	Z 經濟壓力	11.077	1.007	.733	10.996	.000	.991	1.010
2	(常數)	75.212	.820		91.732	.000		
	人格特質	-8.253	1.160	-.275	-7.115	.000	.991	1.010
	Z 經濟壓力	3.436	.801	.227	4.292	.000	.525	1.905
	交互作用 1	16.256	1.168	.736	13.921	.000	.527	1.896

a. 應變數: 自殺意念

迴歸模式 2 中，解釋變項「Z 經濟壓力」、調節變項 W（人格特質）對依變項 Y（自殺意念）的個別預測力都達統計顯著水準，標準化迴歸係數值分別為 -.275、.227；二者乘積之交互作用項變數的迴歸係數為 16.256、標準誤為 1.168，標準化迴歸係數 β 為 .736，迴歸係數是否顯著不等於 0 檢定的 t 值統計量 = 13.921（$p < .05$），達到統計顯著水準，表示自變項 X（Z 經濟壓力）對依變項 Y（自殺意念）的影響或預測程度會受到人格特質調節變項 W 的影響。不同人格特質之水準樣本群組（B 型性格樣本組、A 型性格樣本組）在經濟壓力對自殺意念的預測情況有顯著不同，即人格特質因子在經濟壓力對依變項自殺意念的影響中具有顯著調節作用存在。

模式 2 中同時投入三個解釋變項，共線性診斷量數中的容忍度值（允差）分別為 .991、.525、.527；變異數膨脹係數（VIF）值分別 1.010、1.905、1.896，VIF 值遠小於臨界值 10.000，表示複迴歸程序中沒有共線性問題。

二、階層迴歸分析二（計量自變項採用平減處理）

(一) 操作程序

在線性迴歸對話視窗，變數清單中點選依變項「自殺意念 [SUIDE]」至中間上面「因變數（依變數）(D)」下的方框中，點選調節變項「人格特質 [PETRA]」、自變項「經濟壓力平減 [ECPRE_M]」至右邊「自變數 (I)：」下方框中，按『下一個 (N)』鈕。

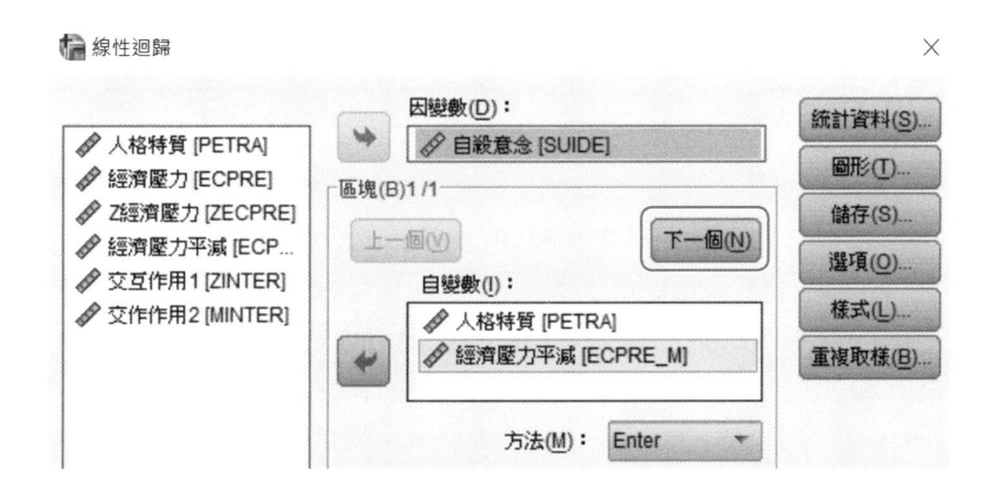

區塊 (B)2/2 方盒（第二個階層迴歸程序），於變數清單中點選「交互作用 2

[MINTER]」變項至右邊第二層區塊方框中，按『繼續』鈕回到線性迴歸主對話視窗，再按『確定』鈕。

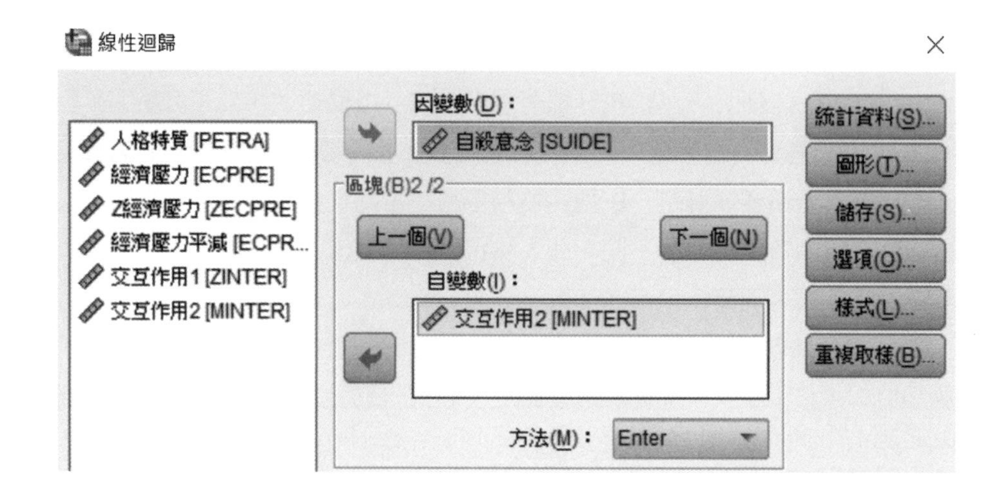

(二) 平減交互作用項的結果表格

自變項為計量變項經平減處理程序後的調節模式分析結果如下：

模型摘要

模型	R	R 平方	調整後 R 平方	標準偏斜度錯誤	變更統計資料				
					R 平方變更	F 值變更	df1	df2	顯著性 F 值變更
1	.757[a]	.573	.564	9.976	.573	65.006	2	97	.000
2	.927[b]	.858	.854	5.772	.286	193.788	1	96	.000

a. 預測值: (常數), 經濟壓力平減, 人格特質

b. 預測值: (常數), 經濟壓力平減, 人格特質, 交互作用 2

迴歸方程投入的區塊一（第一層）的預測變項為自變項 X 人格特質（虛擬變項）與平減後的經濟壓力（ECPRE_M），區塊二（第二層）增列的預測變項為人格特質（虛擬變項）與平減後經濟壓力（ECPRE_M）乘積之交互作用項（MINTER），交互作用項（MINTER）個別的解釋量為 .286，淨 F 值 = 193.788 ($p < .05$)。自變項 X（人格特質）、調節變項 W（經濟壓力平減）與二者乘積項（交互作用項-MINTER）三個解釋變項與依變項 Y（自殺意念）的多元相關係數 R = .927，聯合解釋變異量R^2 = .858。

係數[a]

模型		非標準化係數		標準化係數	T	顯著性	共線性統計資料	
		B	標準錯誤	Beta			允差	VIF
1	(常數)	75.949	1.414		53.705	.000		
	人格特質	-8.158	2.005	-.271	-4.070	.000	.991	1.010
	經濟壓力平減	1.371	.125	.733	10.996	.000	.991	1.010
2	(常數)	75.212	.820		91.732	.000		
	人格特質	-8.253	1.160	-.275	-7.115	.000	.991	1.010
	經濟壓力平減	.425	.099	.227	4.292	.000	.525	1.905
	交互作用2	2.012	.145	.736	13.921	.000	.527	1.896

a. 應變數: 自殺意念

迴歸模式 2 中，自變項平減後經濟壓力（經濟壓力平減）、調節變項 W（人格特質）對依變項 Y（自殺意念）的個別預測力都達統計顯著水準，二者乘積之交互作用項變項的迴歸係數為 2.012、標準誤為 0.145，標準化迴歸係數為 .736，迴歸係數是否顯著不為 0 檢定的 t 值統計量 = 13.921（$p < .05$），達到統計顯著水準，表示自變項 X（經濟壓力）對依變項 Y（自殺意念）的影響或預測程度會受到人格特質調節變項 W 的影響，不同人格特質之水準樣本群組在經濟壓力對自殺意念的影響中具有顯著調節作用存在。

模式 2 中同時投入三個解釋變項，共線性診斷量數中的容忍度值分別為 .991、.525、.527；變異數膨脹係數（VIF）值分別 1.010、1.905、1.896，容忍度量數未接近 0.000、VIF 值遠小於臨界值 10.000，表示複迴歸程序中沒有共線性問題。

解釋變項轉換為標準化 Z 分數與經平減處理後的複迴歸結果主要統計量都相同，其中三個解釋變項的標準化迴歸係數 β 與迴歸係數是否顯著不等於 0 檢定的 t 值統計量及顯著性機率值 p 都相同，二條複迴歸方程式的截距項統計量也一樣，唯一不同的是調節變項與交互作用項的非標準化迴歸係數值及其標準誤量數。

採用標準化 Z 分數的非標準化迴歸方程式如下：

自殺意念（Y）= 75.212 + 3.436 × Z 經濟壓力 + (-8.253) × 人格特質 +16.256 × 交互作用 1。

平減處理的非標準化迴歸方程式如下：

自殺意念（Y）= 75.212 + .425 × 經濟壓力平減 + (-8.253) × 人格特質 + 2.012 × 交互作用 2。

柒、SPSS 交互作用圖的繪製

一、操作程序

調節變項在自變項對依變項的影響或預測情況的交互作用繪製程序：

1. 執行功能表列「統計圖 (G)/歷史對話記錄 (L)/散佈圖/點狀圖 (S)」程序，開啟「散佈圖/點狀圖」對話視窗。

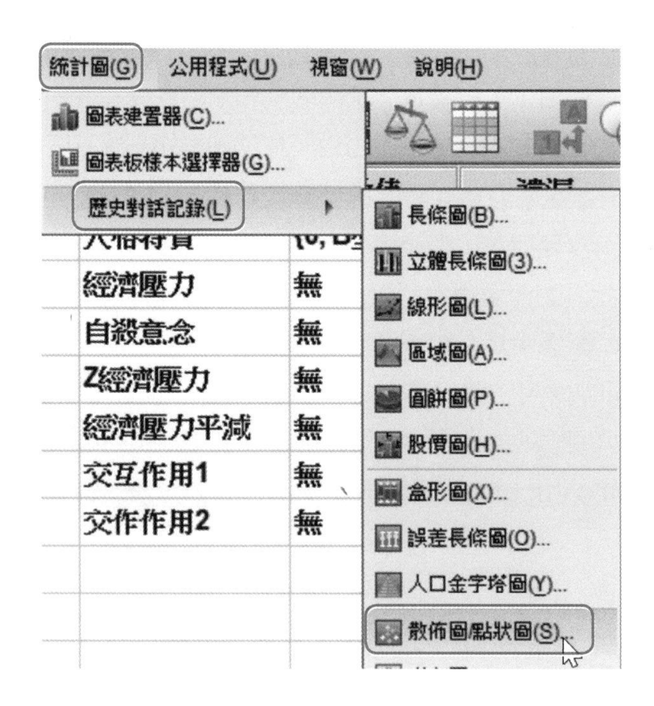

2. 在「散佈圖/點狀圖」對話視窗中，有五種圖形供選擇，範例選取左上角「簡單散佈圖」選項。

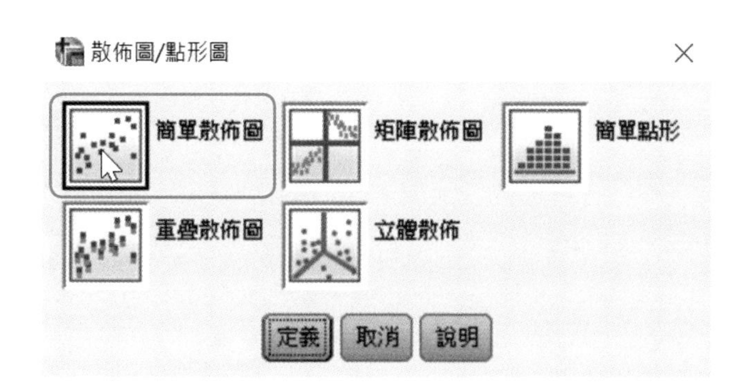

3.「簡單散佈圖」次對話視窗中，在左邊變數清單選項內點選依變項 Y「自殺意念 [SUIDE]」至右邊「Y 軸：」下方格內，點選自變項 X「經濟壓力 [ECPRE]」至「X 軸：」下方格內，點選二分類別變項「人格特質 [PETRA]」（調節變項 W）至「設定標記依據 (S)：」下方格內，按『確定』鈕。

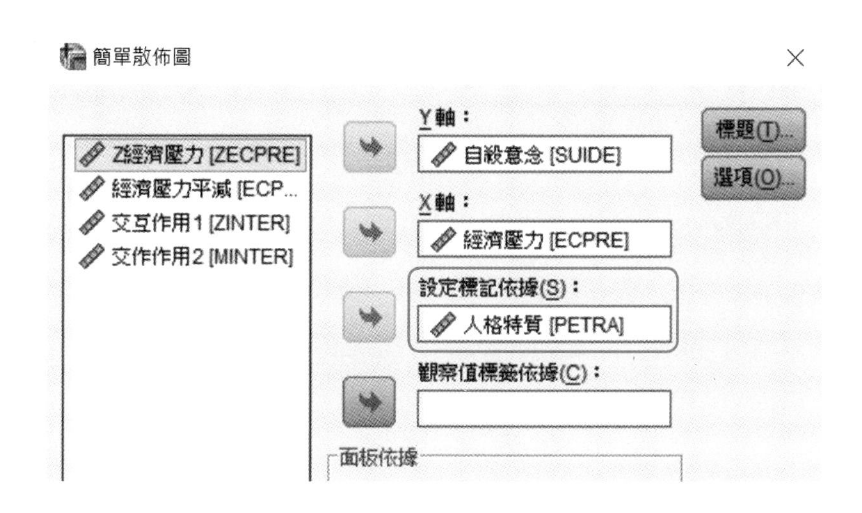

二、繪製結果

簡單散佈圖次對話視窗執行結果如下，藍色小圓點為 B 型性格水準群組樣本點、綠色小圓點為 A 型性格水準群組樣本點。在散佈圖圖示上連按滑鼠左鍵二次，開啟圖表編輯器對話視窗。

圖表

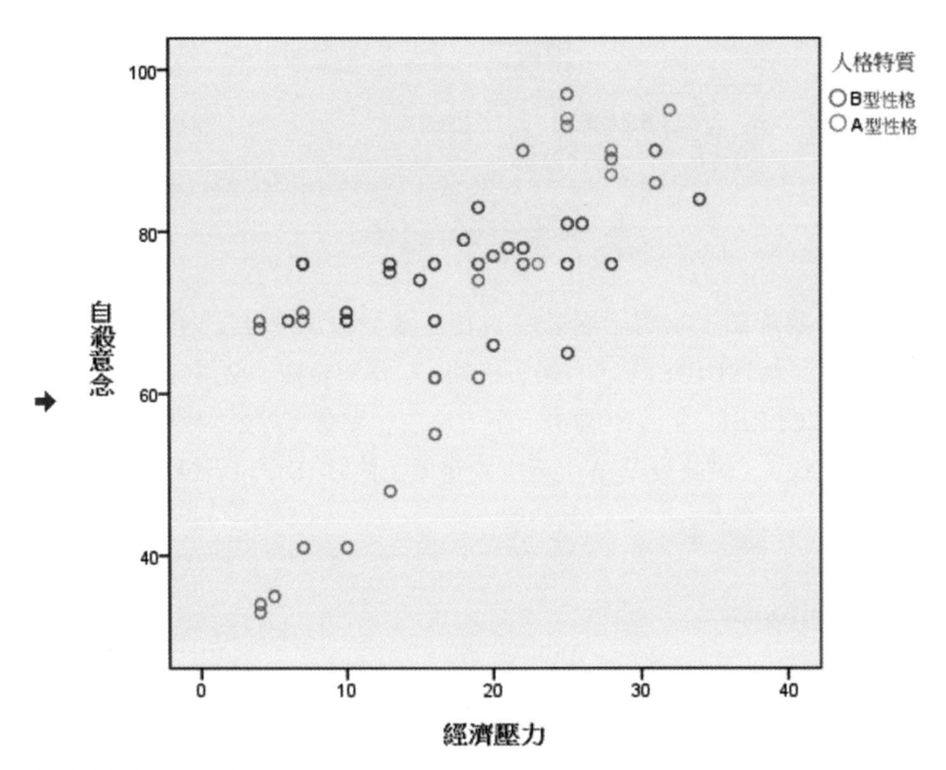

彩圖請詳見 Appendix

在「圖表編輯器」對話視窗中，執行「元素 (M)/於子群組繪出最適線 (S)」程序，可以增列二個水準群組的迴歸線，包括迴歸方程式。

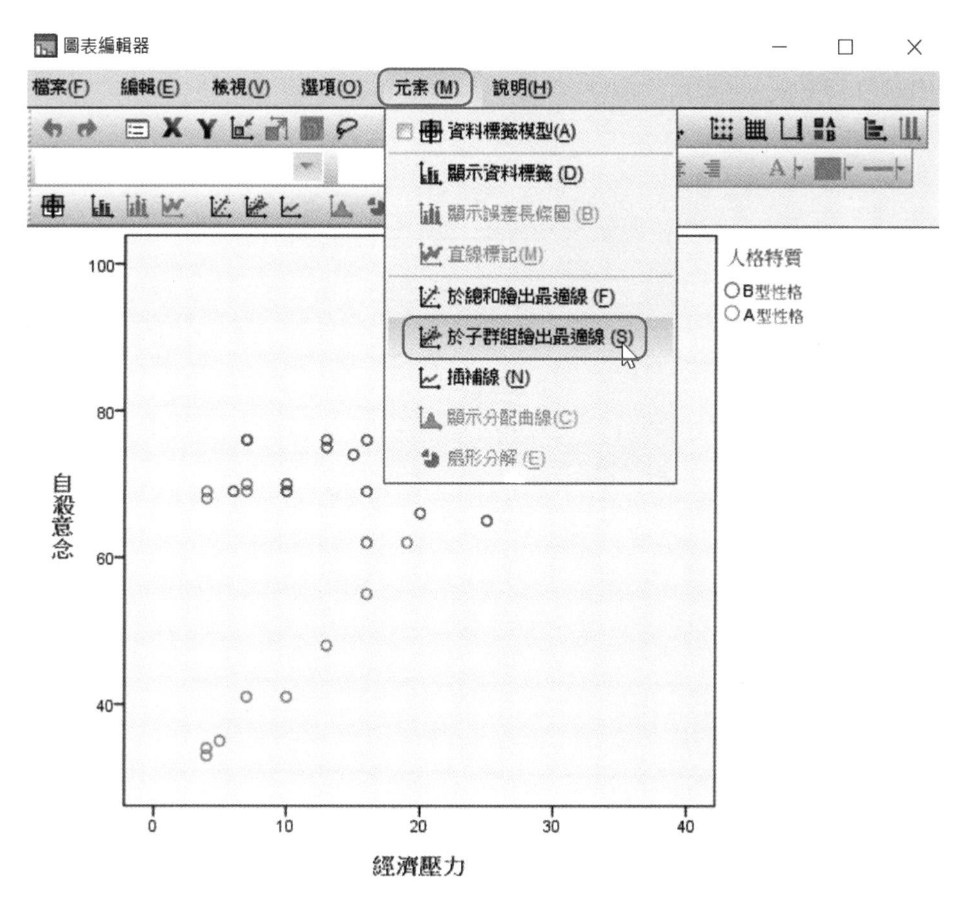

彩圖請詳見 Appendix

「圖表編輯器」對話視窗中執行「檔案 (F)/關閉 (C)」程序，回到結果輸出主視窗。

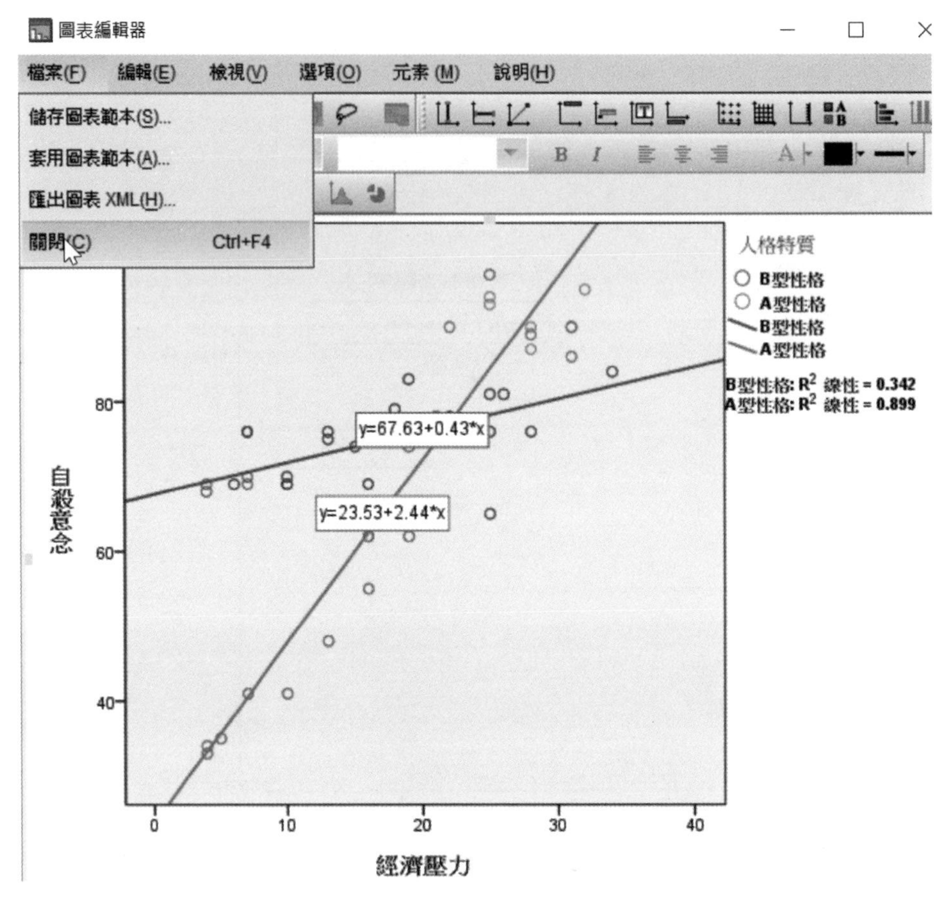

彩圖請詳見 Appendix

從二個水準群組的迴歸線對應情況，二條迴歸線有明顯交叉點，表示二條線的斜率或迴歸係數顯著不相同，二個水準群組之自變項對依變項預測或影響程度有顯著不同。二個水準群組的迴歸方程式分別為：

B 型性格群組：Y = 67.63 + 0.43X。

A 型性格群組：Y = 23.53 + 2.44X。

迴歸方程式顯示，當自變項 X 經濟壓力增加一個單位，B 型性格樣本群組的自殺意念只增加 0.43 個單位，但 A 型性格樣本群組的自殺意念卻增加 2.44 個單位。

退出圖表編輯器次視窗，回到 SPSS 統計檢視結果輸出視窗，視覺化的交互作用圖如下：

圖表

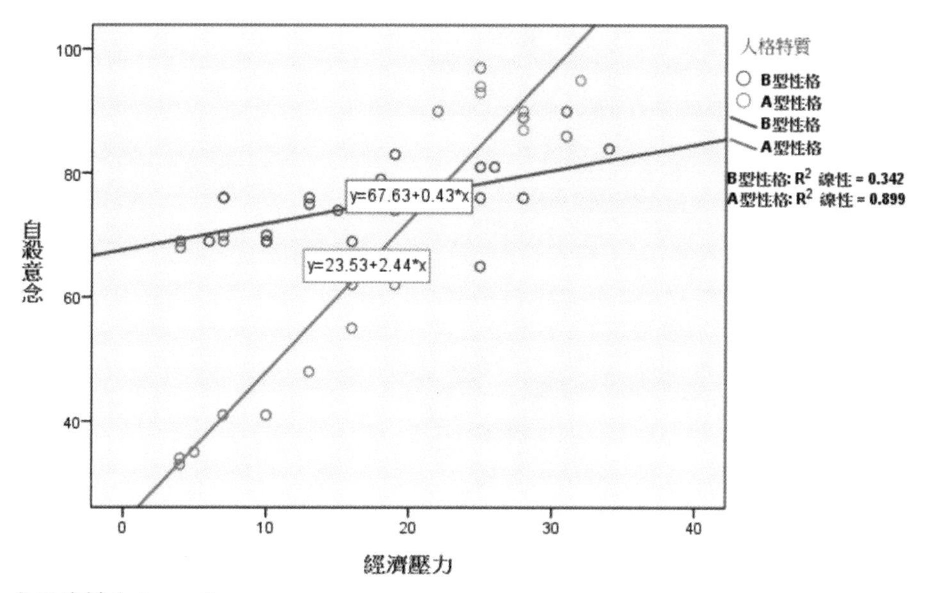

彩圖請詳見 Appendix

捌、求出二個水準群組的迴歸線

在線性迴歸對話視窗中，「選擇變數 (C)：」下方框可以界定特定間斷變項水準群組的複迴歸或簡單迴歸程序，範例選取「人格特質 [PETRA]」調節變項至「選擇變數 (C)：」下方框中，按右邊『規則 (U)...』鈕，開啟「線性迴歸：設定規則」次對話視窗，左邊內定的選項為「等於」，右方「數值 (V)：」下方框內鍵入水準群組編碼 0，按『繼續』鈕，再按『確定』鈕。此程序可以進行標的樣本人格特質水準群組編碼等於 0 之迴歸分析，解釋變項為經濟壓力、依變數為自殺意念。

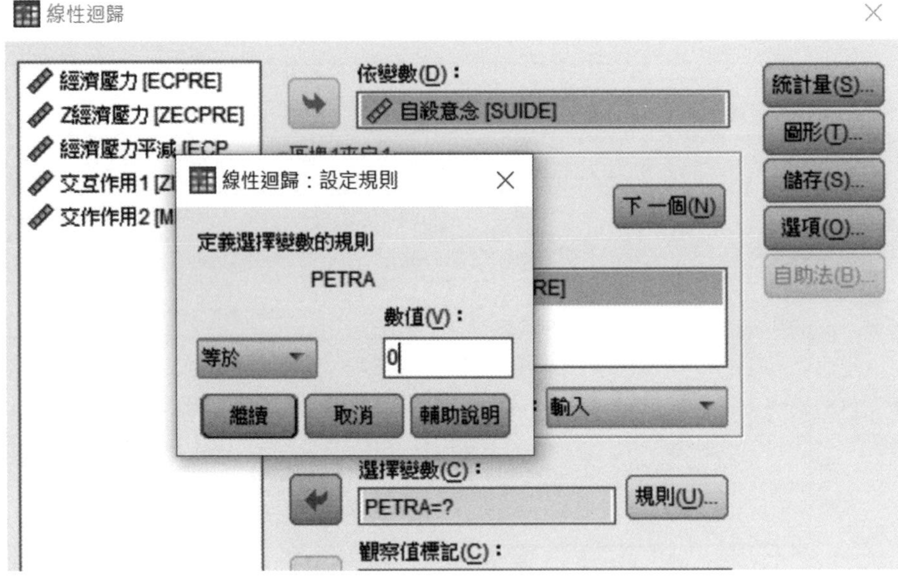

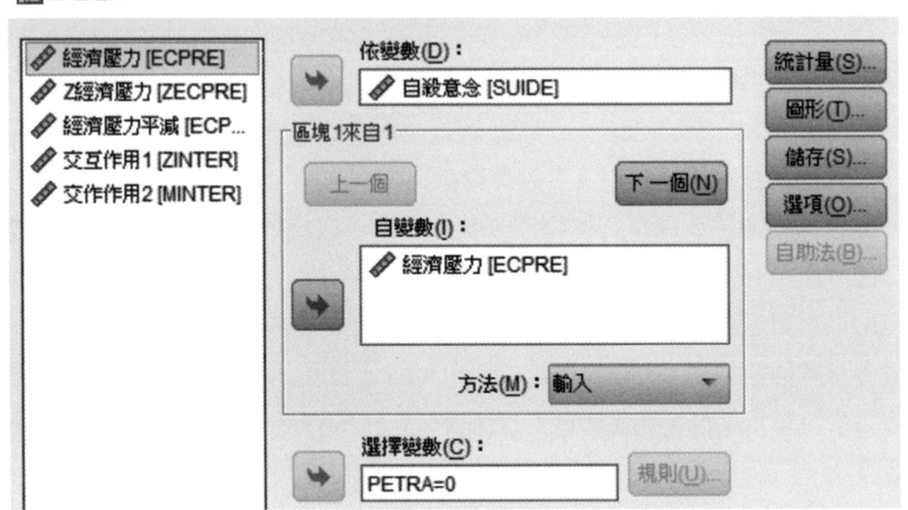

在線性迴歸主對話視窗中，點選「選擇變數 (C)：」方框，按『規則 (U)...』鈕，開啟「線性迴歸：設定規則」次對話視窗。於「線性迴歸：設定規則」次對話視窗中，左邊內定的選項等於不用更改，右方「數值 (V)：」下方框內鍵入 1，按『繼續』鈕，再按『確定』鈕。此程序可以進行標的樣本人格特質水準群組編碼等於 1 之迴歸分析，解釋變項為經濟壓力、依變數為自殺意念。

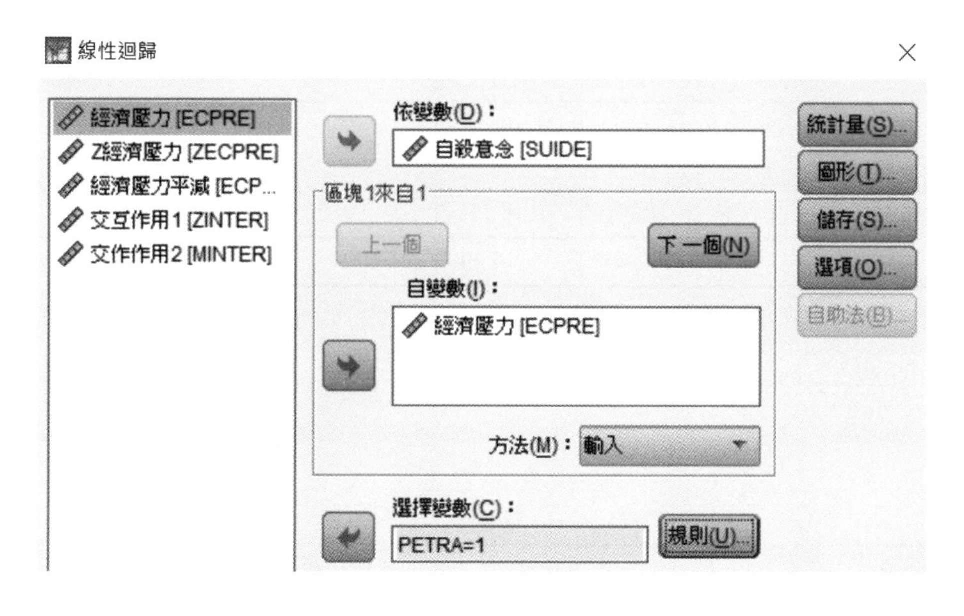

上述使用「選擇變數 (C)：」及『規則 (U)...』鈕，分別界定不同調節變項的水準群組進行經濟壓力對自殺意念的影響，結果如下：

模式摘要

模式	R 人格特質 = 0 B 型性格 (被選的)	R 平方	調過後的 R 平方	估計的標準誤
1	.585[a]	.342	.328	4.961

a. 預測變數: (常數), 經濟壓力

就人格特質水準群組編碼為 0 的樣本而言，自變項經濟壓力對依變項的解釋變異量為 34.2%。

係數[a,b]

模式		未標準化係數		標準化係數	t	顯著性
		B 之估計值	標準誤差	Beta 分配		
1	(常數)	67.634	1.612		41.959	.000
	經濟壓力	.425	.085	.585	4.993	.000

a. 依變數: 自殺意念
b. 只選取 人格特質 = 0 B 型性格 的觀察值

人格特質水準群組編碼為 0 的樣本之迴歸方程式為：Y = 67.634 + 0.425X。

模式摘要

模式	R 人格特質 = 1 A 型性格 (被選的)	R 平方	調過後的 R 平方	估計的標準誤
1	.948[a]	.899	.897	6.482

a. 預測變數: (常數), 經濟壓力

就人格特質水準群組編碼為 1 的樣本，自變項經濟壓力對依變項的解釋變異量為 89.9%。

係數[a,b]

模式		未標準化係數		標準化係數	t	顯著性
		B 之估計值	標準誤差	Beta 分配		
1	(常數)	23.533	2.381		9.884	.000
	經濟壓力	2.437	.118	.948	20.627	.000

a. 依變數: 自殺意念
b. 只選取 人格特質 = 1 A 型性格 的觀察值

人格特質水準群組編碼為 1 的樣本之迴歸方程式為：Y = 23.533 + 2.437X。

二個水準群組的迴歸係數分別為 0.425、2.437，表示自變項 X 人格特質改變一個單位時，二個水準群組的依變項 Y 分別改變 0.425、2.437，二個水準樣本群組的改變程度有顯著差異。

Chapter 6

PROCESS 應用——間斷調節變項

PROCESS_v4.1 主對話視窗中，分別選取依變項、自變項與調節變項至右邊對應的方格內（這些不同變項型態都是未經轉換的原始變項名稱），PROCESS 統計程序中就可以勾選調節模式中計量變項是否採用平減處理方式。模式中調節變項 W 人格特質為二分間斷變項，水準數值編碼為 0、1，水準群組標記分別為 B 型性格樣本、A 型性格樣本。

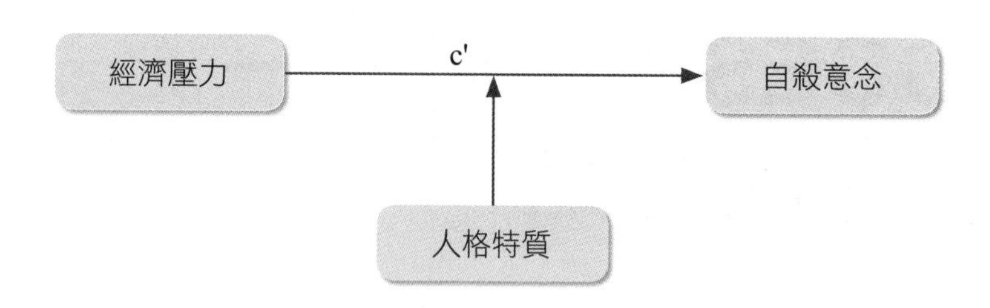

壹、操作程序

在左邊變數清單內點選依變項「自殺意念 [SUIDE]」至右邊「Y variable:」下方方框中。

在左邊變數清單內點選原始自變項「經濟壓力 [ECPRE]」至右邊「X variable:」下方方框中。

在左邊變數清單內點選調節變項「人格特質 [PETRA]」至右邊「Moderator variable W:」下方方框中。

模式序號（Model number:）選用內定模式 1，自變項對依變項影響過程中是否受到調節變項 W 的影響，在 PROCESS 模式概念圖中的模式序號為模式 1。模式 1 概念型圖示如下：

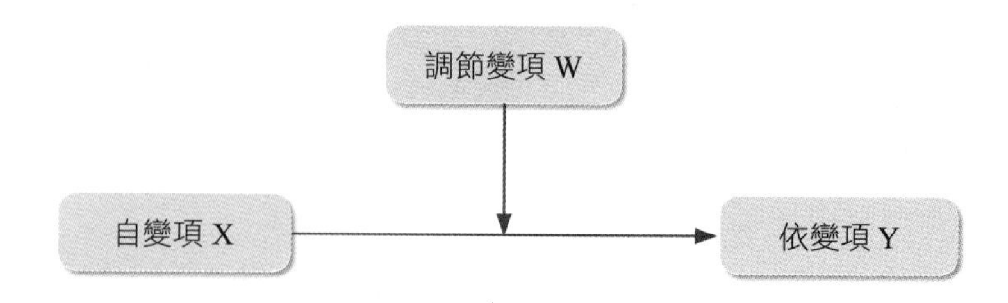

拔鞋法樣本產製的個數（Number of bootstrap samples）選單選取拔鞋法樣本產製的個數 2000。

按『選項』（Options）鈕，開啟「PROCESS options」次對話視窗。

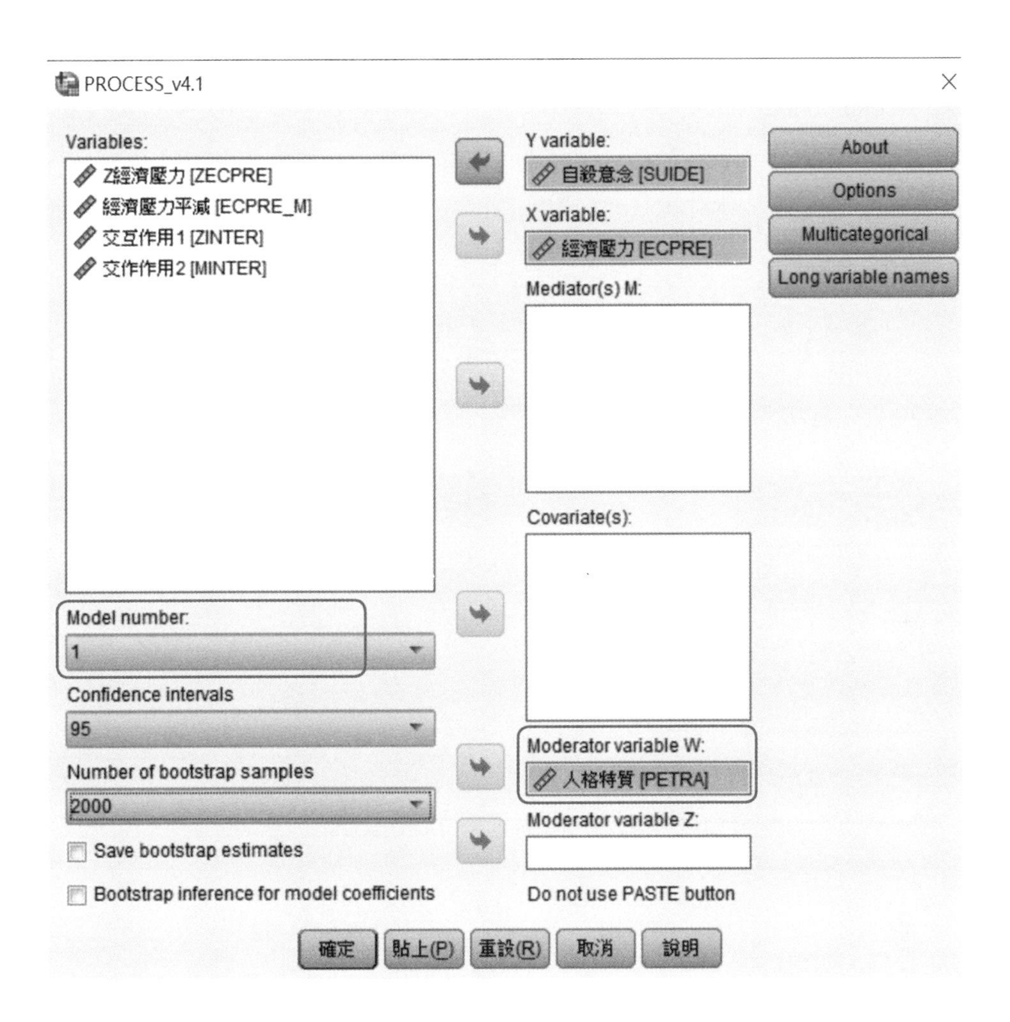

在「PROCESS options」次對話視窗中點選或選取以下相關選項或設定：

1. 勾選產製視覺化交互作用圖的語法碼（☑Generate code for visualizing interactions」）選項，選項功能可以利用語法資料繪製調節變項不同水準群組之迴歸線（自變項對依變項影響的迴歸線）。
2. 輸出量數的小數位數界定為 3 位，「Decimal places in output」選單下選取數值 3（內定的小數位數為 4 位）。
3. 模式程序中對自變項及調節變項平減處理程序（Mean center for construction of products）方盒中點選「⦿Only continuous variables that define products」選項，表示只有計量變項才要進行平減處理（因為調節變項人格特質為間斷變項，不必進行平減程序轉換）。
4. 「Probe interactions...」選單下交互作用項的顯著性機率值選取「if $p < .05$」

選項。

5. 「Conditioning values」（條件化數值）方盒中點選「⦿-1SD, Mean, +1SD」選項，表示分組臨界點為平均數下一個標準差、平均數上一個標準差，調節變項根據描述性統計量之平均數與標準差進行高低二個群體的分組（平均數 ±1 個標準差的分組只適用於連續調節變項）。

按『繼續』鈕，回到 PROCESS_v4.1 主對話視窗，再按『確定』鈕。

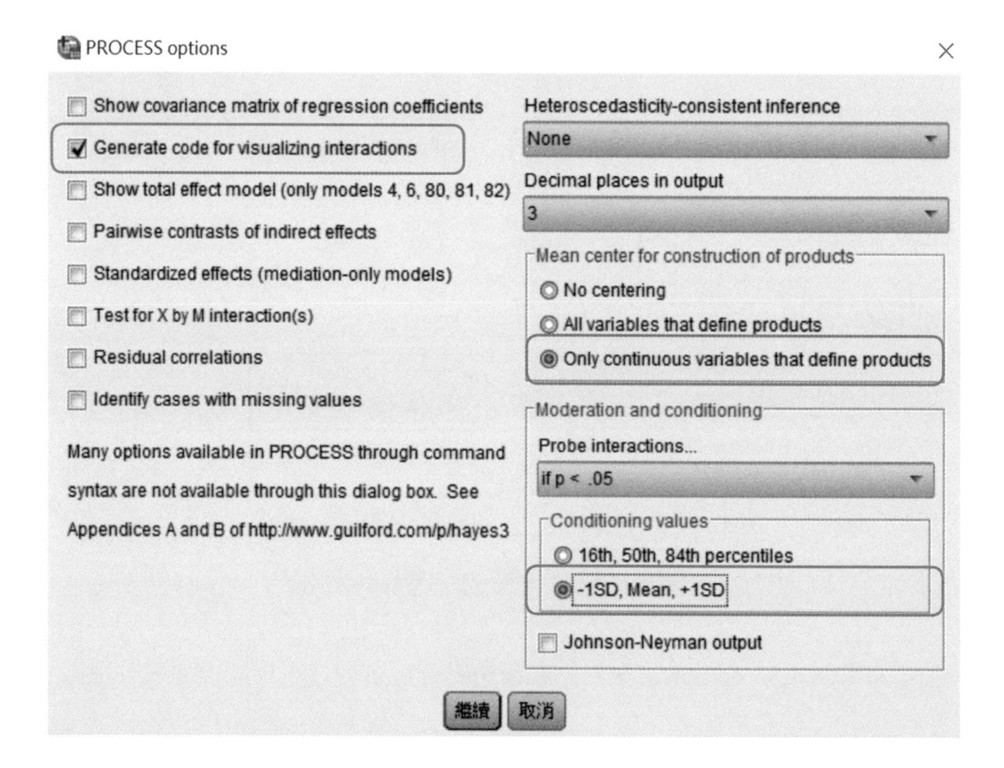

、模式 1 範例輸出結果

Run MATRIX procedure [矩陣執行程序說明]:

***************** PROCESS Procedure for SPSS Version 4.1 *****************

Written by Andrew F. Hayes, Ph.D. www.afhayes.com

Documentation available in Hayes (2022). www.guilford.com/p/hayes3

[說明] 版本及作者的說明，PROCESS 軟體的作者為 Andrew F. Hayes。

Model : 1
Y : SUIDE
X : ECPRE
W : PETRA
Sample
Size: 100

[說明] 界定的模式序號為模式 1，依變項 Y 為 SUIDE（自殺意念）、自變項 X 為 ECPRE（經濟壓力）、調節變項 W 為 PETRA（人格特質），有效樣本數 N = 100。

****

OUTCOME VARIABLE:
SUIDE
Model Summary

R	R-sq	MSE	F	df1	df2	p
.927	.858	33.314	194.067	3.000	96.000	.000

Model

	coeff	se	t	p	LLCI	ULCI
constant	75.212	.820	91.732	.000	73.584	76.839
ECPRE	.425	.099	4.292	.000	.229	.622
PETRA	-8.253	1.160	-7.115	.000	-10.555	-5.950
Int_1	2.012	.145	13.921	.000	1.725	2.299

[說明] 結果變項 Y（依變項）為自殺意念，迴歸方程中有三個預測變項，預測變項中之交互作用項（Int_1）的迴歸係數為 2.012、標準誤為 0.145、迴歸係數是否顯著不等於 0 檢定的 t 值統計量 = 13.921（$p < .05$），達到統計顯著水準，95% 信賴區間值 [1.725, 2.299] 未包含量數 0。除交互作用項達顯著外，其餘二個解釋變項經濟壓力 X 變項（ECPRE）、人格特質 W 變項（PETRA）的迴歸係數分別 .425、-8.253，顯著性檢定 t 值統計量分別為 4.292（$p < .05$）、-7.115（$p < .05$），也均達統計顯著水準，三個解釋變項的聯合解釋變異量 $R^2 = .858$。

模式的線性迴歸方程式為：

$Y = b_0 + b_1X + b_2W + b_3WX$
= 75.212 + .425 × ECPRE + (-8.253) × PETRA + 2.012 × ECPRE × PETRA
= 75.212 + .425 × ECPRE -8 .253 × PETRA + 2.012 × ECPRE × PETRA
= 75.212 + .425 × 經濟壓力 - 8.253 × 人格特質 + 2.012 ×（經濟壓力 × 人格特質）。

Product terms key:
Int_1 : ECPRE x PETRA
Test(s) of highest order unconditional interaction(s):

	R2-chng	F	df1	df2	p
X*W	.286	193.788	1.000	96.000	.000

Focal predict: ECPRE (X)
Mod var: PETRA (W)

[說明] 自變項 X（經濟壓力）與調節變項 W（人格特質）乘積項（X*W）的 R 平方改變量為 .286，F 值為 193.788（p < .05），達到統計顯著水準。Int_1 交互作用項為 ECPRE（經濟壓力自變項）與 PETRA（人格特質）的乘積。

[表格整理]

人格特質在經濟壓力對自殺意念之調節模式迴歸分析摘要表

變項	量數	標準誤	t 值	R^2	ΔR^2
常數項 (截距項)	75.212	.820	91.732***		
經濟壓力 X (ECPRE)	.425	.099	4.292***	.858	
人格特質 W (PETRA)	-8.253	1.160	-7.115***		
乘積項 (Int_1)	2.012	.145	13.921***		.286

交互作用乘積項之輸出結果表示式如下：

Product terms key:
Int_1 : ECPRE x PETRA

交互作用項的係數值為線性迴歸方程式 $Y = b_0 + b_1X + b_2W + b_3WX$ 中的 b_3。

Conditional effects of the focal predictor at values of the moderator(s):

PETRA	Effect	se	t	p	LLCI	ULCI
.000	.425	.099	4.292	.000	.229	.622
1.000	2.437	.105	23.164	.000	2.228	2.646

[說明] 調節變項為間斷變數，二個水準群組的編碼分別為 0、1，水準群組標記分為 B 型性格、A 型性格，二個水準群組分開進行迴歸分析程序：

1. 水準群組編碼為 0 之群體（B 型性格群組），經濟壓力對自殺意念迴歸預測的迴歸係數為 .425、t 值統計量 = 4.292（$p < .05$）。
2 水準群組編碼為 1 之群體 （A 型性格群組），經濟壓力對自殺意念迴歸預測的迴歸係數為 2.437、t 值統計量 = 23.164（$p < .05$）。

二個不同水準群組之迴歸係數均達統計顯著水準，表示二個迴歸係數均顯著不等於 0。

線性迴歸方程模式為 $Y = 75.212 + .425 \times ECPRE - 8.253 \times PETRA + 2.012 \times ECPRE \times PETRA$。

1. 當 PETRA = 0 時

$Y = 75.212+.425 \times ECPRE - 8.253 \times 0 + 2.012 \times ECPRE \times 0$

$= 75.212+.425 \times ECPRE$，人格特質 = 0 時，迴歸方程的斜率係數 = 0.425。

2. 當 PETRA = 1 時

$Y = 75.212+.425 \times ECPRE - 8.253 \times 1 + 2.012 \times ECPRE \times 1$

$= (75.212 - 8.253) + (.425 \times ECPRE + 2.012 \times ECPRE)$

$= 66.959 + 2.437 \times ECPRE$，人格特質 = 1 時，迴歸方程的斜率係數 = 2.437。

[備註] SPSS 軟體分割水準群組的迴歸程序

在 SPSS 程序中，執行「資料 (D)/分割檔案 (F)」程序，開啟「分割檔案」對話視窗，點選右邊「⦿依群組組織輸出 (O)」選項，在變數清單中點選「人格特質 [PETRA]」調節變項至右邊「群組依據 (G)：」下的方框內，按『確定』鈕。

之後再以原始經濟壓力為自變項、自殺意念為依變項執行簡單迴歸程序，可分別輸出二種人格特質類型群組之迴歸方程式。

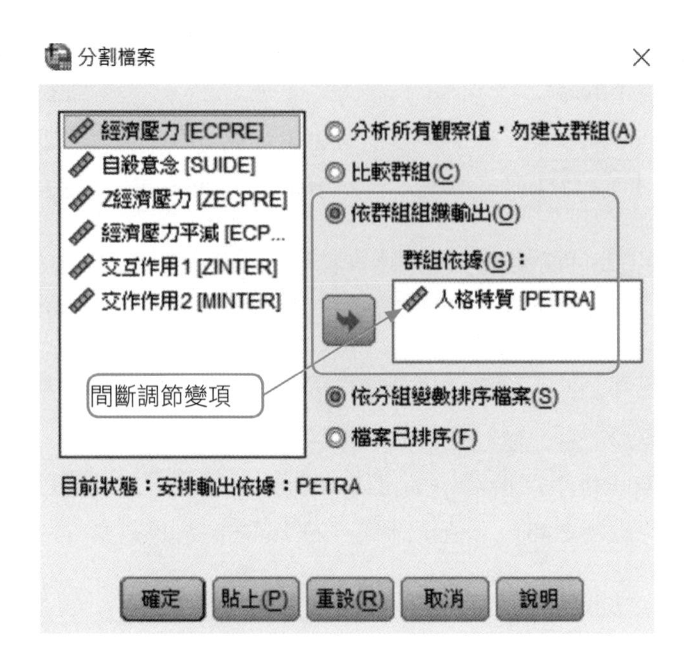

人格特質 = B 型性格

係數[a,b]

模型		非標準化係數 B	標準錯誤	標準化係數 Beta	T	顯著性
1	(常數)	67.634	1.612		41.959	.000
	經濟壓力	.425	.085	.585	4.993	.000

a. 人格特質 = 0 B 型性格
b. 應變數: 自殺意念

就 B 型性格樣本群體而言，迴歸方程式為自殺意念 Y = 67.634 + .425 × 經濟壓力（自變項 X）。

人格特質 = A 型性格

係數[a,b]

模型		非標準化係數 B	標準錯誤	標準化係數 Beta	T	顯著性
1	(常數)	23.533	2.381		9.884	.000
	經濟壓力	2.437	.118	.948	20.627	.000

a. 人格特質 = 1 A 型性格
b. 應變數: 自殺意念

就 A 型性格樣本群體而言，迴歸方程式為自殺意念 Y = 23.533 + 2.437 × 經濟壓力（自變項 X）。二條迴歸線的斜率（迴歸係數）分別為 0.425、2.437。二個影響值在 PROCESS 輸出結果中標題為「Conditional effects of the focal predictor at values of the moderator(s): 」下的第二欄「Effect」量數。

```
Data for visualizing the conditional effect of the focal predictor:
Paste text below into a SPSS syntax window and execute to produce plot.
DATA LIST FREE/
        ECPRE        PETRA        SUIDE.
BEGIN DATA.
        -8.081        .000        71.775
          .000        .000        75.212
         8.081        .000        78.648
        -8.081       1.000        47.267
          .000       1.000        66.959
         8.081       1.000        86.652
END DATA.
GRAPH/SCATTERPLOT=
 ECPRE    WITH    SUIDE    BY    PETRA.
```

[說明] 將上述的語法複製於語法視窗中，可以直接繪製調節變項二個水準群組的迴歸線圖。二條線性迴歸方程式的截距項分別為 75.212、66.959。

```
******************** ANALYSIS NOTES AND ERRORS *******************
Level of confidence for all confidence intervals in output:  95.0000
NOTE: The following variables were mean centered prior to analysis:
      ECPRE
------ END MATRIX -----[輸出結果結束列]
```

[說明] 模式中有經平減處理的變項為計量自變項 X「ECPRE」（經濟壓力），間斷調節變項 W（人格特質）並未經平減處理程序。

參、繪製視覺化交互作用圖

利用輸出結果之語法碼資料可以繪製交互作用迴歸線圖：

1. SPSS 視窗中執行功能列「檔案 (F)/新增 (E)/語法 (S)」，開啟新的語法視窗（IBM SPSS Statistics Syntax Editor）。

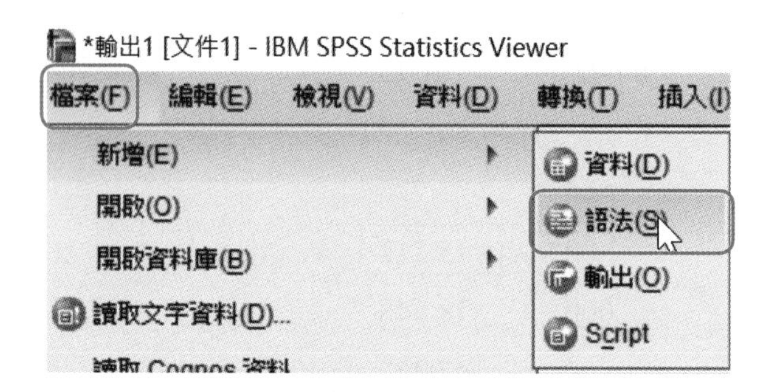

2. 從文件置放的應用軟體中，複製原輸出結果中的下列文字及數值，利用「複製/貼上」程序貼於語法視窗中。

```
DATA LIST FREE/
     ECPRE      PETRA      SUIDE.
BEGIN DATA.
       -8.081       .000       71.775
         .000       .000       75.212
        8.081       .000       78.648
       -8.081      1.000       47.267
         .000      1.000       66.959
        8.081      1.000       86.652
END DATA.
GRAPH/SCATTERPLOT=
 ECPRE   WITH   SUIDE   BY    PETRA.
```

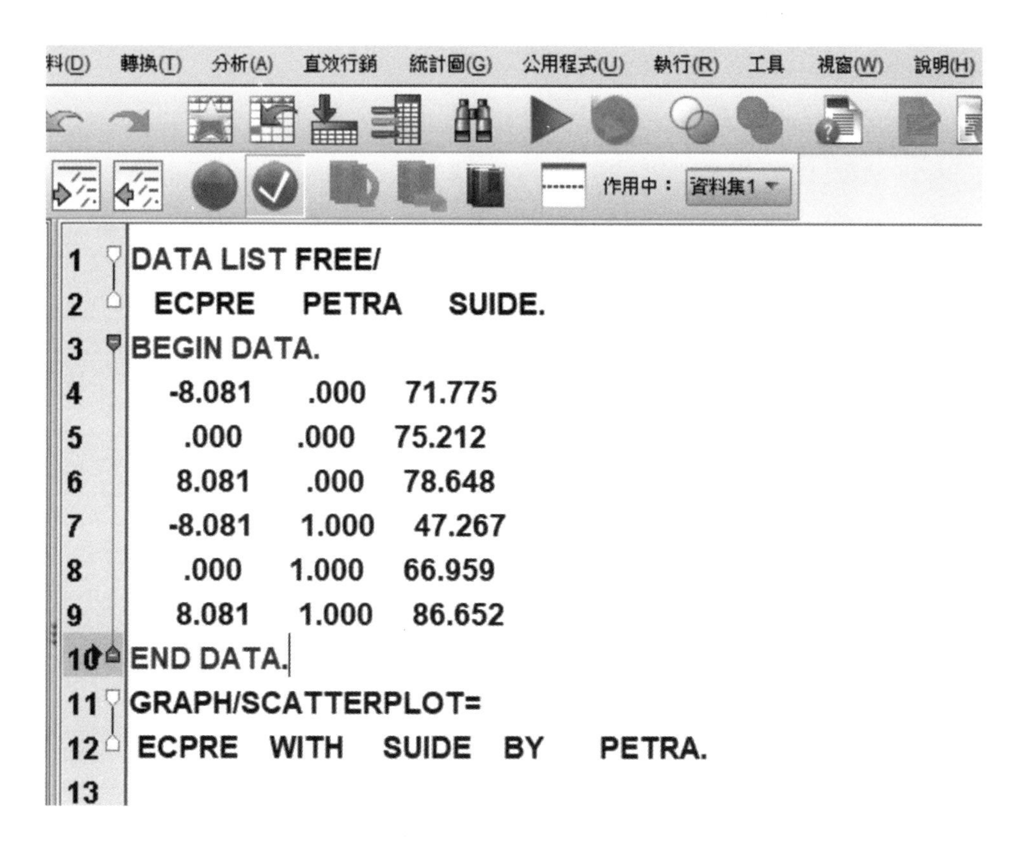

3. 執行功能表列「執行 (R)/全部 (A)」程序。

語法視窗執行程序會將數據資料語法轉換成之圖表於結果輸出視窗（IBM SPSS Statistics Viewer）中呈現。

出現二個水準群組不同顏色的小圓點，範例中水準群組編碼為 0 之樣本為藍色、水準群組編碼為 1 之樣本為綠色。

圖表

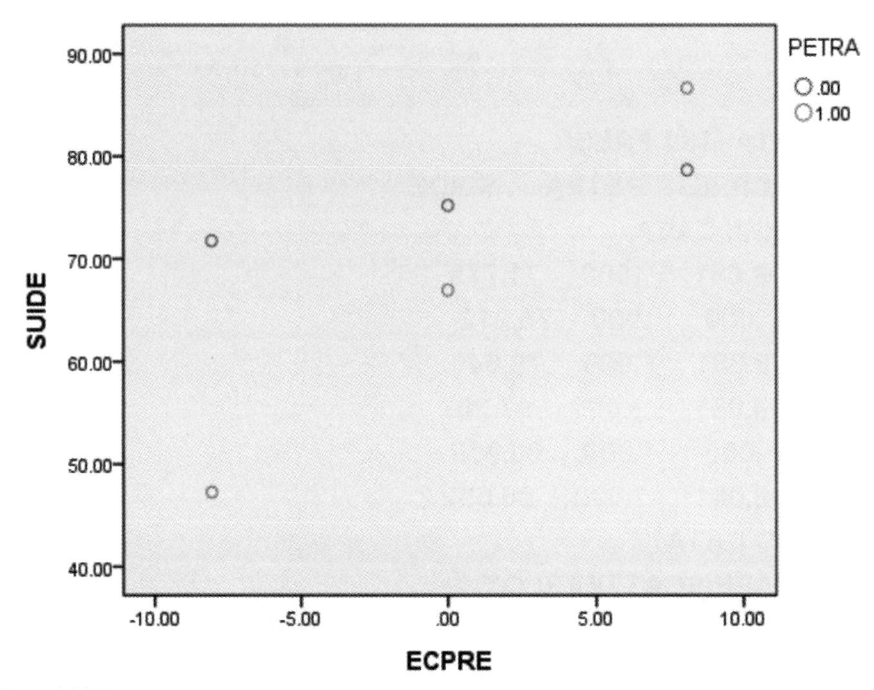

彩圖請詳見 Appendix

4. 開啟語法編輯器增列最適線

在圖表上按滑鼠二下，開啟「圖表編輯器」次對話視窗，執行功能表「元素 (M)/於子群組繪製最適線 (S)」程序，相同顏色的三個圓點會增列一條直線，此直線為迴歸線。

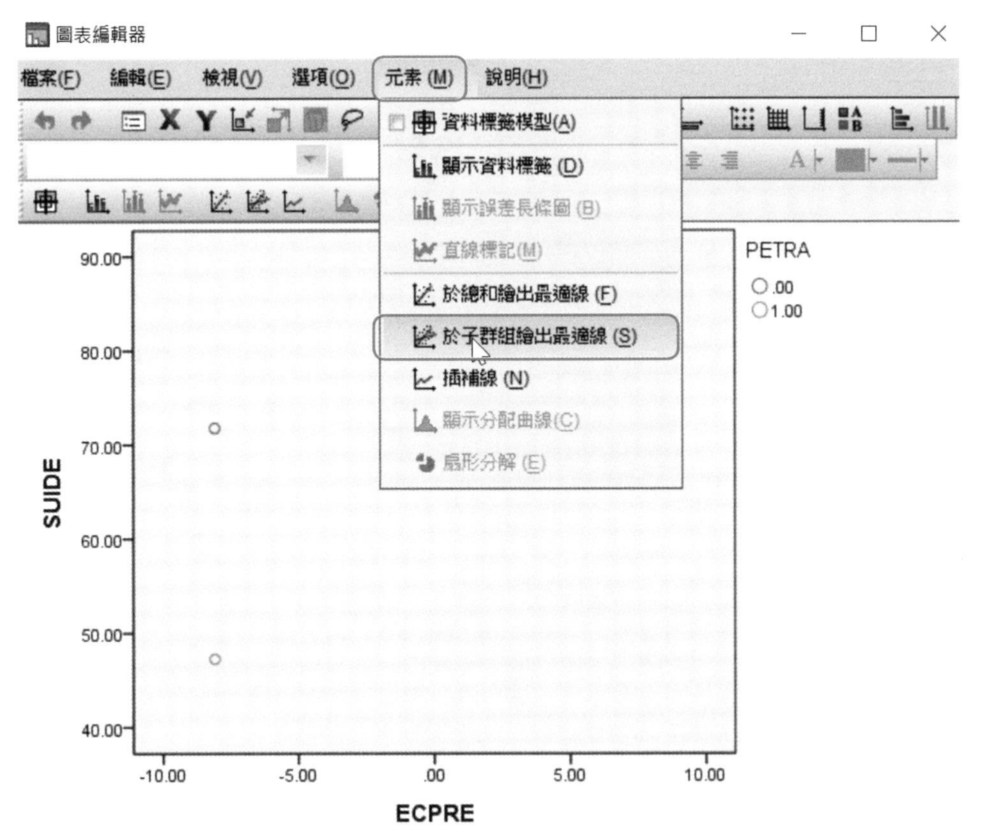

彩圖請詳見 Appendix

在「圖表編輯器」次視窗中執行「檔案 (F)/關閉 (C)」程序可關閉圖表編輯器次視窗回到輸出結果視窗中（統計結果瀏覽視窗）。

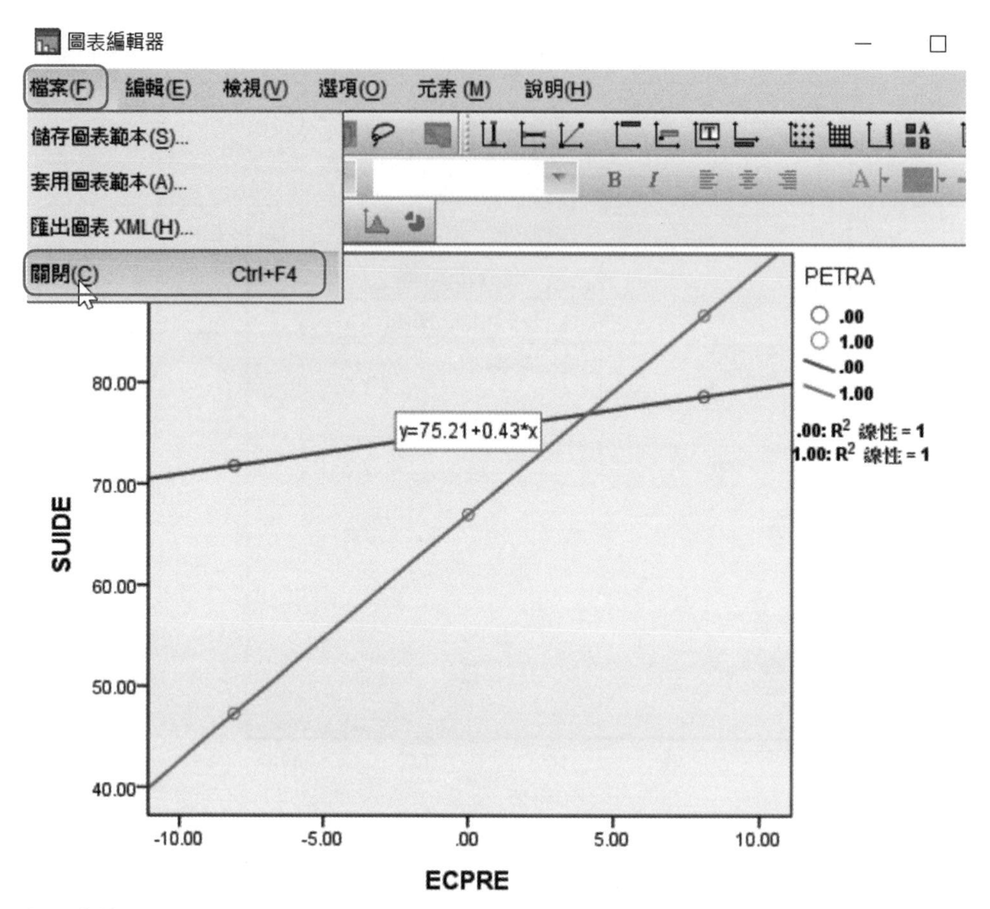

彩圖請詳見 Appendix

5. 完成的交互作用線圖形

綠色直線為水準數值編碼為 1 群體（A 型性格）、藍色直線為水準數值編碼為 0 群體（B 型性格），二條迴歸線的斜率（一較平坦，一較陡峭）顯著不同，表示這二個水準群組中，經濟壓力自變項對依變項自殺意念的影響程度有顯著不同。

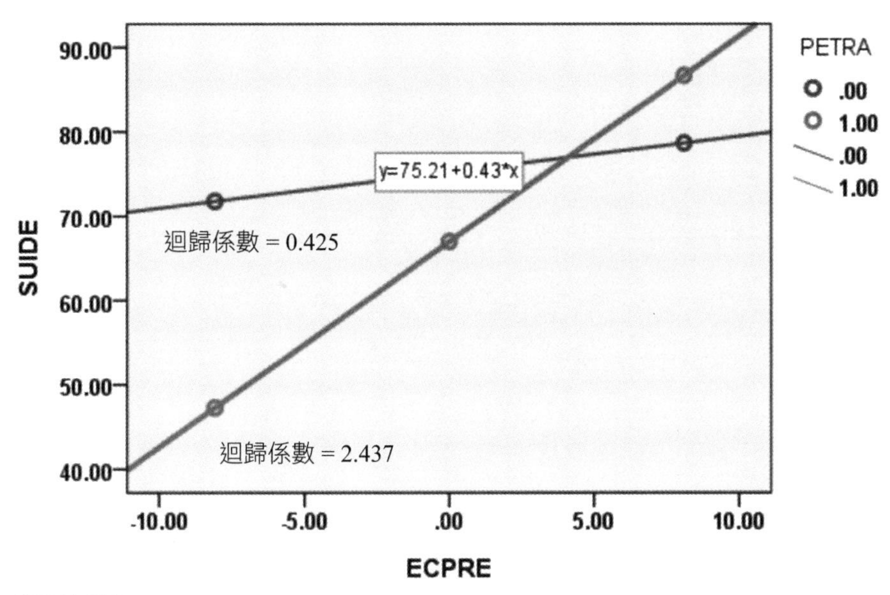

彩圖請詳見 Appendix

新增「Y 軸參考線」的圖示如下：

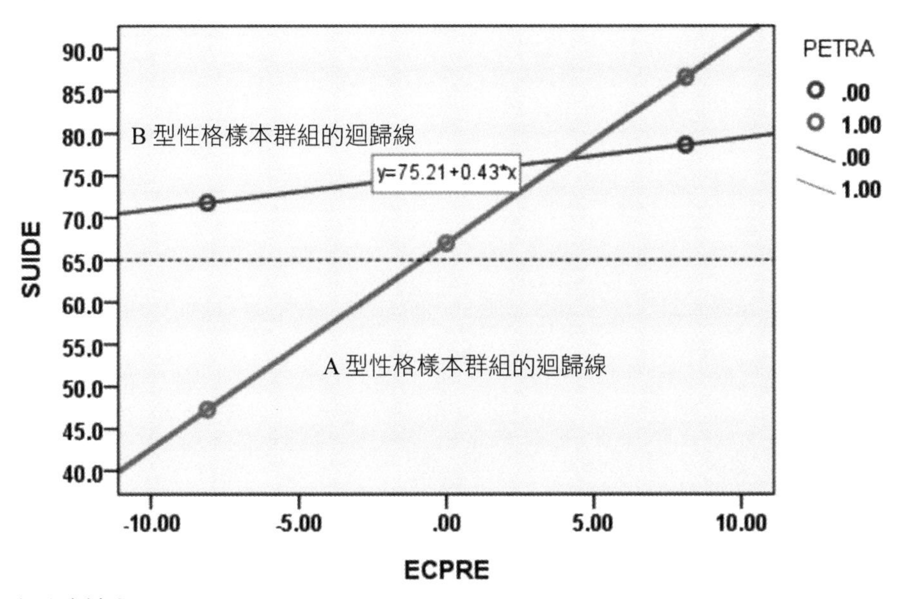

彩圖請詳見 Appendix

Chapter 7

計量調節變項——模式 1

探究主題：薪資所得與生活滿意度關係——身心健康為調節變項，概念型模式如下：

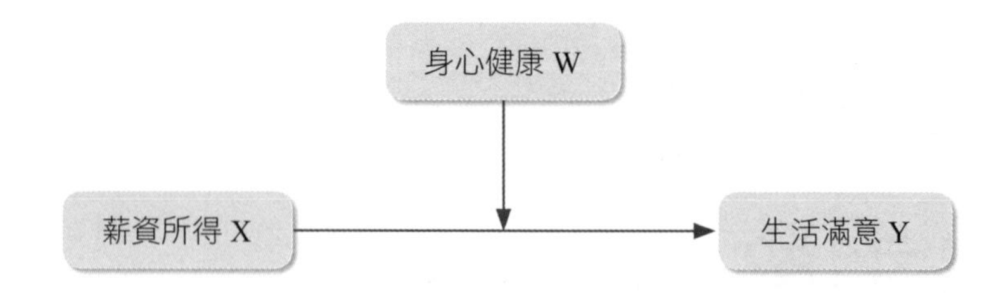

三個變項間的相關矩陣如下，自變項 X（薪資所得）與依變項 Y（生活滿意）間達顯著中度正相關（r = .670, p < .001），調節變項 W（身心健康）與自變項 X（薪資所得）及依變項 Y（生活滿意）間的積差相關係數 r 分別為 .270（p < .001）、.679（p < .001），分別為低度、中度顯著的正相關。

相關

		薪資所得	身心健康	生活滿意
薪資所得	皮爾森 (Pearson) 相關	1	.270**	.670**
	顯著性 (雙尾)		.000	.000
	N	234	234	234
身心健康	皮爾森 (Pearson) 相關	.270**	1	.679**
	顯著性 (雙尾)	.000		.000
	N	234	234	234
生活滿意	皮爾森 (Pearson) 相關	.670**	.679**	1
	顯著性 (雙尾)	.000	.000	
	N	234	234	234

**. 相關性在 0.01 層上顯著 (雙尾)。

壹、SPSS 操作程序

一、求出標準化 Z 分數

利用描述性統計資料視窗，求出計量自變項「薪資所得 [SAINC]」、「身心健康 [PMHEA]」的標準化 Z 分數（勾選☑將標準化的數值存成變數 (Z) 選項），並求出二個變數的平均數。薪資所得 [SAINC]、身心健康 [PMHEA]

二個計量變數轉換為標準化 Z 分數後，變數名稱分別為「ZSAINC」、「ZPMHEA」。

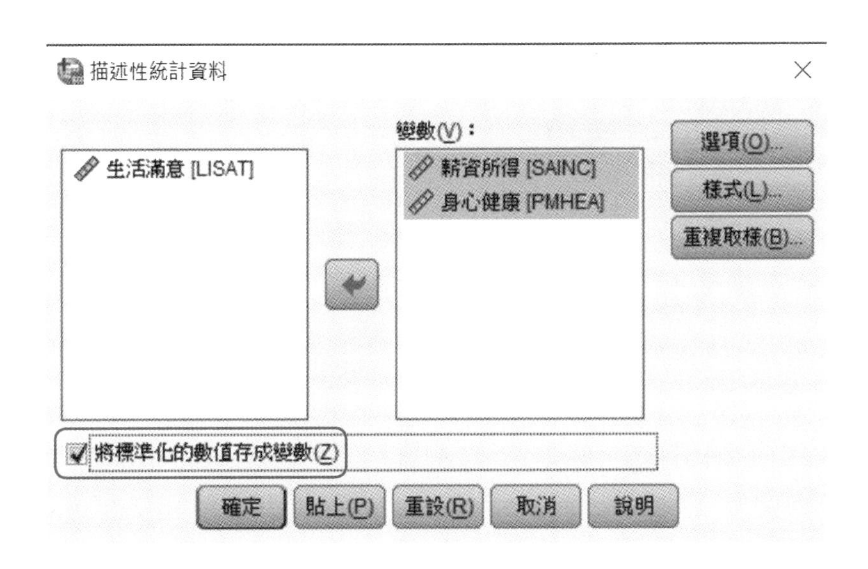

在描述性統計對話視窗中，內定的描述性統計量包括個數、最小值、最大值、平均數、標準差五個量數。「薪資所得 [SAINC]」、「身心健康 [PMHEA]」的平均數分別 81.59、50.85，有效樣本數 N = 234 位。

描述性統計資料

	N	最小值	最大值	平均數	標準偏差
薪資所得	234	10	150	81.59	34.930
身心健康	234	11	111	50.85	19.478
有效的 N (listwise)	234				

二、平減程序

利用「計算變數」對話視窗，求出「薪資所得 [SAINC]」（自變項 X）、「身心健康 [PMHEA]」（調節變項 W）二個計量變數平減後的量數，「薪資所得 [SAINC]」平減後的變數名稱界定為「MSAINC」，變數標記名稱為「M 薪資所得」；「身心健康 [PMHEA]」平減後的變數名稱界定為「MPMHEA」，變數標記名稱為「M 身心健康」。

MSAINC =「薪資所得 [SAINC]」-81.59（平均數），「數值表示式 (E)：」

方框中完整的數學運算式為 SAINC-81.59，原變數標記名稱不會出現。

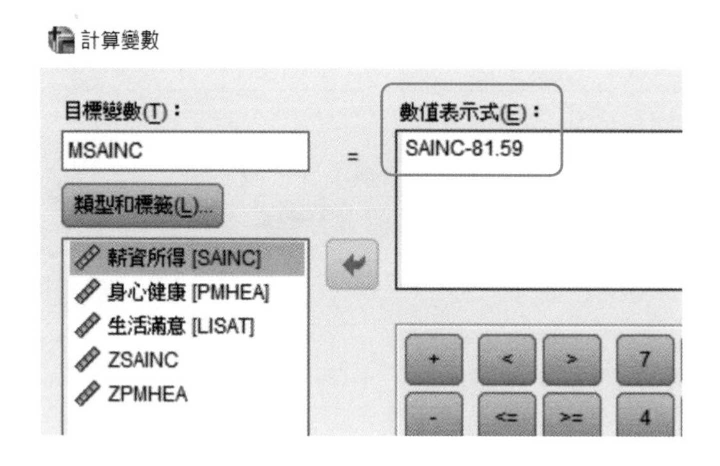

身心健康測量值減掉平均數（總平均值）的運算式為 MPMHEA = PMHEA - 50.85。

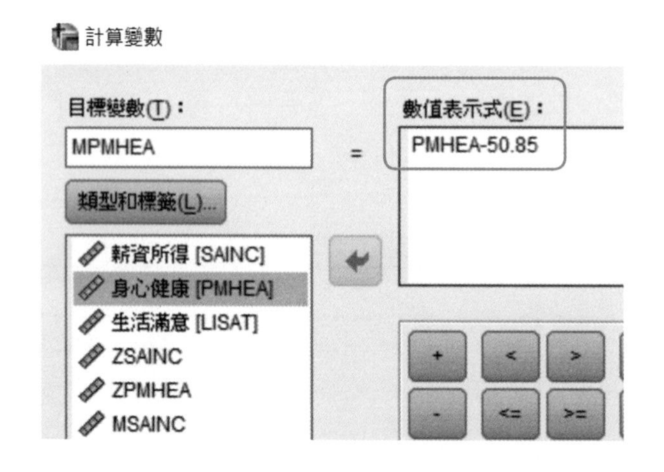

三、求出交互作用項

為便於讀者比較，範例中的交互作用項同時包括自變項 X 與調節變項 W 轉換為標準化 Z 分數後的乘積項，也包括二個變數平減後的乘積項，二個變項名稱分別界定為「ZINTER」、「MINTER」。

求出轉換為標準化 Z 分數後自變項與調節變項的乘積項，乘積項變數名稱界定為「ZINTER」、變數標記名稱界定為「Z 交互作用」：

「ZINTER」（Z 交互作用）= ZSAINC（Z 薪資所得）× ZPMHEA（Z 身心健康），「數值表示式 (E)：」方框中的運算式為「ZSAINC * ZPMHEA」，

「目標變數 (T)：」下方框鍵入「ZINTER」。

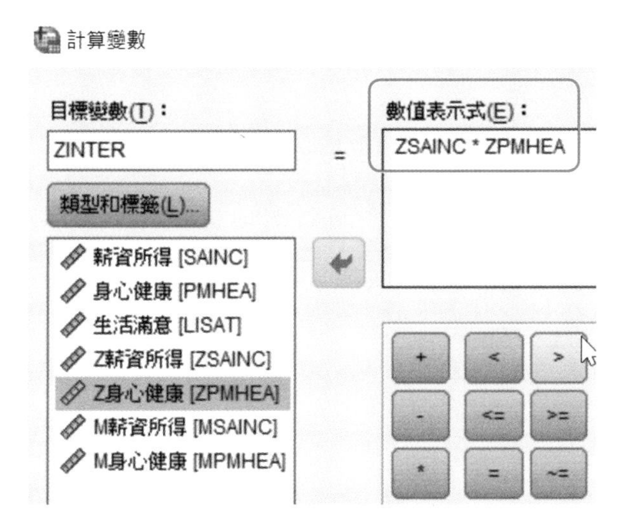

求出經平減處理後自變項與調節變項的乘積項，乘積項變數名稱界定為「MINTER」、變數標記名稱界定為「MC 交互作用」：

「MINTER」（MC 交互作用）= MSAINC（M 薪資所得）* MPMHEA（M 身心健康）。「數值表示式 (E)：」方框中的運算式為「MSAINC * MPMHEA」，「目標變數 (T)：」下方框鍵入「MINTER」。

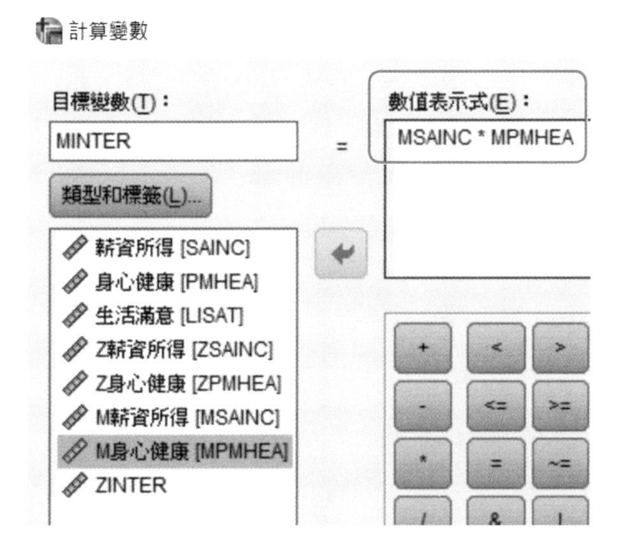

增列自變項、調節變項的標準化分數變項、平減後的變項與二個交互作用項變項後，變數檢視中所有變項名稱如下：

調節變項2.sav [資料集1] - IBM SPSS Statistics Data Editor

檔案(F) 編輯(E) 檢視(V) 資料(D) 轉換(T) 分析(A) 直效行銷 統計圖(G) 公用程式(U) 視窗(W) 說明(

	名稱	類型	寬度	小數	標籤	數值
1	SAINC	數值型	8	0	薪資所得	無
2	PMHEA	數值型	8	0	身心健康	無
3	LISAT	數值型	8	0	生活滿意	無
4	ZSAINC	數值型	11	2	Z薪資所得	無
5	ZPMHEA	數值型	11	2	Z身心健康	無
6	MSAINC	數值型	8	2	M薪資所得	無
7	MPMHEA	數值型	8	2	M身心健康	無
8	ZINTER	數值型	8	2	Z交互作用	無
9	MINTER	數值型	8	2	MC交互作用	無

四、轉換標準化分數的調節作用

在「線性迴歸」視窗中依變數為「生活滿意 [LISAT]」，「區塊 1（階層 1）」方格內選入的變項名稱為自變項「Z 薪資所得 [ZSAINC]」、「Z 身心健康 [ZPMHEA]」。按『下一個 (N)』鈕開啟「區塊 2（階層 2）」方格。

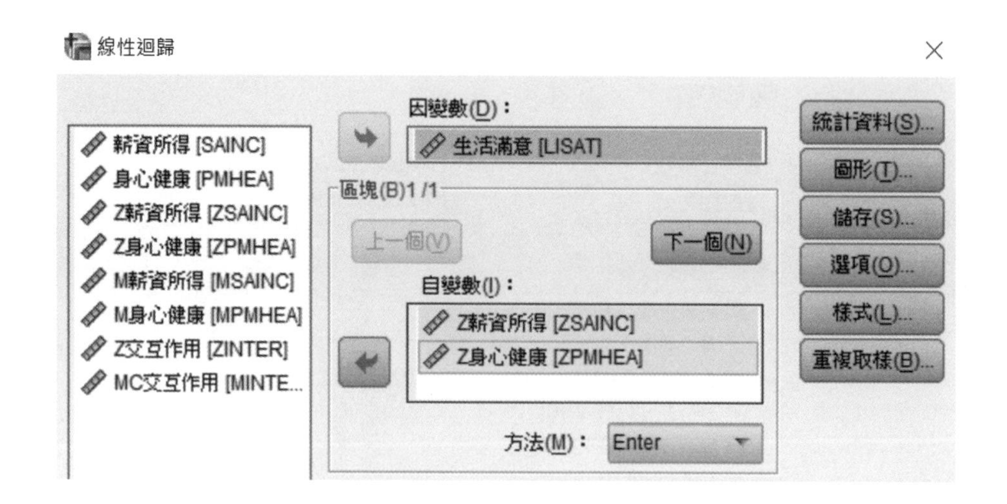

「區塊 2（階層 2）」方格內選取的變項名稱為「Z 交互作用 [ZINTER]」（自變項 X 與調節變項 W 轉換為標準化分數後的乘積項）。

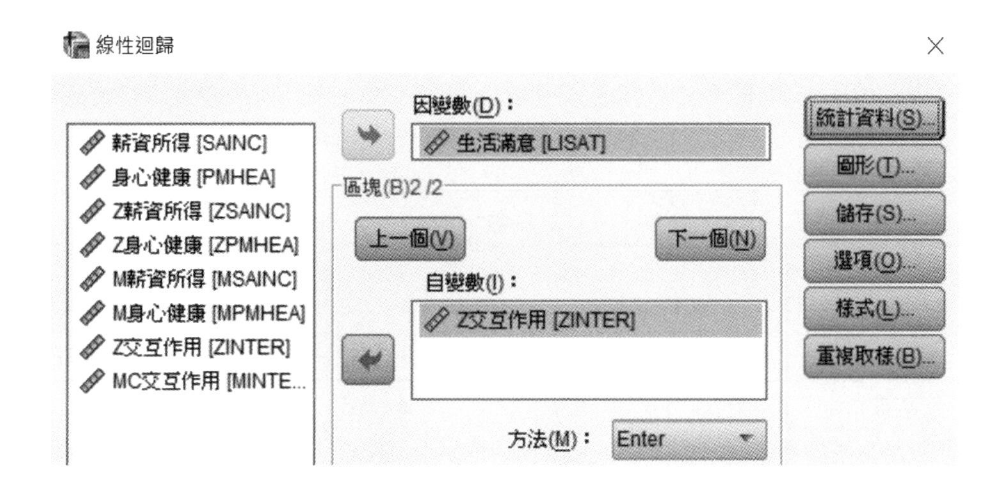

「線性迴歸：統計資料（統計量）」對話視窗中增列勾選「☑R 平方改變量 (S)」、「☑共線性診斷 (L)」二個選項。

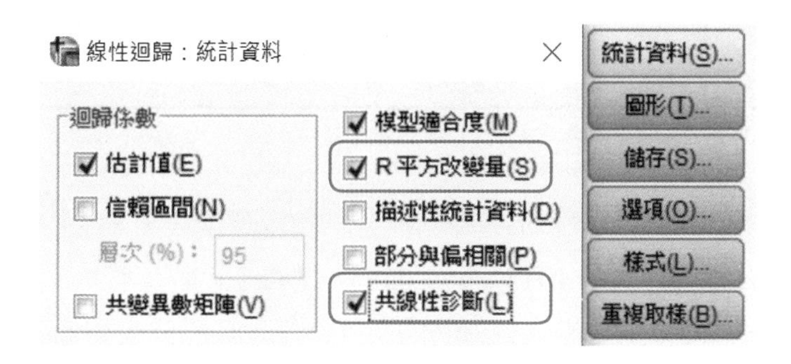

五、Z 交互作用項輸出結果

模型摘要

模型	R	R 平方	調整後 R 平方	標準偏斜度錯誤	變更統計資料				
					R 平方變更	F 值變更	df1	df2	顯著性 F 值變更
1	.847[a]	.717	.715	12.324	.717	292.719	2	231	.000
2	.858[b]	.736	.733	11.919	.019	16.933	1	230	.000

a. 預測值: (常數), Z 身心健康, Z 薪資所得
b. 預測值: (常數), Z 身心健康, Z 薪資所得, Z 交互作用

Z 交互作用項之 R 平方改變量為.019，淨 F 值 = 16.933（$p < .001$），Z 交互作用項對依變項生活滿意的解釋變異量為 1.9%。調節變項模式關注的焦點是自

變項 X（薪資所得）與調節變項 W（身心健康）乘積項對依變項 Y（生活滿意）的影響程度，若其 R 平方改變量達到統計顯著水準，表示交互作用項對依變項有顯著預測功能。

係數[a]

模型		非標準化係數		標準化係數	T	顯著性	共線性統計資料	
		B	標準錯誤	Beta			允差	VIF
1	(常數)	52.333	.806		64.961	.000		
	Z 薪資所得	12.112	.839	.525	14.444	.000	.927	1.079
	Z 身心健康	12.398	.839	.537	14.786	.000	.927	1.079
2	(常數)	51.426	.810		63.505	.000		
	Z 薪資所得	12.573	.819	.545	15.356	.000	.910	1.099
	Z 身心健康	12.727	.815	.552	15.617	.000	.918	1.089
	Z 交互作用	3.372	.819	.142	4.115	.000	.962	1.039

a. 應變數: 生活滿意

Z 交互作用項列的非標準化迴歸係數 = 3.372、標準誤 = .819，標準化迴歸係數 β = .142，t 值統計量 = 4.115（$p < .05$），達到統計顯著水準，表示身心健康與薪資所得對依變項生活滿意有顯著的交互作用，身心健康高低不同的二個水準群組中，薪資所得解釋變項對依變項 Y 生活滿意的影響程度或預測情況有明顯不同。第二階層同時投入自變項、調節變項、二者乘積項三個變項時，容忍度數值分別為 .910、.918、.962，量數接近 1；變異數膨脹係數值（VIF）分別為 1.099、1.089、1.039，遠小於 10，表示複迴歸模式中沒有共線性問題。

六、平減程序的調節作用

平減程序中的自變項 X、調節變項 W 都是經過平均數集中化轉換後的變項，交互作用為二者平減後的乘積項。

在「線性迴歸」視窗中依變數為「生活滿意 [LISAT]」，「區塊 1（階層 1）」方格內選入的變項名稱為自變項「M 薪資所得 [MSAINC]」、「M 身心健康 [MPMHEA]」。按一下方盒中的『下一個 (N)』鈕開啟「區塊 2（階層 2）」方格。

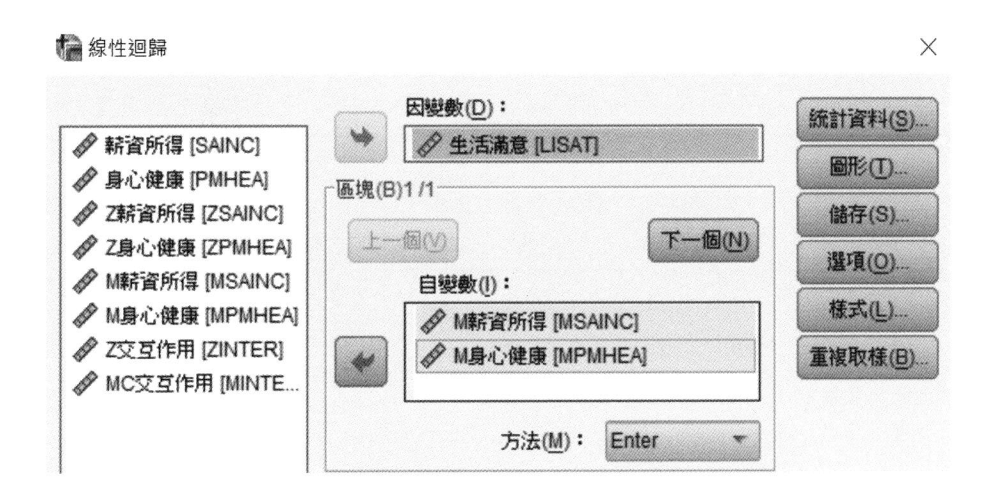

「區塊 2（階層 2）」方格內選取的變項名稱為「MC 交互作用 [MINTER]」（平減後的乘積項）。

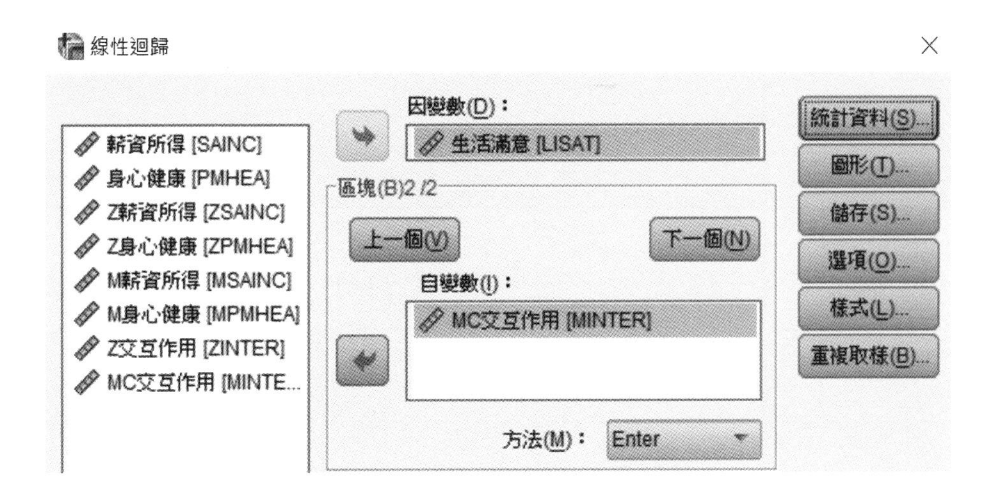

「線性迴歸：統計資料（統計量）」對話視窗中增列勾選「☑R 平方改變量 (S)」、「☑共線性診斷 (L)」二個選項。

迴歸程序視窗中，迴歸方法採用強迫輸入法（Enter），解釋變項投入的方式採用弓階層迴歸方法，階層一主要投入自變項 X 與調節變項 W，階層二再投入自變項 X 與調節變項 W 的乘積項，這樣可以知道迴歸模式中，交互作用乘積項對依變項 Y 個別的解釋變異量。

七、MC 交互作用項輸出結果

模型摘要

模型	R	R 平方	調整後 R 平方	標準偏斜度錯誤	變更統計資料				
					R 平方變更	F 值變更	df1	df2	顯著性 F 值變更
1	.847[a]	.717	.715	12.324	.717	292.719	2	231	.000
2	.858[b]	.736	.733	11.919	.019	16.933	1	230	.000

a. 預測值: (常數), M 身心健康, M 薪資所得

b. 預測值: (常數), M 身心健康, M 薪資所得, MC 交互作用

MC 交互作用項之 R 平方改變量為 .019，淨 F 值 = 16.933（p < .001），MC 交互作用項對依變項生活滿意的解釋變異量為 1.9%。平減轉換後的模型摘要表（二個階層）與轉換為標準化 Z 分數之模型摘要表統計量均相同。

係數[a]

模型		非標準化係數		標準化係數	T	顯著性	共線性統計資料	
		B	標準錯誤	Beta			允差	VIF
1	(常數)	52.334	.806		64.962	.000		
	M 薪資所得	.347	.024	.525	14.444	.000	.927	1.079
	M 身心健康	.637	.043	.537	14.786	.000	.927	1.079
2	(常數)	51.427	.810		63.506	.000		
	M薪資所得	.360	.023	.545	15.357	.000	.910	1.099
	M身心健康	.653	.042	.552	15.616	.000	.918	1.089
	MC交互作用	.005	.001	.142	4.115	.000	.962	1.039

a. 應變數: 生活滿意

MC 交互作用項列的非標準化迴歸係數 = 0.005、標準誤 = 0.001（二個量數與採用標準化分數交互作用項不同），標準化迴歸係數 β = .142，顯著性檢定的 t 值統計量 = 4.115（p < .05），達到統計顯著水準，表示身心健康與薪資所得對依變項生活滿意有顯著的交互作用，不同身心健康狀態的水準群組中，薪資所得（自變項 X）對依變項 Y 生活滿意的影響程度或預測情況有明顯差異。第二階層同時投入自變項、調節變項、二者乘積項三個變項時，容忍度數值分別為

.910、.918、.962，量數接近 1；變異數膨脹係數值分別為 1.099、1.089、1.039，遠小於 10，表示複迴歸模式中沒有共線性問題。

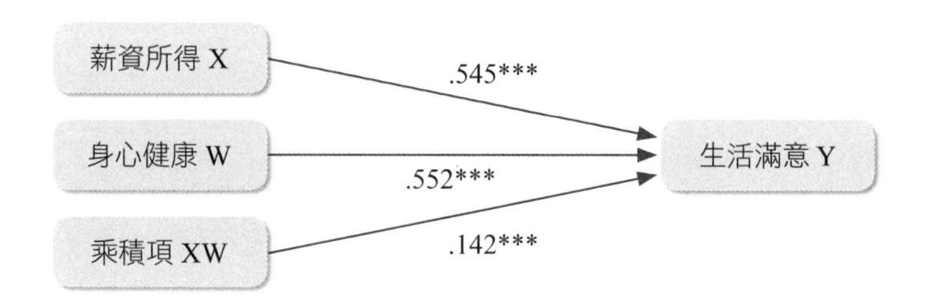

交互作用項若未經平減轉換，複迴歸分析中可能會出現共線性問題。

未經平減轉換的模型 2（第二個階層）中，交互作用項列的容忍度量數 = .060、VIF 值 = 16.554，前者接近數值 0.000，後者量數大於 10.000。

就階層 2 三個解釋變項的迴歸係數顯著性而言，未經平減轉換的自變項處理之自變項薪資所得的迴歸係數未達統計顯著水準，與經平減轉換的結果不同。

係數[a]

模型		非標準化係數		標準化係數	T	顯著性	共線性統計資料	
		B	標準錯誤	Beta			允差	VIF
1	(常數)	-8.325	2.638		-3.156	.002		
	薪資所得	.347	.024	.525	14.444	.000	.927	1.079
	身心健康	.637	.043	.537	14.786	.000	.927	1.079
2	(常數)	9.395	5.005		1.877	.062		
	薪資所得	.108	.063	.163	1.727	.086	.128	7.818
	身心健康	.249	.103	.210	2.418	.016	.152	6.597
	未平減交互作用項	.005	.001	.567	4.115	.000	.060	16.554

a. 應變數: 生活滿意

、PROCESS 操作程序

一、操作程序

從功能表列「迴歸 (R)」次選單中點選「PROCESS v4.1 by Andrew F. Hayes」，開啟「PROCESS_v4.1」對話視窗。

在 PROCESS_v4.1 主對話視窗中，分別選取原始依變項 Y、自變項 X 與調節變項 W：

1. 從左邊變數清單內點選依變項 Y「生活滿意 [LISAT]」至右邊「Y variable：」下方方框中。
2. 從左邊變數清單內點選原始自變項 X「薪資所得 [SAINC]」至右邊「X variable：」下方方框中。
3. 從左邊變數清單內點選原始調節變項 W「身心健康 [PMHEA]」至右邊「Moderator variable W：」（調節變項 W）下方方框中。

模式序號（Model number:）選用內定模式 1（各種模式可以從 Hayes 所著專書的附錄 A 中查閱）。

拔鞋法樣本產製的個數（Number of bootstrap samples）選單選取拔鞋法樣本產製的個數 2000。

按『Options』（選項）鈕，開啟「PROCESS options」次對話視窗。

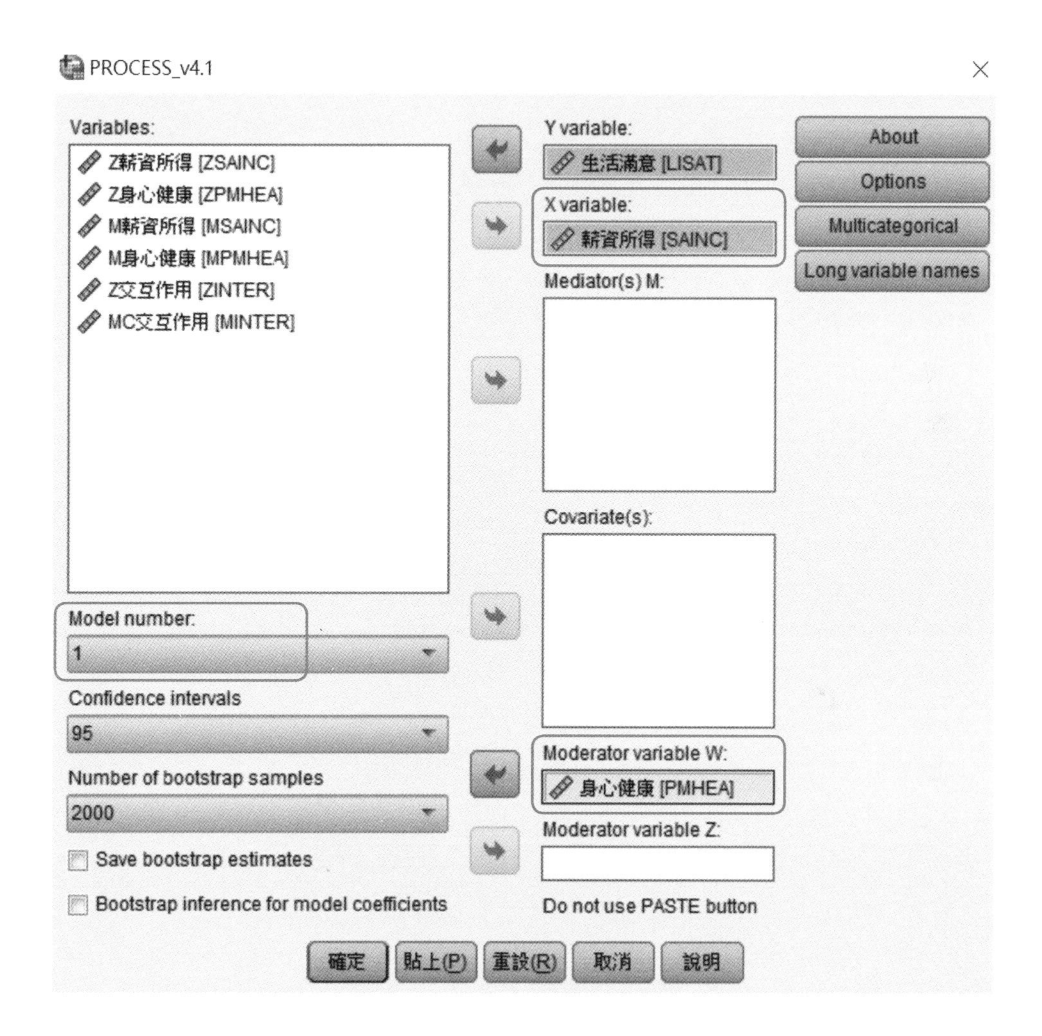

在「PROCESS options」（選項）次對話視窗中：

1. 勾選產製視覺化交互作用圖的數據（☑Generate code for visualizing interactions」）選項，以繪製調節變項不同水準群組之迴歸線（自變項對依變項影響的迴歸線）。
2. 輸出量數的小數界定為 3 位，「Decimal places in output」選單下選取數值 3。
3. 模式程序中對自變項及調節變項平減處理程序（Mean center for construction

of products）方盒中點選「⦿All variables that define products」選項，表示所有計量變項（自變項與調節變項）要進行平減程序轉換，其中平減程序並未包括依變項「生活滿意 [LISAT]」。

4. 「Probe interactions...」選單下交互作用項的顯著性機率值選取「if p < .05」選項。
5. 「Conditioning values」（條件化數值）方盒中點選「⦿-1SD, Mean, +1SD」選項，表示分組臨界點為平均數下一個標準差、平均數上一個標準差。

按『繼續』鈕，回到 PROCESS_v4.1 主對話視窗，再按『確定』鈕。

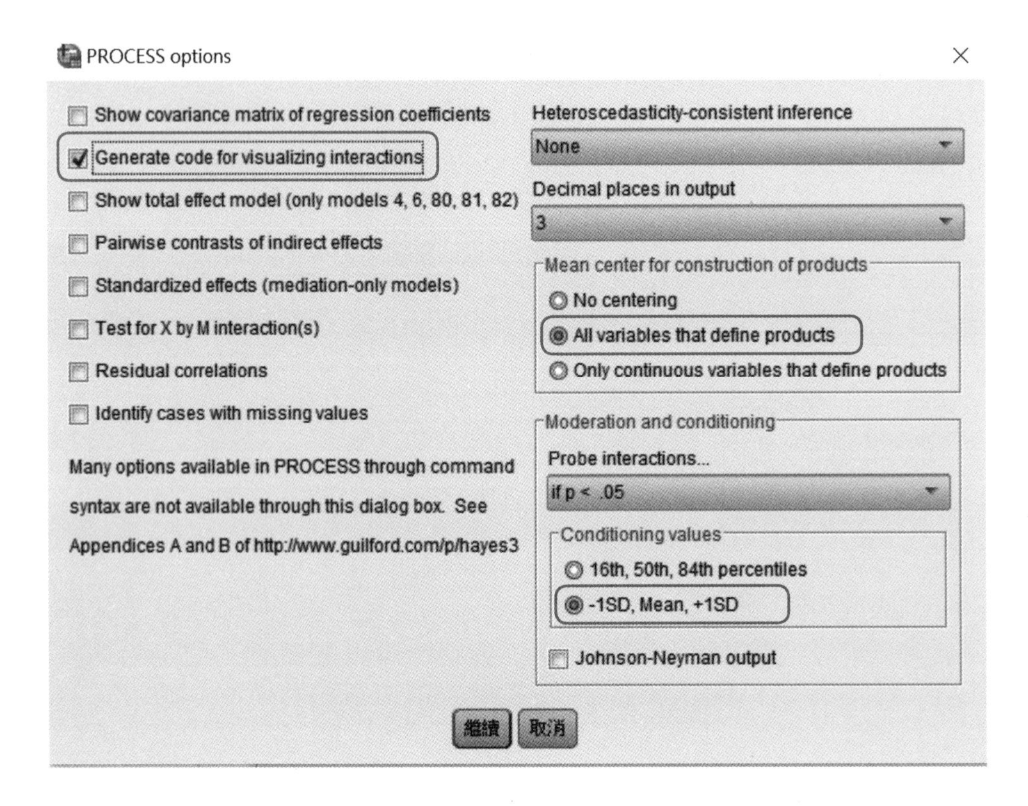

模式組態序號 1 如果界定為中介變項模式型態序號，如模式序號輸入 4，則會出現錯誤的提示訊息。

```
Run MATRIX procedure:
*************** PROCESS Procedure for SPSS Version 4.1 ***************
     Written by Andrew F. Hayes, Ph.D.       www.afhayes.com
   Documentation available in Hayes (2022). www.guilford.com/p/hayes3
```

```
***************** ANALYSIS NOTES AND ERRORS ******************
ERROR: You must specify an M variable for this model. [因選用模式 4 為中介變項型式，主對話視窗中必須界定中介變項 M]
------ END MATRIX -----
```

如果 SPSS 資料檔之變項直接使用中文變數名稱，很容易超出字元的限制而出現錯誤訊息。

```
Run MATRIX procedure:
************** PROCESS Procedure for SPSS Version 4.2 beta *************
      Written by Andrew F. Hayes, Ph.D.       www.afhayes.com
   Documentation available in Hayes (2022). www.guilford.com/p/hayes3
***************** ANALYSIS NOTES AND ERRORS ******************
ERROR: Variable names should be no more than eight characters in length.
------ END MATRIX -----
```

二、PROCESS 程序輸出結果

```
Run MATRIX procedure:
Model  : 1
    Y  : LISAT
    X  : SAINC
    W  : PMHEA
Sample
Size:  234
```

[說明] 依變項 Y 為 LISAT（生活滿意）、自變項 X 為 SAINC（薪資所得）、調節變項 W 為 PMHEA（身心健康），有效樣本數 N = 234。Model:1 表示此種模式型態為 PROCESS 程序中界定的第 1 種模式。

```
**************************************************************************
OUTCOME VARIABLE:
 LISAT
```

Model Summary

R	R-sq	MSE	F	df1	df2	p
.858	.736	142.070	214.251	3.000	230.000	.000

Model

	coeff	se	t	p	LLCI	ULCI
constant	51.426	.810	63.505	.000	49.830	53.021
SAINC	.360	.023	15.356	.000	.314	.406
PMHEA	.653	.042	15.617	.000	.571	.736
Int_1	.005	.001	4.115	.000	.003	.007

[說明] 迴歸模式中結果變項（效標變項）為 LISAT（生活滿意），投人的預測變項有三個：自變項 SAINC（薪資所得）、調節變項 PMHEA（身心健康）、自變項與調節變項平減後的乘積項「Int_1」，交互作用乘積項的迴歸係數為 .005、標準誤為 .001，標準化迴歸係數 $\beta = .142$，t 值統計量 = 4.115（$p < .05$），達到統計顯著水準，表示身心健康與薪資所得對依變項生活滿意有顯著的交互作用，身心健康狀態高低不同的水準樣本群組中，薪資所得（自變項 X）對生活滿意（依變項 Y）的影響程度或預測情況有明顯不同，身心健康變項在薪資所得與生活滿意二者間的關係扮演一種調節作用。

模式之線性迴歸方程式為：

$Y = 51.426 + .360X + .653W + .005XW$

$= 51.426 + .360 \times \text{SAINC} + .653 \times \text{PMHEA} + .005 \times \text{SAINC} \times \text{PMHEA}$

$= 51.426 + .360 \times$ 薪資所得 $+ .653 \times$ 身心健康 $+ .005 \times$（薪資所得 × 身心健康）

Product terms key:

Int_1 : SAINC x PMHEA

[說明] 關鍵變項「Int_1」= SAINC × PMHEA。

Test(s) of highest order unconditional interaction(s):

	R2-chng	F	df1	df2	p
X*W	.019	16.933	1.000	230.000	.000

Focal predict: SAINC (X)

Mod var: PMHEA (W)

[說明]　交互作用乘積項可以解釋依變項的變異量為 .019（R^2 = .019），淨 F 值 = 16.933（p < .001），R^2 改變量數之統計量達到統計顯著水準，拒絕虛無假設：R^2 改變量顯著不等於 0。

Conditional effects of the focal predictor at values of the moderator(s):

PMHEA	Effect	se	t	p	LLCI	ULCI
-19.478	.263	.031	8.550	.000	.203	.324
.000	.360	.023	15.356	.000	.314	.406
19.478	.457	.035	12.909	.000	.387	.526

[說明]　調節變項高低二組（水準群組）中，自變項薪資所得對依變項生活滿意迴歸預測的結果，低分組的影響值為 .263、高分組的影響值為 .457，平均影響值為 .360，三個統計量數的 t 值統計量分別為 8.550、15.356、12.909，均達統計顯著水準，表示三個迴歸係數均顯著不等於 0，由於交互作用項顯著，表示高低二組迴歸線的迴歸係數或斜率明顯不同。

調節變項身心健康的分組是根據平均數 ±1 個標準差，分組圖示如下：

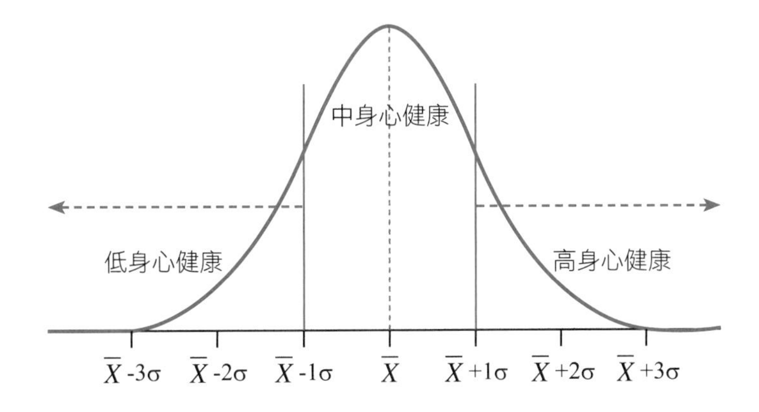

調節變項「身心健康 [PMHEA]」原始測量值的標準差為 19.478，平減後的變數名稱「M 身心健康 [MPMHEA]」的標準差也為 19.478。平減後平均數下一個標準差臨界點為 -19.478，平均數上一個標準差臨界點為 19.478。計量變項平減後所有測量值的總和等於 0、平均數也等於 0。

描述性統計資料

	N	最小值	最大值	平均數	標準偏差
身心健康	234	11	111	50.85	19.478
M 身心健康	234	-39.85	60.15	-.0038	19.47778

```
Data for visualizing the conditional effect of the focal predictor:
Paste text below into a SPSS syntax window and execute to produce plot.
DATA LIST FREE/
   SAINC        PMHEA        LISAT .
BEGIN DATA.
   -34.930     -19.478      29.498
      .000     -19.478      38.699
    34.930     -19.478      47.900
   -34.930        .000      38.853
      .000        .000      51.426
    34.930        .000      63.999
   -34.930      19.478      48.208
      .000      19.478      64.153
    34.930      19.478      80.098
END DATA.
GRAPH/SCATTERPLOT=
 SAINC   WITH   LISAT   BY    PMHEA.
```

[說明] 根據上述語法資料可以繪製不同調節變項水準群組之自變項 X 對依變項 Y 影響程度的迴歸線。調節變項 W 高低二組的截距項量數分別為 64.153、38.699

上述框線標記的數值為各迴歸線的截距項，對應於「Conditional effects of the focal predictor at values of the moderator(s):」下第二欄 EFFECT 欄的斜率係數，調節變項高低二個水準群組的迴歸線方程式分別為：

身心健康高分組：Y（生活滿意）= 64.153 + 0.457X（薪資所得）。

身心健康低分組：Y（生活滿意）= 38.699 + 0.263X（薪資所得）。

總體：Y（生活滿意）= 51.426 + 0.360X（薪資所得）。

調節變項模式的檢定程序關注的是調節變項 W 不同水準群組的斜率係數（迴歸係數）是否有顯著差異，有差異表示自變項 X 對結果變項 Y 的影響程度有明顯不同。

******************* ANALYSIS NOTES AND ERRORS ********************

Level of confidence for all confidence intervals in output: 95.0000

W values in conditional tables are the mean and +/- SD from the mean.

NOTE: The following variables were mean centered prior to analysis:

PMHEA SAINC

------ END MATRIX -----

[說明] 迴歸模式中經平均數集中化處理程序的變項有 PMHEA（身心健康）與 SAINC（薪資所得）。調節變項高低二組的分組為平均數 ±1 個標準差。平均數以上一個標準差樣本為高分組、平均數以下一個標準差樣本為低分組。

三、繪製交互作用圖

將 PROCESS 輸出結果中二列文字說明下的數據資料複製到 SPSS 語法視窗中。

Data for visualizing the conditional effect of the focal predictor:

Paste text below into a SPSS syntax window and execute to produce plot.

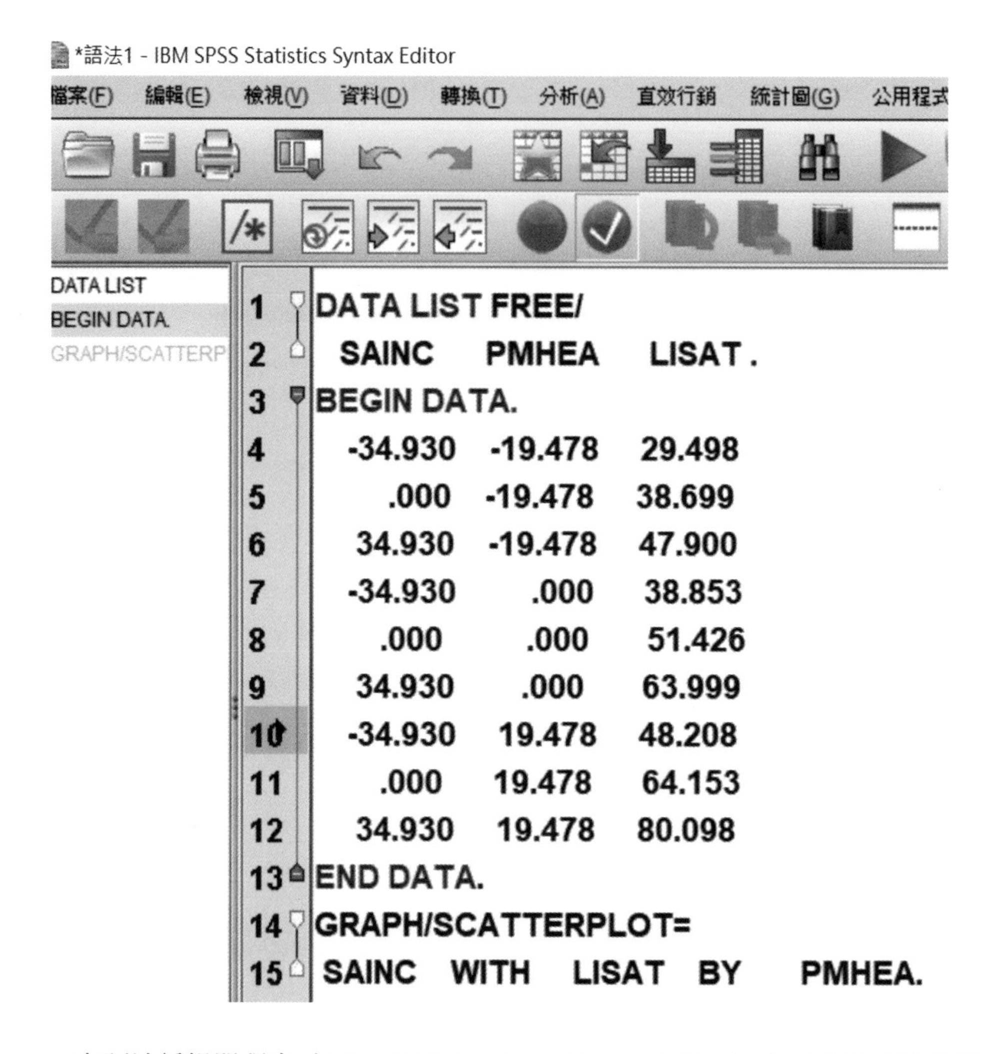

在語法編輯器視窗（IBM SPSS Statistics Syntax Editor）中，執行功能表列「執行 (R)/全部 (A)」程序。

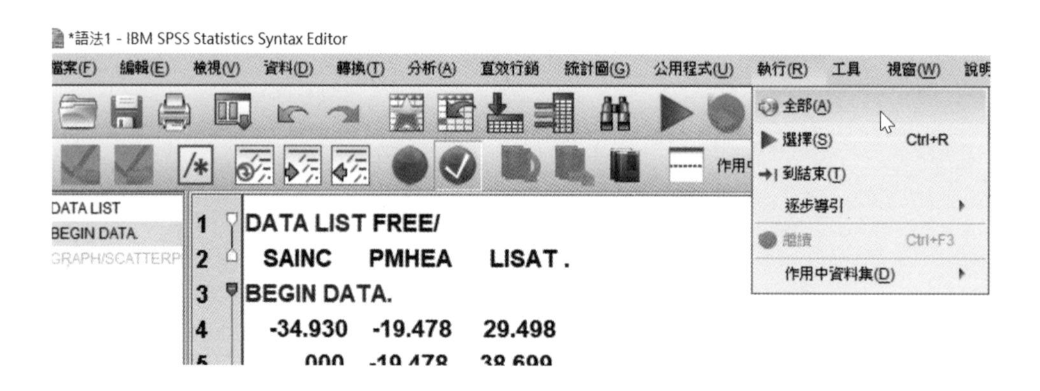

語法編輯器視窗中之語法指令執行結果的圖表如下，圖表中增列九個小圓點，圖形右邊的文字標記為 PMHEA（身心健康）調節變項分組的臨界點，低分組、整體、高分組內定顏色分別為藍色、綠色、灰色：

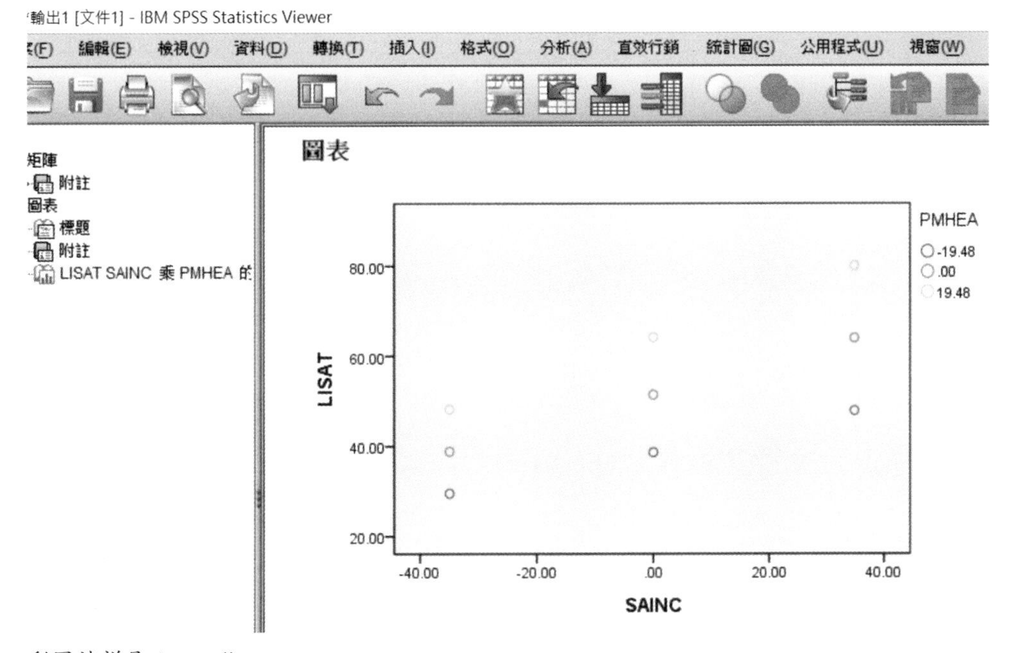

彩圖請詳見 Appendix

在圖表上連按滑鼠二下，開啟「圖表編輯器」次對話視窗，於「圖表編輯器」對話視窗中，執行「元素 (M)/於子群組繪出最適線 (S)」程序，可以增列高低二個水準群組的迴歸線，其中中間綠色線的平均數為 0，表示的總體樣本的迴歸方程式。

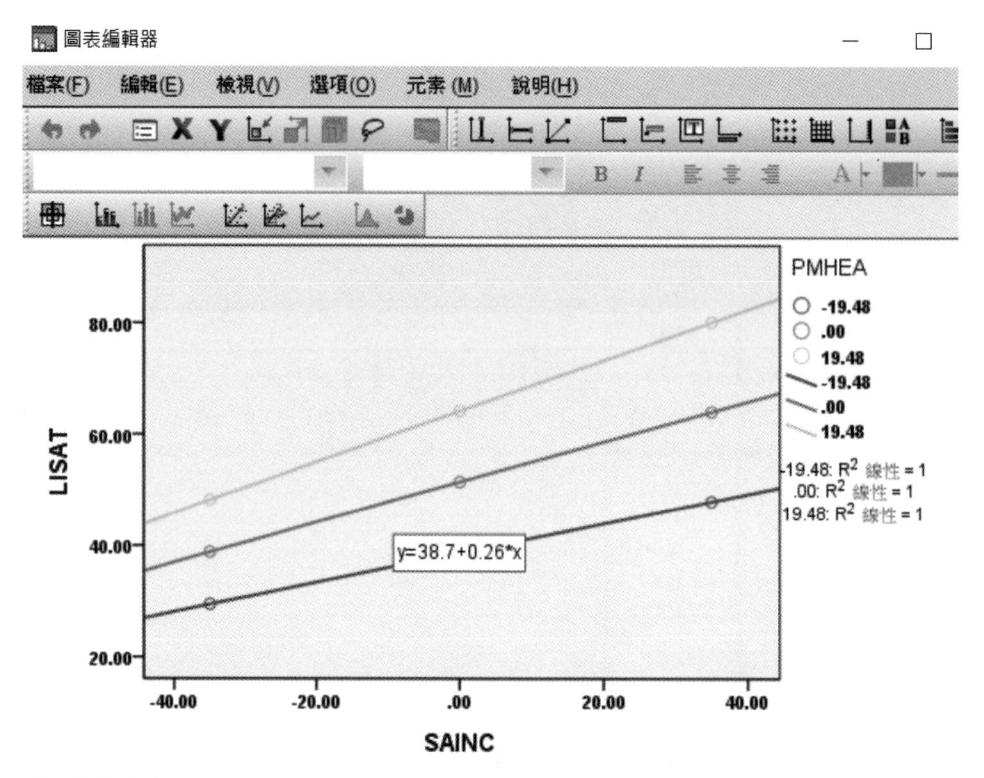

彩圖請詳見 Appendix

上述繪製視覺化圖形的語法碼資料中變項名稱可改為原來中文標記：

```
DATA LIST FREE/
   薪資所得      身心健康      生活滿意
BEGIN DATA.
   -34.930     -19.478      29.498
      .000     -19.478      38.699
    34.930     -19.478      47.900
   -34.930        .000      38.853
      .000        .000      51.426
    34.930        .000      63.999
   -34.930      19.478      48.208
      .000      19.478      64.153
    34.930      19.478      80.098
END DATA.
```

```
GRAPH/SCATTERPLOT =
薪資所得 WITH 生活滿意 BY 身心健康.
```

在圖表編輯器次對話視窗先執行功能表「元素 (M)/於總和繪出最適線 (F)」程序，會先繪製總體迴歸線（中間直線），並增列迴歸方程式；之後再執行功能表「元素 (M)/於子群組繪出最適線 (S)」程序，若出現「內容」對話視窗，於「配適直線」選項中點選「◉線性 (L)」選項，按『套用 (A)』鈕。

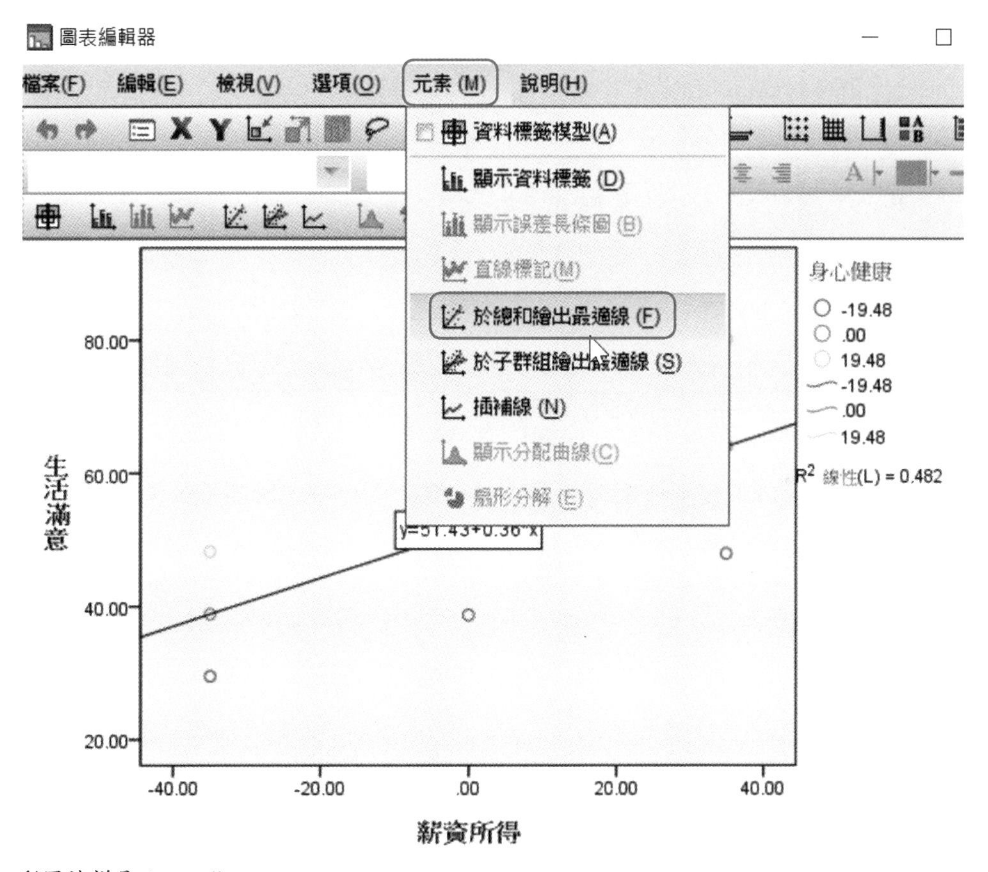

彩圖請詳見 Appendix

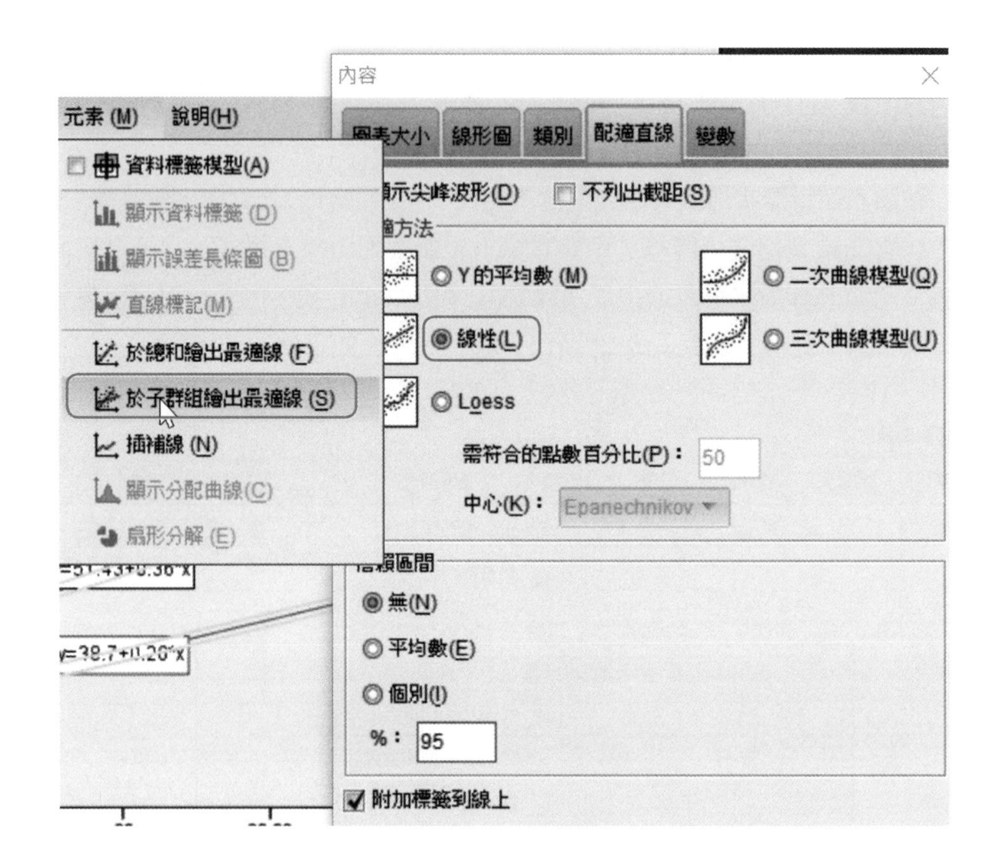

編製修改完成的交互作用圖如下：身心健康高分組迴歸方程式：Y = 64.153 + 0.457X，身心健康低分組迴歸方程式：Y = 38.699 + 0.263X。二條迴歸線的迴歸係數（斜率）顯著不相同，圖形中的圓點、線條顏色、粗細及樣式等均可以修改。

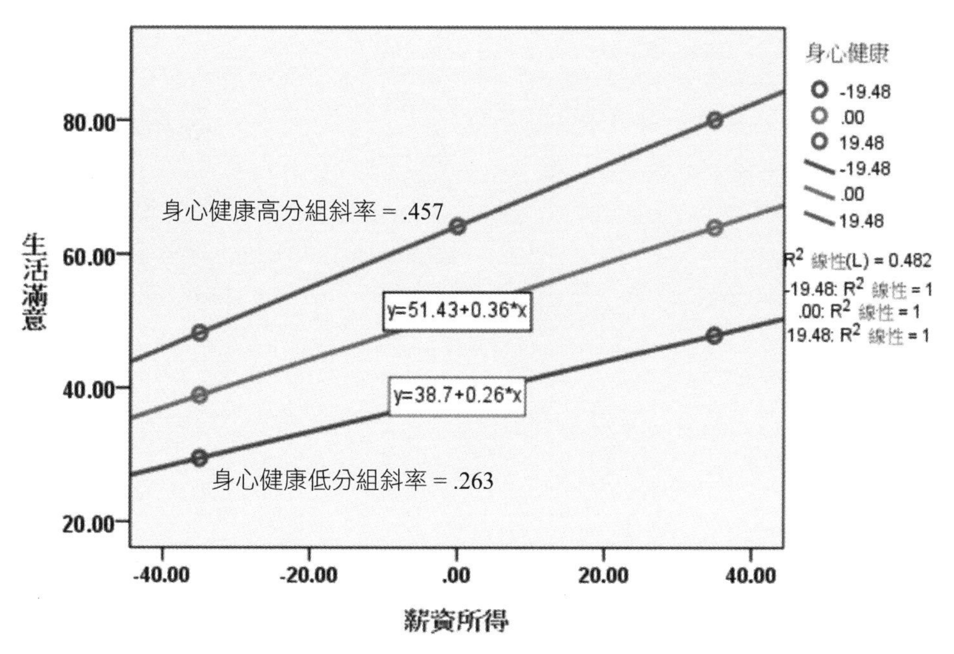

彩圖請詳見 Appendix

調節變項不同水準群組三條迴歸方程式的斜率（迴歸係數）分別為：

$\theta_{X\to Y}|(W = -19.478) = .263$

$\theta_{X\to Y}|(W = 0.000) = .360$

$\theta_{X\to Y}|(W = +19.478) = .457$

參、平減變項執行 PROCESS 程序

一、PROCESS 操作程序

原資料檔中，自變項薪資所得（SAINC）與調節變項身心健康（PMHEA）已經平減程序轉換為 MSAINC、MPMHEA 二個變項，在 PROCESS 對話視窗中也可直接點選這二個變項，依變項 Y 為生活滿意（LISAT）。

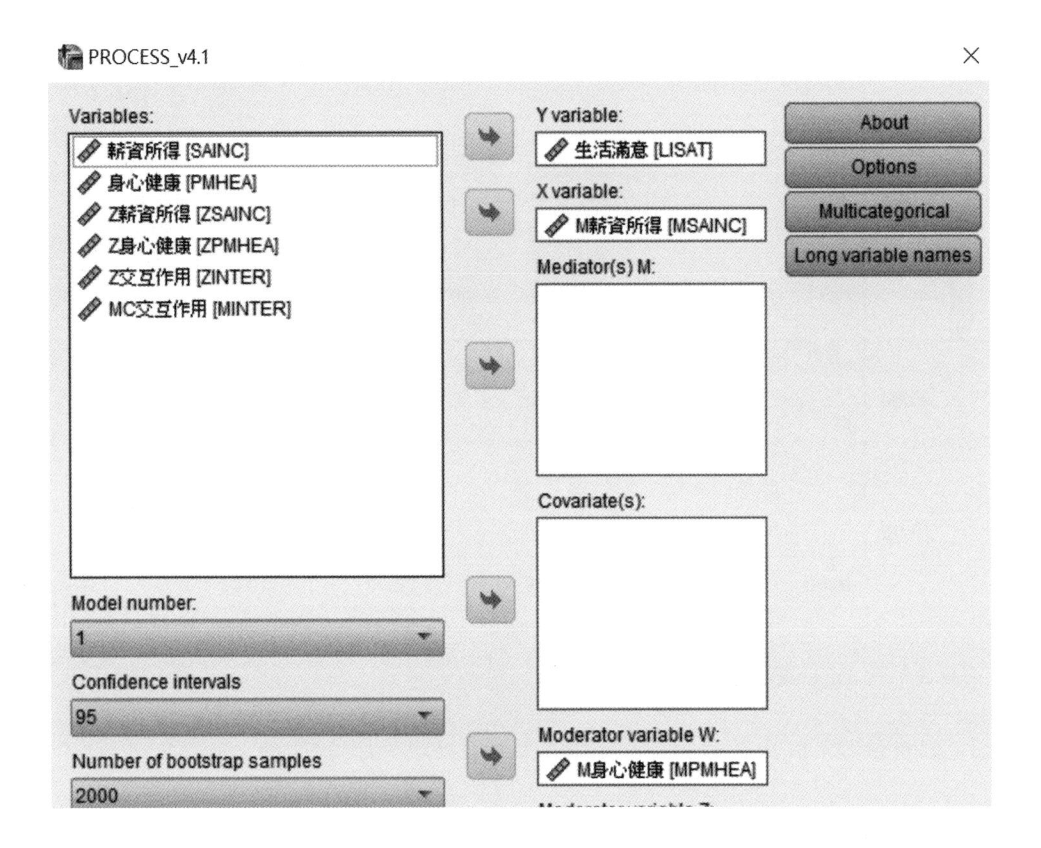

「PROCESS options」次對話視窗中，平均數中心化方盒（Mean center for construction of products）採用內定選項，變數不經「平減程序轉換」（No centering），因為在 SPSS 資料檔中自變項 X 與調節變項 Y 均已經平減程序轉換過。條件化數值（Conditioning values）方盒勾選「⊙-1SD, Mean, +1SD」選項，結果量數界定輸出至小數第 3 位。

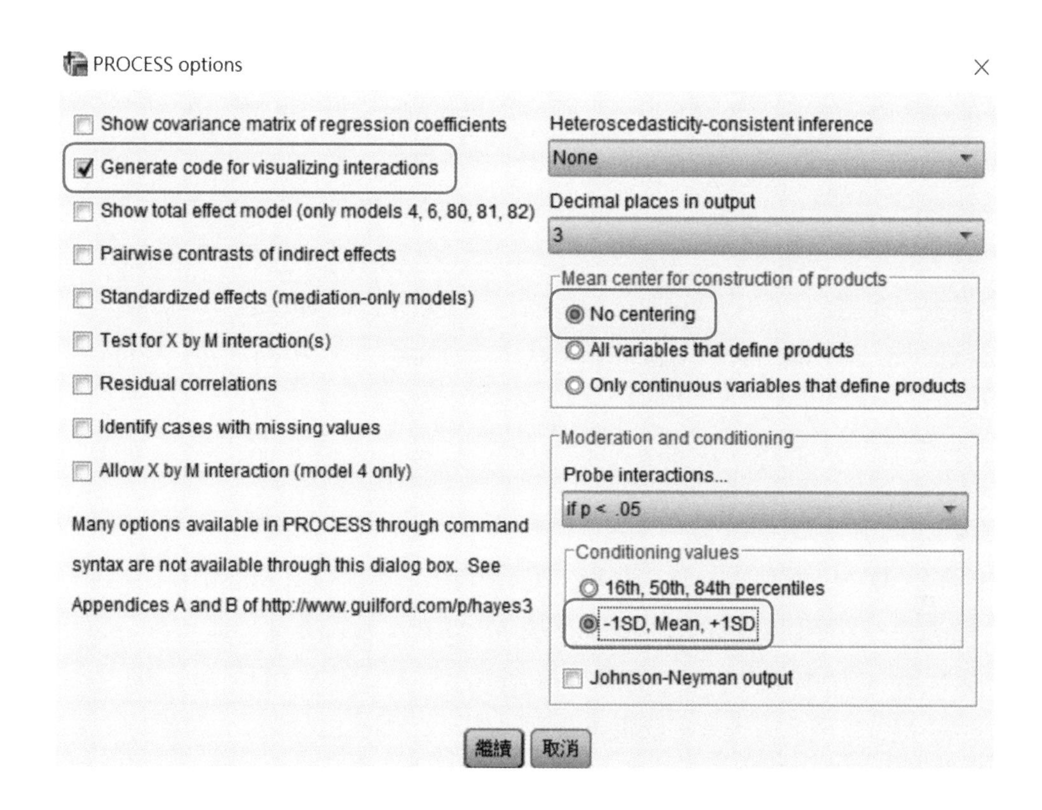

二、採用平減變項的輸出結果

Run MATRIX procedure:

Model : 1

Y : LISAT

X : MSAINC

W : MPMHEA

Sample

Size: 234

[說明] 依變項 Y 為 LISAT（生活滿意）、自變項 X 為 MSAINC（平減薪資所得）、調節變項 W 為 MPMHEA（平減身心健康），有效樣本數 N = 234。Model:1 表示此種模式型態為 PROCESS 程序中界定的第 1 種模式。

****

OUTCOME VARIABLE:

LISAT

Model Summary

R	R-sq	MSE	F	df1	df2	p
.858	.736	142.070	214.251	3.000	230.000	.000

Model

	coeff	se	t	p	LLCI	ULCI
constant	51.427	.810	63.506	.000	49.831	53.022
MSAINC	.360	.023	15.357	.000	.314	.406
MPMHEA	.653	.042	15.616	.000	.571	.736
Int_1	.005	.001	4.115	.000	.003	.007

[說明] 迴歸模式中結果變項（效標變項）為 LISAT（生活滿意），投入的預測變項有三個：自變項 MSAINC（平減薪資所得）、調節變項 MPMHEA（平減身心健康）、自變項 MSAINC 與調節變項 MPMHEA 的乘積項「Int_1」。交互作用乘積項的迴歸係數為 .005、標準誤為 .001，t 值統計量 = 4.115（$p < .05$），達到統計顯著水準，表示身心健康與薪資所得對依變項生活滿意有顯著的交互作用，薪資所得高低不同的水準樣本群組中，身心健康對依變項生活滿意的影響程度或預測情況有明顯不同。

模式之線性迴歸方程式為：

$$\begin{aligned} Y &= 51.427 + .360X + .653W + .005XW \\ &= 51.427 + .360 \times MSAINC + .653 \times MPMHEA + .005 \times (MSAINC \times MPMHEA) \end{aligned}$$

Product terms key:

Int_1 : MSAINC x MPMHEA

Test(s) of highest order unconditional interaction(s):

	R2-chng	F	df1	df2	p
X*W	.019	16.933	1.000	230.000	.000

Focal predict: MSAINC (X)

Mod var: MPMHEA (W)

[說明] X 預測變項為 MSAINC、W 調節變項為 MPMHEA，關鍵變項「Int_1」= MSAINC × MPMHEA，二者乘積項的 $R^2 = .019$（$F = 16.933$，$p < .05$）。

Conditional effects of the focal predictor at values of the moderator(s):

MPMHEA	Effect	se	t	p	LLCI	ULCI
-19.482	.263	.031	8.550	.000	.203	.324
-.004	.360	.023	15.356	.000	.314	.406
19.474	.457	.035	12.909	.000	.387	.526

[說明] 調節變項 MPMHEA（平減身心健康）高低二組（水準群組），自變項薪資所得對依變項生活滿意迴歸預測的結果，低分組的影響值為 .263、高分組的影響值為 .457，平均影響值為 .360，三個統計量數的 t 值統計量分別為 8.550、15.356、12.909，均達統計顯著水準，表示三個迴歸係數均顯著不等於 0，高低二組迴歸線的迴歸係數或斜率明顯不同。

調節變項不同水準群組中，自變項 X 對依變項 Y 影響的迴歸係數（斜率）為：

$\theta_{X \to Y} |(\mathrm{W} = -19.482) = .263$

$\theta_{X \to Y} |(\mathrm{W} = -0.004) = .360$

$\theta_{X \to Y} |(\mathrm{W} = +19.474) = .457$

Data for visualizing the conditional effect of the focal predictor:

Paste text below into a SPSS syntax window and execute to produce plot.

DATA LIST FREE/

MSAINC	MPMHEA	LISAT .

BEGIN DATA.

-34.925	-19.482	29.498
.004	-19.482	38.699
34.934	-19.482	47.900
-34.925	-.004	38.853
.004	-.004	51.426
34.934	-.004	63.999
-34.925	19.474	48.208
.004	19.474	64.153
34.934	19.474	80.098

END DATA.

GRAPH/SCATTERPLOT=
MSAINC WITH LISAT BY MPMHEA.

調節變項 W 高低二個水準群組的迴歸線方程式分別為：

身心健康高分組：Y = 64.153 + 0.457X（薪資所得）
身心健康低分組：Y = 38.699 + 0.263X（薪資所得）
總體樣本：Y = 51.426 + 0.360X

****************** ANALYSIS NOTES AND ERRORS ********************
Level of confidence for all confidence intervals in output:
95.0000
W values in conditional tables are the mean and +/- SD from the mean.
------ END MATRIX -----

[說明] 跟點選平減處理選項相較之下，分析註解未列舉出平減的變項。

肆、採用內定百分位數分組結果

在選項次對話視窗中，「Conditioning values」方盒內之選項採用內定選項「⦿16th, 50th, 84th percentiles」，調節變項的分組臨界點為百分位數 16、50 與 84。PROCESS 輸出結果如下：

Run MATRIX procedure:
*************** PROCESS Procedure for SPSS Version 4.2 beta ***************
Written by Andrew F. Hayes, Ph.D. www.afhayes.com
Documentation available in Hayes (2022). www.guilford.com/p/hayes3
****
Model : 1
Y : LISAT
X : SAINC
W : PMHEA
Sample
Size: 234

[說明] 界定三個變項類型及有效樣本數（N = 234）。

****

OUTCOME VARIABLE:

LISAT

Model Summary

R	R-sq	MSE	F	df1	df2	p
.858	.736	142.070	214.251	3.000	230.000	.000

Model

	coeff	se	t	p	LLCI	ULCI
constant	51.426	.810	63.505	.000	49.830	53.021
SAINC	.360	.023	15.356	.000	.314	.406
PMHEA	.653	.042	15.617	.000	.571	.736
Int_1	.005	.001	4.115	.000	.003	.007

Product terms key:

Int_1 : SAINC x PMHEA

[說明] 自變項 SAINC、調節變項 PMHEA、交互作用項 Int_1 的迴歸係數分別為 .360、.653、.005，標準誤分別為 .023、.042、.001，三個迴歸係數的 t 值統計量分別為 15.356（$p < .05$）、15.617（$p < .05$）、4.115（$p < .05$），均達統計顯著水準。由於交互作用項 Int_1 達到顯著，表示自變項 X（SAINC）對依變項 Y 生活滿意（LISAT）的影響程度會受到 PMHEA（身心健康）調節變項高低分數組別的影響。

Test(s) of highest order unconditional interaction(s):

	R2-chng	F	df1	df2	p
X*W	.019	16.933	1.000	230.000	.000

Focal predict: SAINC (X)

Mod var: PMHEA (W)

[說明] 自變項 SAINC 與調節變項 PMHEA 乘積項對依變項生活滿意的解釋為 .019，解釋量顯著檢定統計量 F 值 = 16.933（$p < .05$），達到統計顯著水準。

PMHEA	Effect	se	t	p	LLCI	ULCI
-20.846	.257	.032	8.041	.000	.194	.320
.154	.361	.023	15.372	.000	.314	.407
20.154	.460	.036	12.781	.000	.389	.531

[說明] 調節變項 PMHEA 高低二組的斜率係數分別為 .460、.257，由於乘積項的迴歸係數達到顯著，表示這二個斜率係數顯著不相等。

調節變項 W 三個水準群組的迴歸係數（斜率）為：

$\theta_{X\to Y}|(\mathrm{W} = -20.846) = .257$

$\theta_{X\to Y}|(\mathrm{W} = 0.154) = .361$

$\theta_{X\to Y}|(\mathrm{W} = +20.154) = .460$

```
Data for visualizing the conditional effect of the focal predictor:
Paste text below into a SPSS syntax window and execute to produce plot.
DATA LIST FREE/
    SAINC     PMHEA     LISAT .
BEGIN DATA.
   -34.594   -20.846    28.927
     3.406   -20.846    38.679
    42.406   -20.846    48.688
   -34.594      .154    39.048
     3.406      .154    52.755
    42.406      .154    66.823
   -34.594    20.154    48.686
     3.406    20.154    66.161
    42.406    20.154    84.095
END DATA.
GRAPH/SCATTERPLOT=
 SAINC   WITH   LISAT   BY    PMHEA.
```

[說明] 根據上述視覺化語法資料繪製的交互作用圖：

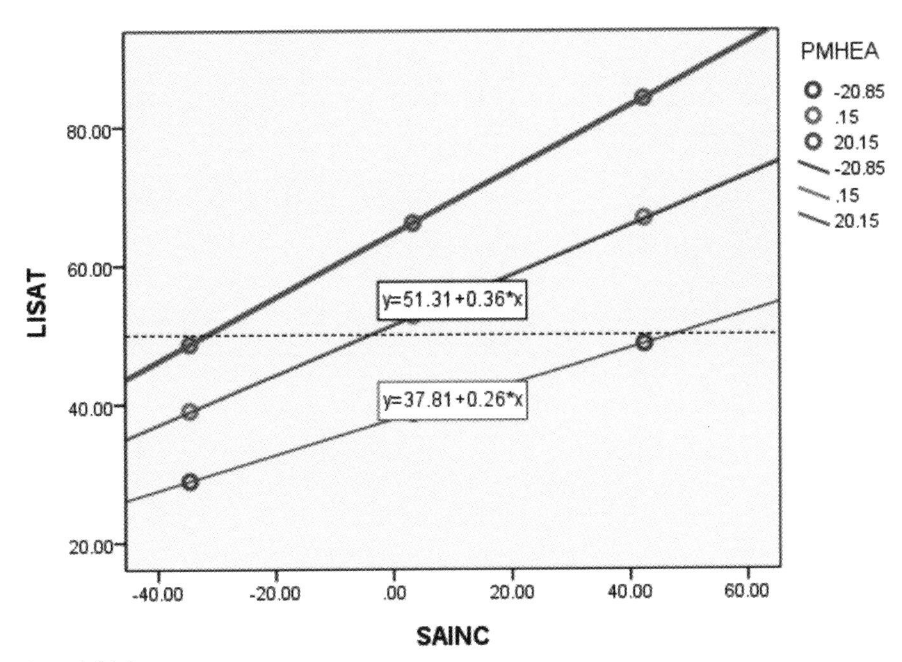

彩圖請詳見 Appendix

****************** ANALYSIS NOTES AND ERRORS ********************

Level of confidence for all confidence intervals in output:

95.0000

W values in conditional tables are the 16th, 50th, and 84th percentiles.

NOTE: The following variables were mean centered prior to analysis:

PMHEA SAINC

------ END MATRIX -----

[說明] 統計分析程序中有事先經平均數中心化轉換的變項為 PMHEA（身心健康）、SAINC（薪資所得）二個。

Chapter 8

調節的中介因子模式

一個中介模式中，若再有一個以上的調節變項，模型稱為「調節的中介模式」（Moderated Mediation）。調節的中介作用模式有二種不同型式，左邊模式檢定的是進行自變項 X 對中介變項 M 的影響程度或預測結果是否受調節變項 W 不同水準群組影響，右邊模式檢定的是進行中介變項 M 對依變項 Y 的影響程度或預測結果是否受調節變項 V 不同水準群組影響。

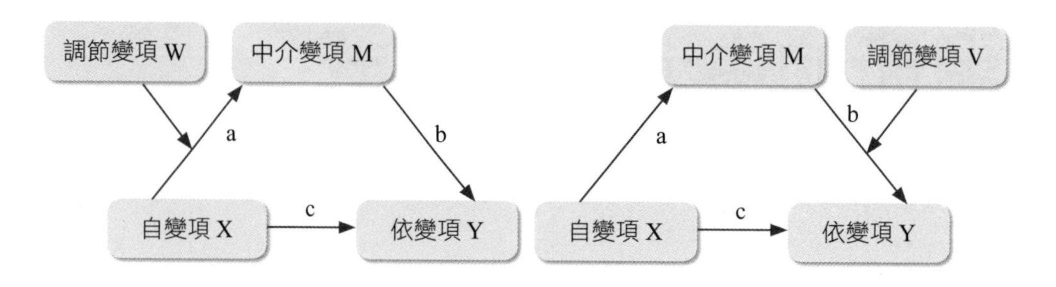

上述二種模式在 PROCESS 模式版中的模式序號分別為模式 7 與模式 14，二個模式都是一個中介模式加上一個調節變項（W 或 V），但二個模式採用的複迴歸程序是不相同的。

Model 7
Conceptual Diagram

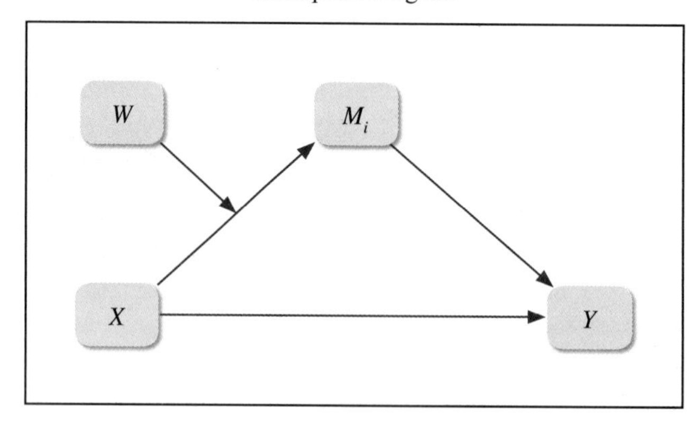

模式 7 調節變項 W 調節的路徑為自變項 X 對中介變項 M 的影響程度，模式 14 調節變項 V 調節的路徑為中介變項 M 對依變項 Y 的影響程度。模式 7 的交互作用項為自變項 X 與調節變項 W 的乘積，模式 14 的交互作用項為中介變項 M 與調節變項 V 的乘積。

Model 14
Conceptual Diagram

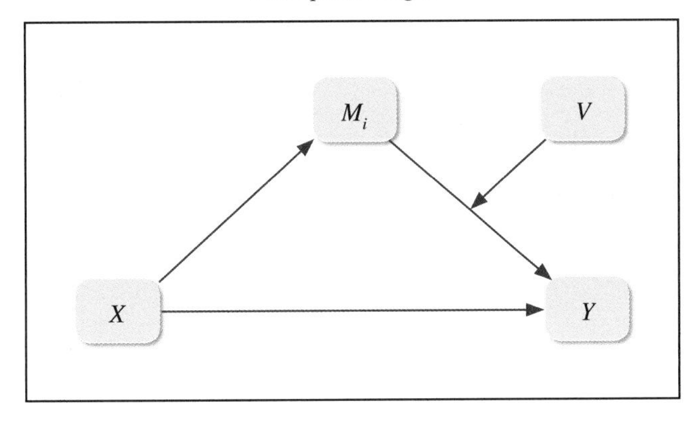

PROCESS 模組中統整模式 7 與模式 14，就成為模式 21，有二個調節變項 W 與 Z（或 V）〔模式結構與序號請參閱 Hayes（2022）專書中的附錄 A 頁 621 至頁 649〕：

Model 21
Conceptual Diagram

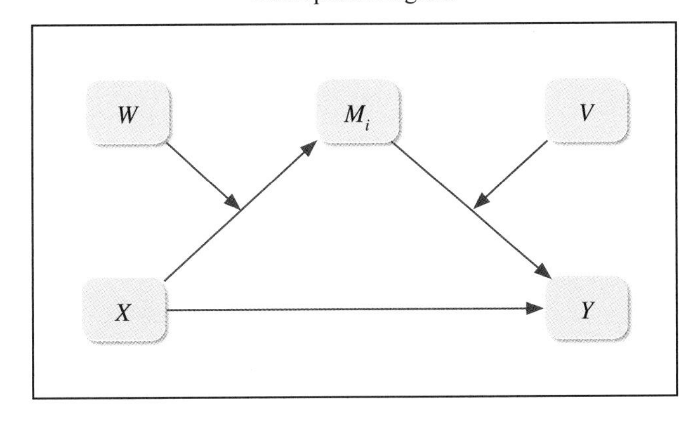

模式 21 的交互作用項有二個：

Int_1 = 自變項 X × 調節變項 W。

Int_2 = 中介變項 M × 調節變項 V（或 Z）。

二個複迴歸分析程序為：

1. 自變項 X + 調節變項 W +二者乘積項 XW⇨結果變項（中介變項 M）。
2. 中介變項 M + 調節變項 V（Z）+ 二者乘積項 MV（或 MZ）⇨結果變項（依變項 Y）。

、調節的中介因子範例

探究主題：學生學習投入、學習策略與學習效能關係之研究——家人支持為調節變項。模式 7 的概念型圖示範例如下：

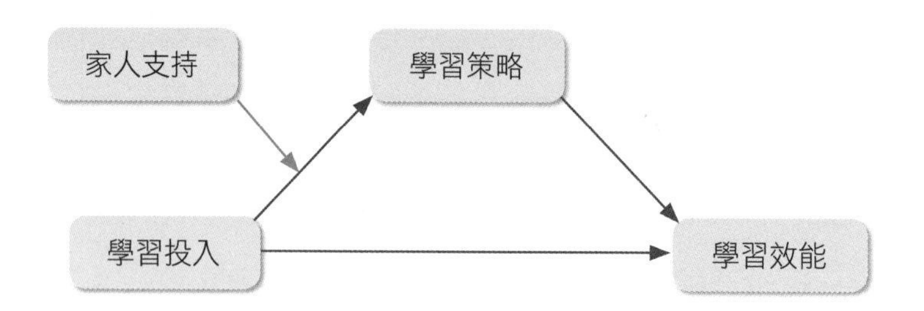

模式 7 對應的統計程序圖示如下，交互作用項為 X 自變項學習投入與 W 調節變項家人支持的乘積。

複迴歸分析程序為：

1. 學習投入（X 變項）+ 家人支持（W 變項）+ 二者乘積項（XW 變項）⇨學習策略（中介變項 M）
2. 學習投入（X 變項）+ 學習策略（M 變項）⇨學習效能（依變項 Y）

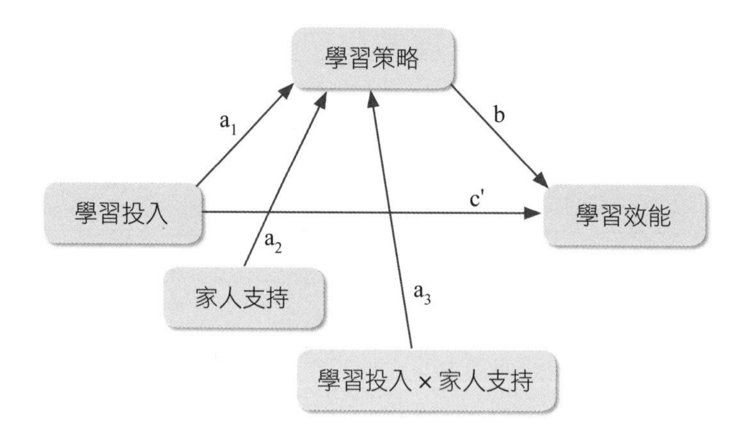

範例中自變項 X、依變項 Y、中介變項 M、調節變項 W 四個變項間的積差相關結果摘要表如下：自變項學習投入與依變項學習效能的相關係數 $r = .619$（$p < .05$），中介變項學習策略與自變項學習投入、依變項學習效能間的相關係數值 r 分別為 .339（$p < .05$）、.492（$p < .05$）均呈顯著正相關，調節變項

家人支持與學習投入、學習策略、學習效能的積差相關係數 r 分別為 .716（$p < .05$）、.429（$p < .05$）、.659（$p < .05$），均呈顯著正相關。

相關

		學習投入	家人支持	學習策略	學習效能
學習投入	皮爾森 (Pearson) 相關	1	.716**	.339**	.619**
	顯著性 (雙尾)		.000	.000	.000
	N	1070	1070	1070	1070
家人支持	皮爾森 (Pearson) 相關	.716**	1	.429**	.659**
	顯著性 (雙尾)	.000		.000	.000
	N	1070	1070	1070	1070
學習策略	皮爾森 (Pearson) 相關	.339**	.429**	1	.492**
	顯著性 (雙尾)	.000	.000		.000
	N	1070	1070	1070	1070
學習效能	皮爾森 (Pearson) 相關	.619**	.659**	.492**	1
	顯著性 (雙尾)	.000	.000	.000	
	N	1070	1070	1070	1070

**. 相關性在 0.01 層上顯著 (雙尾)。

貳、PROCESS 操作程序

SPSS 視窗中執行「分析 (A)/迴歸 (R)/PROCESS v4.1 by Andrew F. Hayes」程序。開啟「PROCESS_v4.1」對話視窗。

四個變項對應的方框如下：

模式 Model	依變項 Y	自變項 X	中介變項 M	調節變項 W
7	學習效能 [LEEFF]	學習投入 [STENG]	學習策略 [LESTR]	家人支持 [FASUP]

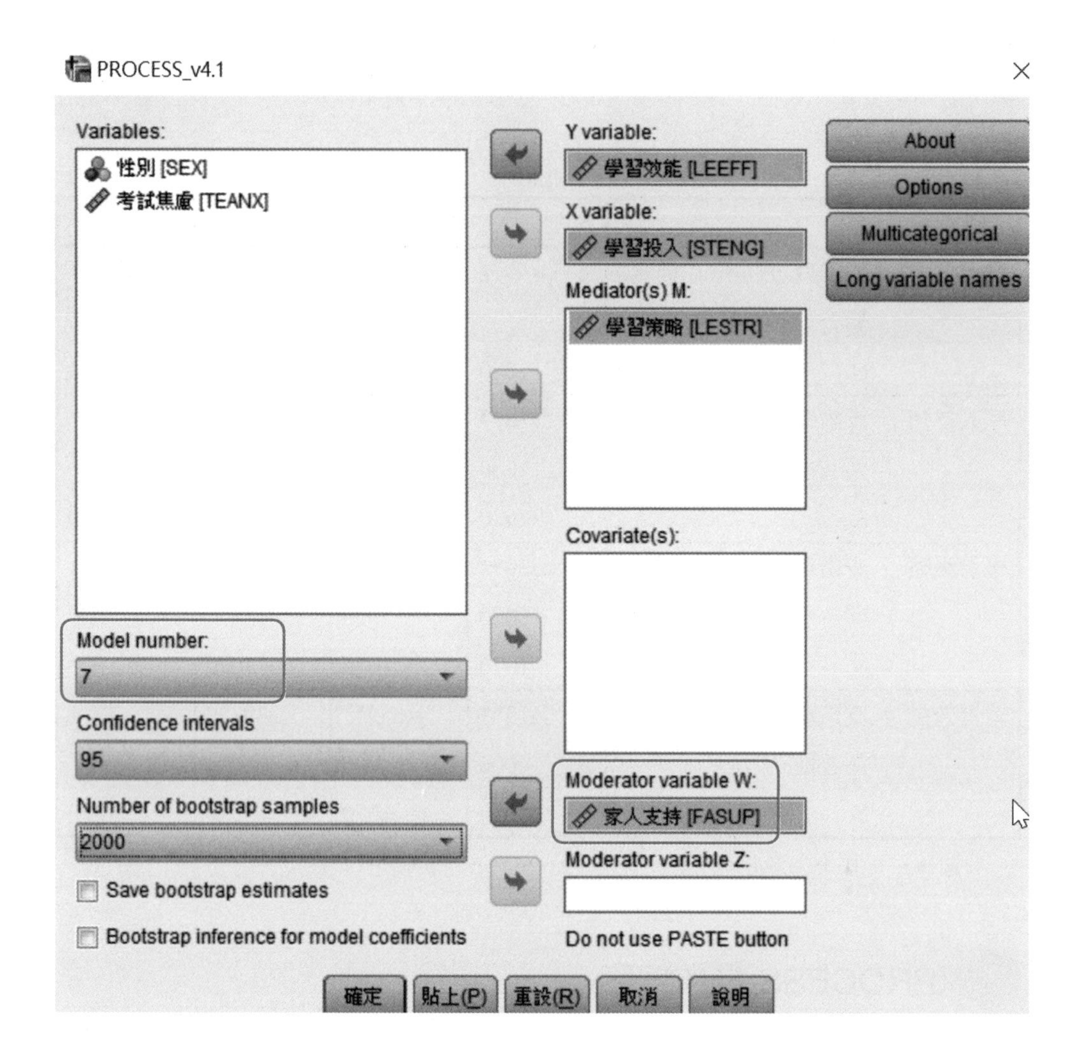

平減方盒的選項點選「⦿All variables that define products」選項，調節變項的條件化分組為平均數 ±1 個標準差。勾選輸出視覺化交互作用圖的的語法碼選項：「☑Generate code for visualizing interactions」。

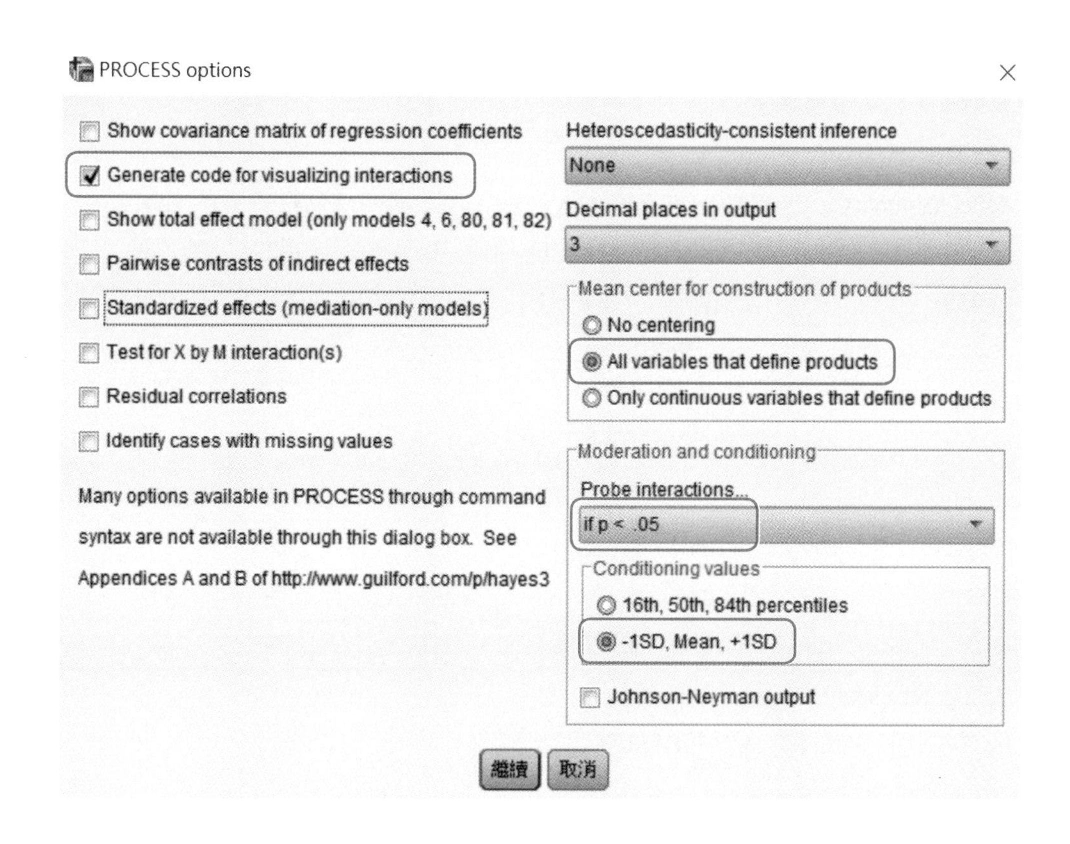

參、輸出結果

Run MATRIX procedure:

****

Model : 7

Y : LEEFF

X : STENG

M : LESTR

W : FASUP

Sample

Size: 1070

[說明] 模式中四個界定變項的說明，依變項 Y 為 LEEFF（學習效能）、自變項 X 為 STENG（學習投入）、中間變項 M 為 LESTR（學習策略）、調節變項 W 為 FASUP（家人支持）。模式界定的序號為模式 7，有效樣本數 N = 1070。

****

OUTCOME VARIABLE:

LESTR

Model Summary

R	R-sq	MSE	F	df1	df2	p
.439	.193	26.316	84.921	3.000	1066.000	.000

Model

	coeff	se	t	p	LLCI	ULCI
constant	30.006	.175	171.313	.000	29.662	30.350
STENG	.109	.047	2.312	.021	.016	.201
FASUP	.349	.036	9.788	.000	.279	.418
Int_1	.011	.004	2.991	.003	.004	.017

Product terms key:

Int_1 : STENG x FASUP

[說明] 結果變項 LESTR（學習策略），迴歸模式投入的解釋變項為 STENG（學習投入）、FASUP（家人支持）、STENG（學習投入）與 FASUP（家人支持）變項乘積項，乘積項（交互作用項）的變項名稱為 Int_1，Int_1 變項列的迴歸係數為 .011，標準誤為 .004，迴歸係數顯著性檢定的 t 值統計量 = 2.991（$p < .05$），達到統計顯著水準，95% 信賴區間 [.004, .017] 未包含量數 0，表示迴歸係數顯著等於 0 的機率很低。迴歸模式三個解釋變項的聯合解釋量為 19.3%。

調節變項模式之迴歸方程式：

$$M = 30.006 + 0.109X + 0.349W + 0.011XW$$

學習策略 = 30.006 + 0.109 × 學習投入 + 0.349 × 家人支持 + 0.011 ×（學習投入 × 家人支持）

交互作用項改變一個單位，學習策略就改變 .011 個單位量，交互作用項對學習策略結果變項的影響為正向。

Test(s) of highest order unconditional interaction(s):

	R2-chng	F	df1	df2	p
X*W	.007	8.946	1.000	1066.000	.003

Focal predict: STENG (X)

Mod var: FASUP (W)

[說明] 自變項與調節變項乘積項（X*W）= STENG（學習投入）× FASUP（家人支持），交互作用項對結果變項學習策略的個別解釋量為 .007（F = 8.946，p < .05），達到統計顯著水準。交互作用項 R 平方改變量達到顯著，對應的是交互作用項對結果變項的影響也達到顯著。

Conditional effects of the focal predictor at values of the moderator(s):

FASUP	Effect	se	t	p	LLCI	ULCI
-6.316	.043	.047	.906	.365	-.050	.135
.000	.109	.047	2.312	.021	.016	.201
6.316	.175	.057	3.093	.002	.064	.287

[說明] 調節變項（家人支持）上下一個標準差水準群組的迴歸預測量數（解釋變項為學習參與、結果變項為學習策略）。調節變項條件化效果（Effect）中的第二欄為高低家人支持樣本群組在自變項學習投入對學習策略結果變項（中介變項 M）預測影響的迴歸係數，家人支持低分組、高分組的迴歸係數值分別為 .043、.175，整體迴歸方程的迴歸係數為 .109。由於交互作用項（XW）達到統計顯著水準，表示家人支持不同水準中，自變項學習投入（X 變項）對結果變項學習策略的影響程度也顯著不同，二個迴歸係數 0.043、0.175 的差異值顯著不為 0，表示二個家人支持水準群組之斜率有顯著差異存在。

Data for visualizing the conditional effect of the focal predictor:

Paste text below into a SPSS syntax window and execute to produce plot.

```
DATA LIST FREE/
  STENG        FASUP       LESTR.
BEGIN DATA.
   -4.914      -6.316      27.595
     .000      -6.316      27.804
    4.914      -6.316      28.013
   -4.914        .000      29.471
     .000        .000      30.006
    4.914        .000      30.541
   -4.914       6.316      31.346
     .000       6.316      32.208
    4.914       6.316      33.069
END DATA.
GRAPH/SCATTERPLOT=
 STENG   WITH   LESTR   BY    FASUP.
```

[說明] 交互作用迴歸線繪製的語法資料檔。家人支持低、高二組水準群組之迴歸方程的截距項分別為 27.804、32.208，整體樣本迴歸方程的截距項為 30.006。

家人支持低分組的迴歸方程式為：

學習策略（中介變項 M）= 27.804 + 0.043 × 學習投入（X）

家人支持高分組的迴歸方程式為：

學習策略（中介變項 M）= 32.208 + 0.157 × 學習投入（X）

總體迴歸方程式為：

學習策略（中介變項 M）= 30.006 + 0.109 × 學習投入（X）

上述語法檔的變項名稱也可改為原來 SPSS 資料檔增列的變項標記名稱，變項名稱改為中文。

```
DATA LIST FREE/
  學習投入      家人支持      學習策略.
```

```
BEGIN DATA.
    -4.914      -6.316      27.595
      .000      -6.316      27.804
     4.914      -6.316      28.013
    -4.914        .000      29.471
      .000        .000      30.006
     4.914        .000      30.541
    -4.914       6.316      31.346
      .000       6.316      32.208
     4.914       6.316      33.069
END DATA.
GRAPH/SCATTERPLOT =
 學習投入  WITH  學習策略   BY  家人支持.
```

****

OUTCOME VARIABLE:

LEEFF

Model Summary

R	R-sq	MSE	F	df1	df2	p
.688	.473	27.003	479.530	2.000	1067.000	.000

Model

	coeff	se	t	p	LLCI	ULCI
constant	43.505	.910	47.815	.000	41.720	45.291
STENG	.745	.034	21.655	.000	.677	.812
LESTR	.400	.030	13.490	.000	.342	.458

[說明] 結果變項為 LEEFF（學習效能），解釋變項為 STENG（學習投入）與 LESTR（學習策略），原模式影響結構圖中為二個解釋變項分別為自變項 X 與中介變項 M。同時考量到學習策略中介變項時，學習投入（自變項 X）改變一個單位，學習效能（依變項 Y）就改變 0.745 個單位。

迴歸方程式：

Y = 43.505 + 0.745X(STENG) + 0.400M(LESTR)

學習效能 = 43.505 + 0.745 × 學習投入 + 0.400 × 學習策略

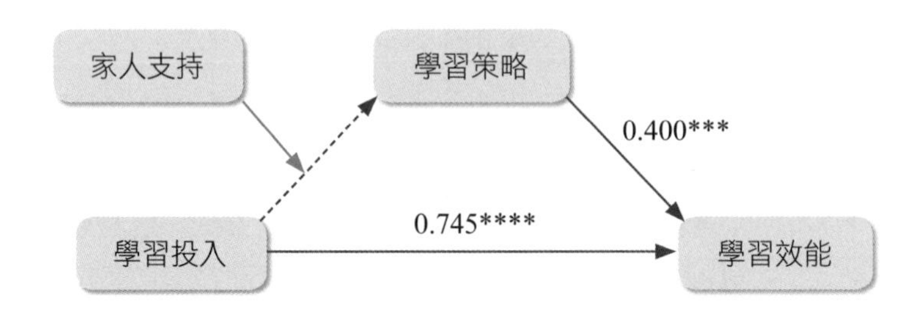

*************** DIRECT AND INDIRECT EFFECTS OF X ON Y *************

Direct effect of X on Y

Effect	se	t	p	LLCI	ULCI
.745	.034	21.655	.000	.677	.812

[說明] 迴歸模式同時投入自變項 X（學習投入）與中介變項 M（學習策略）時，自變項 X 對依變項 Y（學習效能）影響的非標準化迴歸係數值 = .745、迴歸係數顯著性檢定的 t 值統計量 = 21.655（$p < .05$），達到統計顯著水準。下表為以 SPSS 軟體執行階層迴歸結果，二者可相互對照。

係數[a]

模型		非標準化係數		標準化係數		
		B	標準錯誤	Beta	T	顯著性
1	(常數)	20.116	1.387		14.505	.000
	學習投入	.902	.035	.619	25.778	.000
2	(常數)	14.215	1.355		10.490	.000
	學習投入	.745	.034	.511	21.655	.000
	學習策略	.400	.030	.319	13.490	.000

a. 應變數: 學習效能

Conditional indirect effects of X on Y: [模式中條件化間接效果]

INDIRECT EFFECT: [間接效果]

STENG -> LESTR -> LEEFF

FASUP	Effect	BootSE	BootLLCI	BootULCI
-6.316	.017	.020	-.024	.056
.000	.044	.019	.004	.082
6.316	.070	.027	.020	.125

[說明] 家人支持變項平均數以下一個標準差水準群組的間接效果值為 .017，拔鞋法 95% 信賴區間 [-.024, .056]，區間值包含量數 0，表示學習投入⇨學習策略⇨學習效能的間接效果不顯著。家人支持變項平均數以上一個標準差水準群組的間接效果值為 .070，拔鞋法 95% 信賴區間 [.020, .125]，區間值未包含量數 0，表示學習投入⇨學習策略⇨學習效能的間接效果顯著。

Index of moderated mediation:

	Index	BootSE	BootLLCI	BootULCI
FASUP	.004	.002	.000	.009

[說明] 調節的中介模式之指標值（Index）為 .004，拔鞋法 95% 信賴區間 [.000, .009]，區間值未包含量數 0，表示調節的中介效果顯著。

Pairwise contrasts between conditional indirect effects (Effect1 minus Effect2)

Effect1	Effect2	Contrast	BootSE	BootLLCI	BootULCI
.044	.017	.027	.014	.000	.054
.070	.017	.053	.028	.000	.108
.070	.044	.027	.014	.000	.054

[說明] 在 PROCESS 選項次對話視窗中，增列勾選「☑Pairwise contrasts of indirect effects」（間接效果配對對比）選項，會增列條件化（調節變項水準群組）之間接效果差異的配對比較，量數的標題為「Pairwise contrasts between conditional indirect effects (Effect1 minus Effect2)」。

第三欄對比（Contrast）量數為第一欄間接效果值（Effect1 欄）減掉第二欄間接效果值（Effect2 欄），以第二橫列而言，B1（W = 6.316）= .070、B2（W = -6.316）= .017，B1（W = 6.316）- B2（W = -6.316）= .070 - .017 = .053，對比差異值為 .053，拔鞋法標準誤為 .028，拔鞋法 95% 信賴區間值為 [.000, .108]，區間值未包含量數 0，拒絕虛無假設，二個間接效果值差異值顯著不為 0，表示二個間接效果值（二條間接效果影響程度）有顯著差異存在。

******************** ANALYSIS NOTES AND ERRORS ********************

Level of confidence for all confidence intervals in output:

95.0000

Number of bootstrap samples for percentile bootstrap confidence intervals:

2000

W values in conditional tables are the mean and +/- SD from the mean.

NOTE: The following variables were mean centered prior to analysis:

FASUP STENG

------ END MATRIX -----

[說明] W 調節變項的條件表示以平均數上下一個標準差為分界點，模式中經平均數中心化處理的變項是 W 變項家人支持（FASUP）與 X 變項學習投入（STENG）。

、繪製視覺化交互作用圖

將上述輸出結果中視覺化交互作用語法碼複製後貼於 SPSS 語法視窗中。

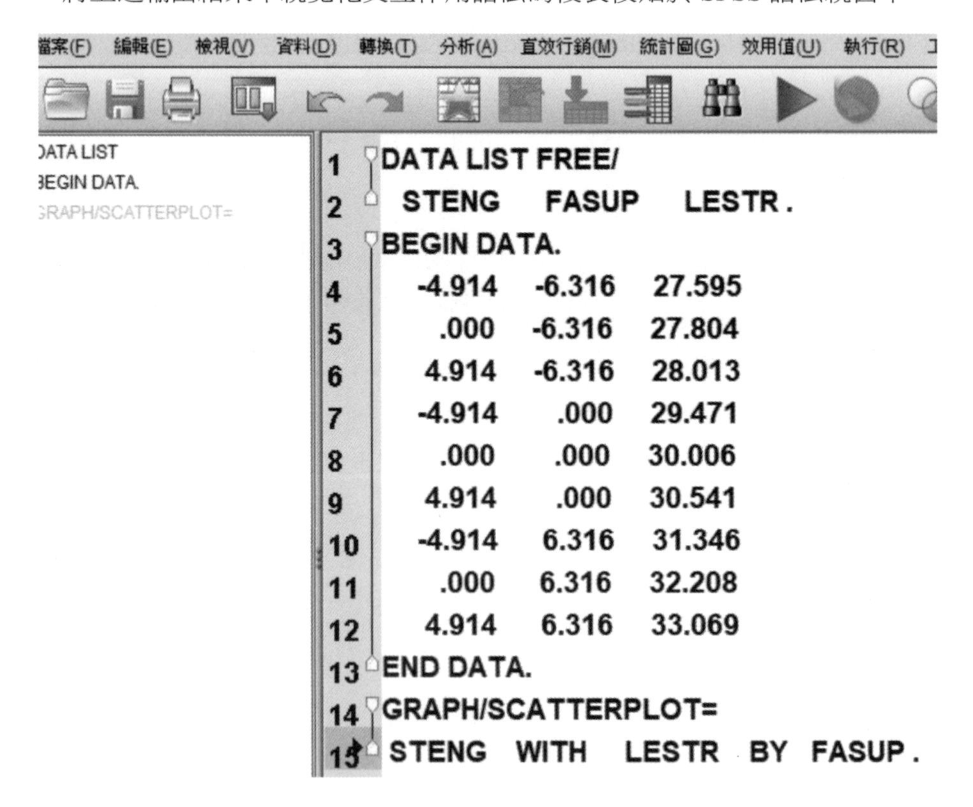

選取所有語法資料列，按『執行選取範圍』鈕（綠色的三角形▶符號）。

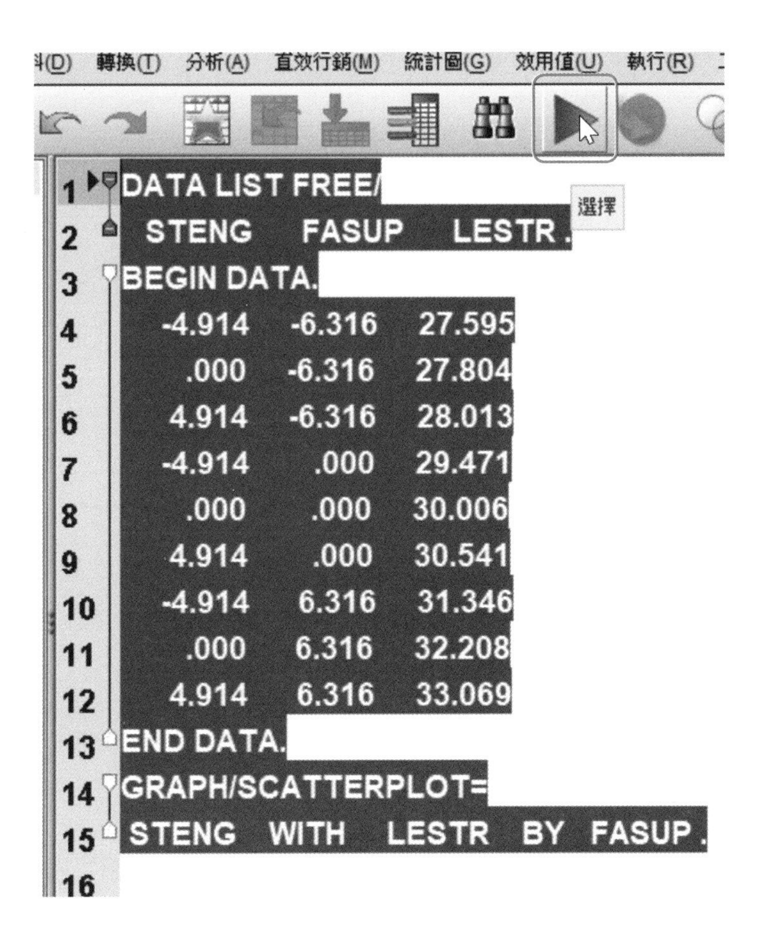

SPSS 統計檢視輸出視窗（IBM SPSS Statistics Viewer）會輸出九個小圓點的圖形，在圖形上連按滑鼠二下，開啟「圖表編輯器」對話視窗。

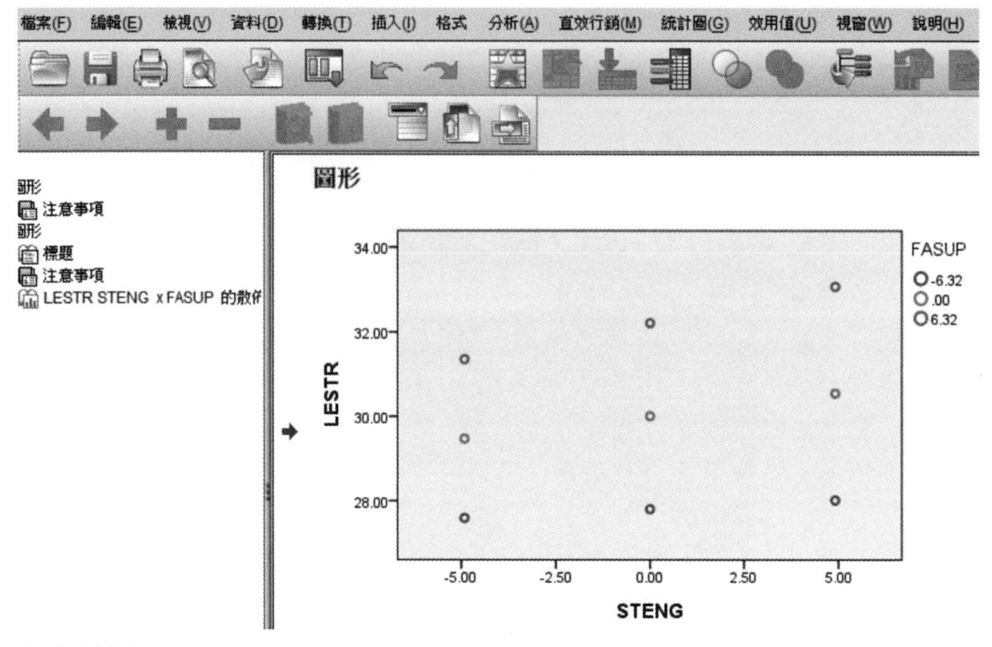

彩圖請詳見 Appendix

執行功能表列「元素 (M)/於總和繪出最適線 (F)」程序及「元素 (M)/於子群組繪出最適線 (S)」程序。

從輸出圖表可以看出家人支持高分組與家人支持低分組，二個水準群組迴歸線的斜率不同，家人支持低分組（最下面藍色線）的迴歸線較平坦，表示就家人支持低分組的水準群組而言，學習投入對學習策略的影響程度較小，相較之下，家人支持高分組的水準群組中（最上面紅色線），學習投入對學習策略的影響程度較大。

模式 7 調節變項 W 是調節自變項 X（學習投入）對中介變項 M（學習策略）的影響程度，迴歸線為高低家人支持水準樣本群組中，自變項 X（學習投入）對中介變項 M（學習策略）的迴歸預測，因而橫軸解釋變項為學習投入，縱軸結果變項為學習策略。

圖表

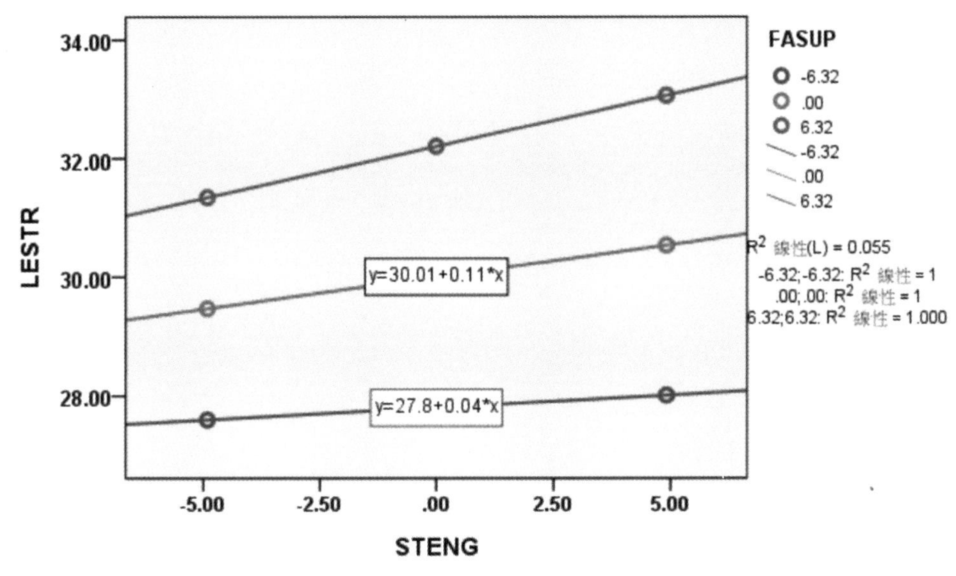

彩圖請詳見 Appendix

變項名稱改為中文繪製的交互作用圖

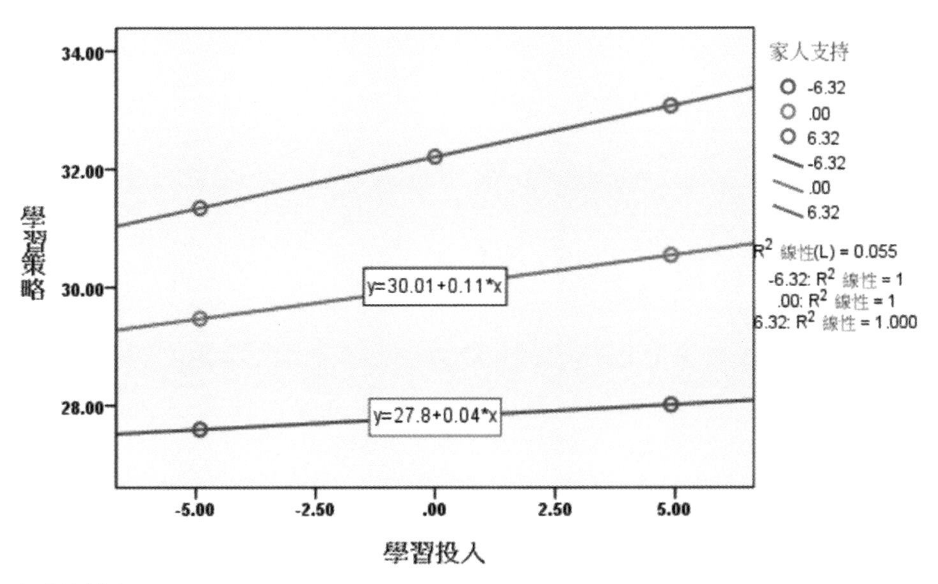

彩圖請詳見 Appendix

Chapter 9

PROCESS 模式 14 範例

壹、概念圖與操作程序

PROCESS 模組之模式 14 的範例概念型圖示如下：

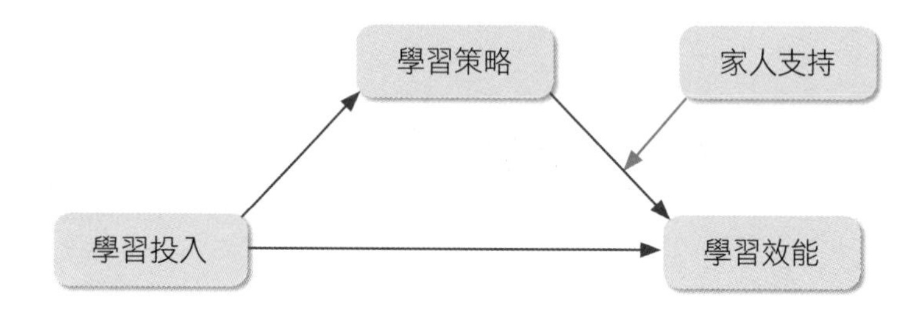

模式 14 對應的統計程序圖示如下，交互作用項為中介變項 M 學習策略與調節變項 W 家人支持的乘積，解釋變項之一的交互作用項對應的結果變項為依變項 Y 學習效能。

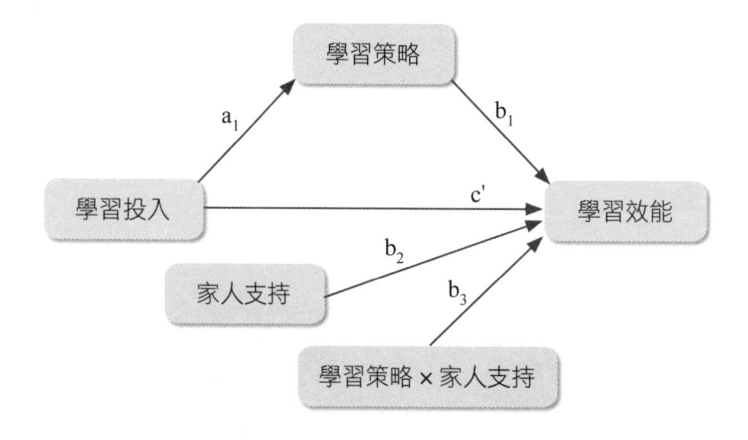

模式中統計分析之複迴歸程序為：

1. 學習投入⇨學習策略。
2. 學習投入 + 學習策略 + 家人支持 +（學習策略 × 家人支持）⇨學習效能。

四個變項對應的方框如下：

模式 Model	依變項 Y	自變項 X	中介變項 M	調節變項 W
14	學習效能 [LEEFF]	學習投入 [STENG]	學習策略 [LESTR]	家人支持 [FASUP]

PROCESS 主對話視窗中，模式序號（Model number）選取 14，其餘方格中變項的選取同模式 7。PROCESS 模組中的模式 14 概念型圖示如下：

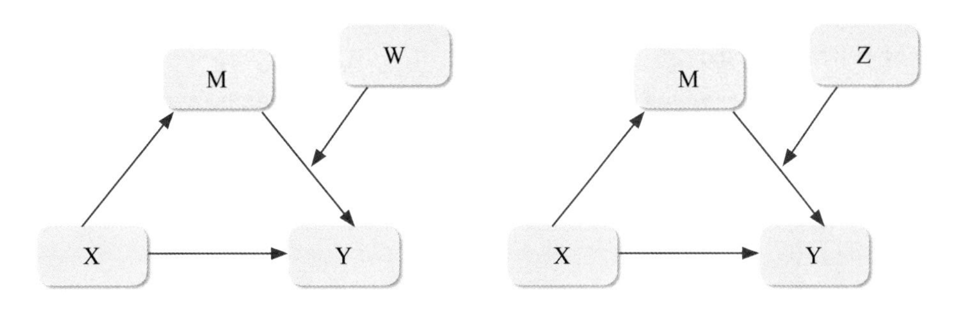

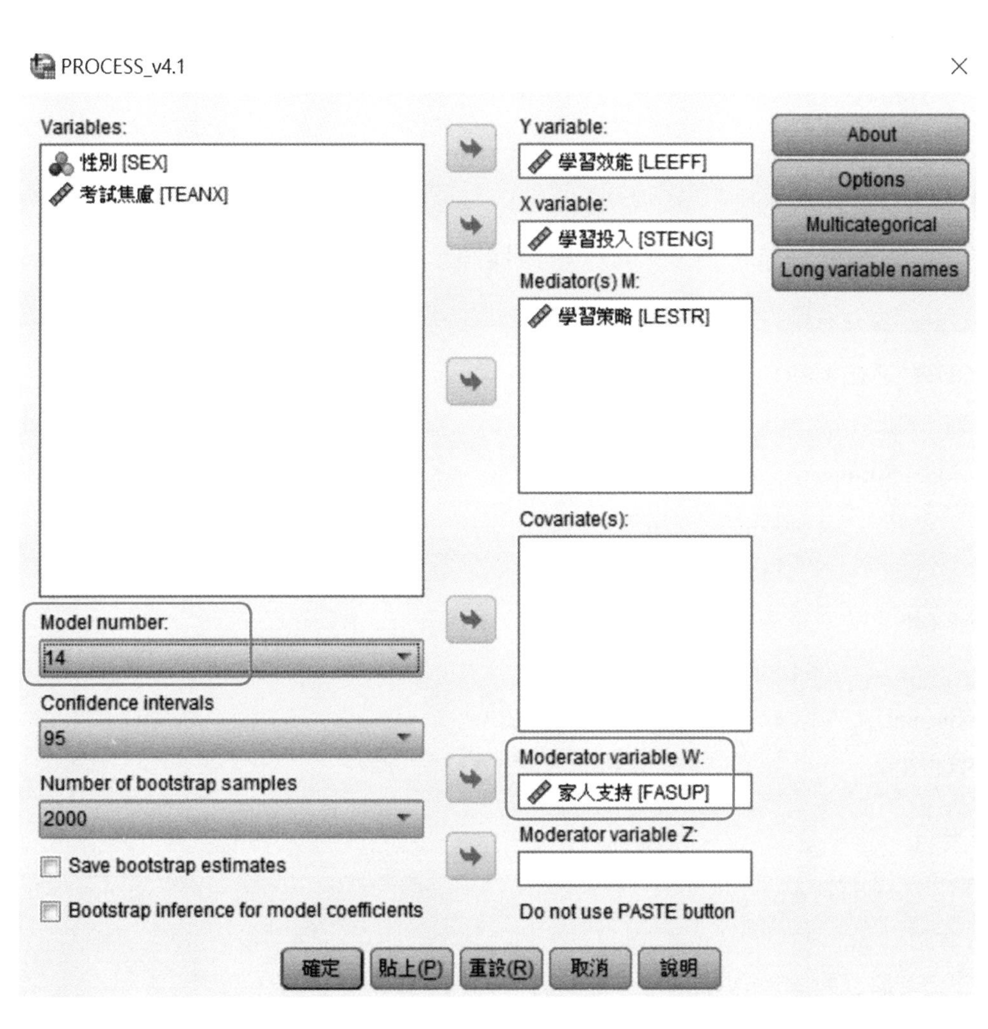

貳、輸出結果

Run MATRIX procedure:

****

Model : 14

Y : LEEFF

X : STENG

M : LESTR

W : FASUP

Sample

Size: 1070

[說明] 概念型模式圖的模式序號為 14，有效樣本數 N = 1070，Y、X、M、W 四種類型的變項名稱分別為 LEEFF、STENG、LESTR、FASUP。

****

OUTCOME VARIABLE:

LESTR

Model Summary

R	R-sq	MSE	F	df1	df2	p
.339	.115	28.806	138.586	1.000	1068.000	.000

Model

	coeff	se	t	p	LLCI	ULCI
constant	-15.473	1.325	-11.682	.000	-18.072	-12.874
STENG	.393	.033	11.772	.000	.328	.459

[說明] 結果變項為中介變項 M 學習策略（LESTR），解釋變項為自變項 X 學習投入（STENG），R 平方值 = .115，迴歸係數 = .393，迴歸係數顯著性檢定的 t 值統計量 = 11.772（$p < .05$），達到統計顯著水準，學習投入改變一個單位，學習策略就改變 .393 個單位。迴歸方程式為：學習策略 = -15.473 + 0.393 × 學習投入。

****

OUTCOME VARIABLE:

LEEFF

Model Summary

R	R-sq	MSE	F	df1	df2	p
.727	.528	24.255	297.664	4.000	1065.000	.000

Model

	coeff	se	t	p	LLCI	ULCI
constant	39.198	1.738	22.548	.000	35.787	42.609
STENG	.417	.044	9.478	.000	.331	.503
LESTR	.309	.031	10.070	.000	.249	.369
FASUP	.394	.036	10.893	.000	.323	.465
Int_1	-.001	.004	-.156	.876	-.008	.007

[說明] 結果變項為學習效能，交互作用項 Int_1 的迴歸係數 = -.001，迴歸係數顯著性檢定的 t 值統計量 = -.156（p > .05），95% 信賴區間值 = [-.008, .007]，區間值包含數值點 0，接受虛無假設，母群體交互作用項迴歸係數顯著等於 0。迴歸方程式為：學習效能 = 39.198 + 0.417 × 學習投入+ 0.309 × 學習策略 + 0.394 × 家人支持 - 0.001 ×（學習策略 × 家人支持）。

統計模型圖的量數如下：

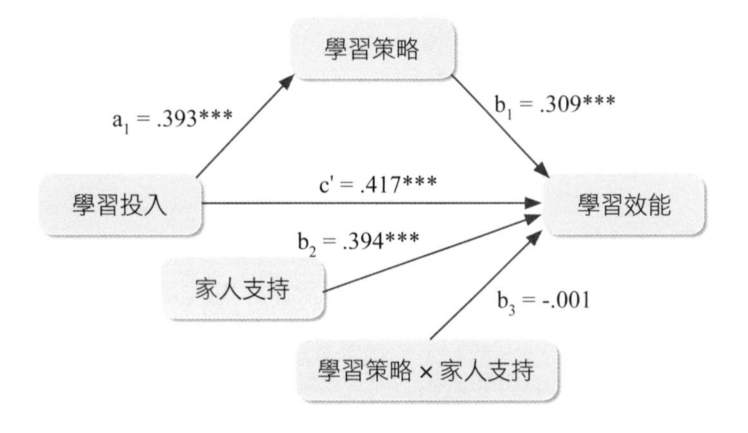

Product terms key:

Int_1 : LESTR x FASUP

Test(s) of highest order unconditional interaction(s):

	R2-chng	F	df1	df2	p
M*W	.000	.024	1.000	1065.000	.876

Focal predict: LESTR (M)

Mod var: FASUP (W)

[說明] 交互作用變項為學習策略（中介變項 M）與家人支持（調節變項 W）的乘積（M*W），交互作用項變數對依變項學習效能沒有顯著預測作用，交互作用項的 R^2 改變量為 0.000。

Data for visualizing the conditional effect of the focal predictor:

Paste text below into a SPSS syntax window and execute to produce plot.

```
DATA LIST FREE/
   LESTR      FASUP      LEEFF.
BEGIN DATA.
   -5.702     -6.316     51.327
     .000     -6.316     53.111
    5.702     -6.316     54.895
   -5.702       .000     53.838
     .000       .000     55.600
    5.702       .000     57.362
   -5.702      6.316     56.350
     .000      6.316     58.090
    5.702      6.316     59.829
END DATA.
GRAPH/SCATTERPLOT=
 LESTR   WITH   LEEFF   BY    FASUP.
```

視覺化繪圖之語法檔中的變數改為中文如下：

```
DATA LIST FREE/
   學習策略     家人支持     學習效能 .
BEGIN DATA.
      -5.702       -6.316        51.327
```

```
          .000        -6.316        53.111
         5.702        -6.316        54.895
        -5.702          .000        53.838
          .000          .000        55.600
         5.702          .000        57.362
        -5.702         6.316        56.350
          .000         6.316        58.090
         5.702         6.316        59.829
END DATA.
GRAPH/SCATTERPLOT=
學習策略 WITH 學習效能 BY 家人支持.
```

語法檔繪製的交互作用圖如下，從圖示中可以看出家人支持高分組（最上面直線）與低分組（最下面直線）之迴歸線平行，即家人支持高低二個水準群組中學習策略對學習效能的影響程度相同。

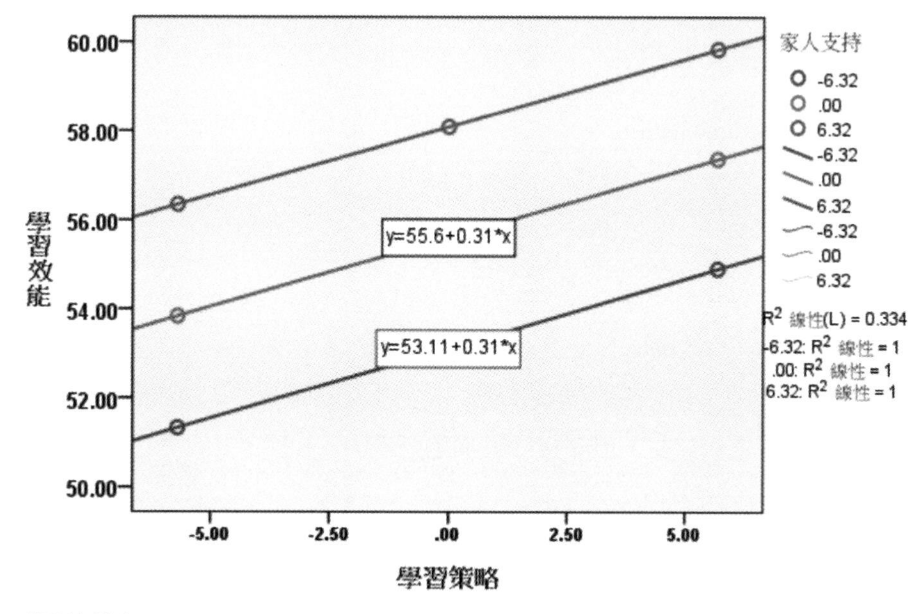

彩圖請詳見 Appendix

*************** DIRECT AND INDIRECT EFFECTS OF X ON Y *************

Direct effect of X on Y

Effect	se	t	p	LLCI	ULCI
.417	.044	9.478	.000	.331	.503

[說明] 自變項對依變項直接效果值 = .417，迴歸係數顯著性檢定的 t 值統計量 = 9.478，達到統計顯著水準。迴歸方程式為：Y = 39.198 + 0.417X + 0.309M + 0.394W - 0.001MW，表示自變項 X 改變一個單位，依變項 Y 就改變0.417 個單位。

Conditional indirect effects of X on Y:

INDIRECT EFFECT:

STENG -> LESTR -> LEEFF

FASUP	Effect	BootSE	BootLLCI	BootULCI
-6.316	.123	.035	.054	.188
.000	.122	.022	.081	.165
6.316	.120	.021	.084	.167

[說明] 調節變項高低二個水準群組分開來看，間接效果值分別為 .123、.120，拔鞋法 95% 信賴區間均未包括數值 0，二個間接效果值均達統計顯著水準。低家人支持組的間接效果值為 .123、高家人支持組的間接效果值為 .120。

Index of moderated mediation:

	Index	BootSE	BootLLCI	BootULCI
FASUP	.000	.003	-.005	.006

[說明] 調節的中介指標值為 0.000，未達統計顯著水準，表示調節的中介效果不顯著，就學習投入⇨學習策調⇨學習效能之中介效果而言，調節變項高低樣本群組間沒有顯著差異存在，但間接效果都是顯著的。

Pairwise contrasts between conditional indirect effects (Effect1 minus Effect2)

Effect1	Effect2	Contrast	BootSE	BootLLCI	BootULCI
.122	.123	-.002	.019	-.033	.041
.120	.123	-.003	.038	-.065	.082
.120	.122	-.002	.019	-.033	.041

[說明] 在 PROCESS 選項次對話視窗中，增列勾選「☑Pairwise contrasts of indirect effects」（間接效果配對對比）選項，會增列條件化（調節變項水準群組）之間接效果差異的配對比較，量數的標題為「Pairwise contrasts between conditional indirect effects (Effect1 minus Effect2)」。

第三欄對比（Contrast）量數為第一欄間接效果值（Effect1 欄）減掉第二欄間接效果值（Effect2 欄），以第二橫列而言，B1（W = 6.316）= .120、B2（W = -6.316）= .123，B1（W = 6.316）- B2（W = -6.316）= .120 - .123 = -.003，對比差異值為 -.003，拔鞋法標準誤為 .038，拔鞋法 95% 信賴區間值為 [-.065, .082]，區間值包含量數 0，接受虛無假設，二個間接效果值差異值顯著為 0，即二個間接效果值（二條間接效果影響程度）沒有顯著差異存在。

******************* ANALYSIS NOTES AND ERRORS ********************

W values in conditional tables are the mean and +/- SD from the mean.

NOTE: The following variables were mean centered prior to analysis:

FASUP LESTR

------ END MATRIX -----

[說明] 平減處理的二個變項為家人支持（FASUP）與學習策略（LESTR）。檢定模式中若有調節變項，則無法呈現標準化的間接效果量數，出現的提示訊息為：「NOTE: Standardized coefficients are not available for models with moderators.」。

Chapter 10

直接效果的調節——模式 5 應用

範例中的調節變項 W 主要是對於自變項 X 對依變項 Y 迴歸預測的影響。

題目：學生學習投入與學習效能關係之研究——以學習策略為中介因子及家人支持為調節變項。變項間的概念型圖示如下，自變項 X 為學習投入、依變項為學習效能、中介變項 M 為學習策略，第四個調節變項 W 家人支持主要影響自變項 X 學習投入對依變項 Y 學習效能的預測程度。研究假設為家人支持不同水準群組中，自變項 X 學習投入對依變項 Y 學習效能的預測程度或影響狀況有顯著差異存在。

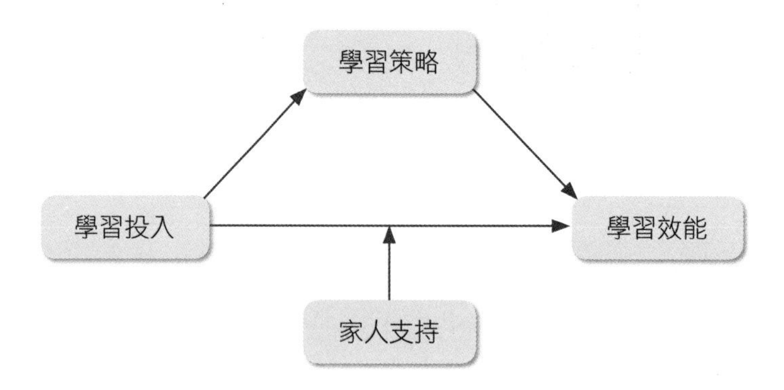

上述概念型理論圖對應的統計程序圖如下：

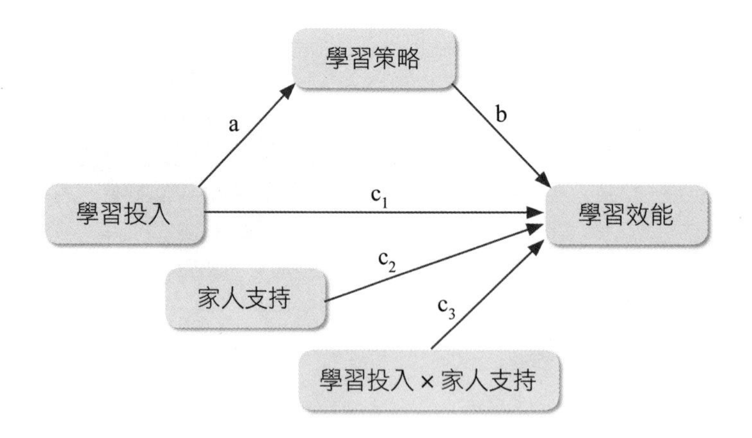

上述統計程序圖二個主要迴歸方程式為：

M（學習策略）$= a_0 + aX$（學習投入）$+ e_M$

Y（學習效能）$= c_0 + c_1X$（學習投入）$+ c_2W$（家人支持）

$+ c_3XW$（學習投入 × 家人支持）$+ bM$（學習策略）$+ e_Y$。

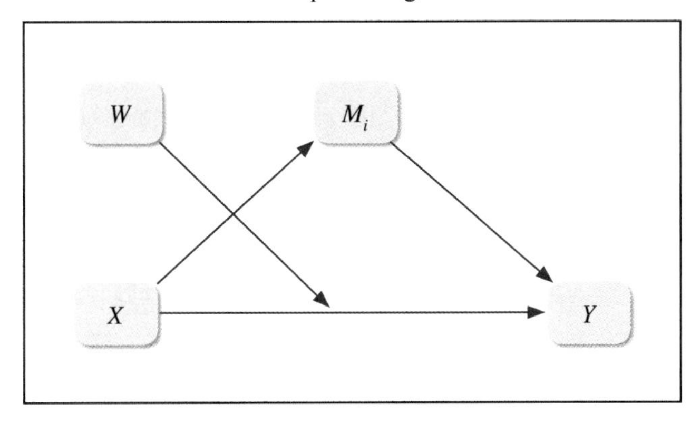

統計模型圖如下：

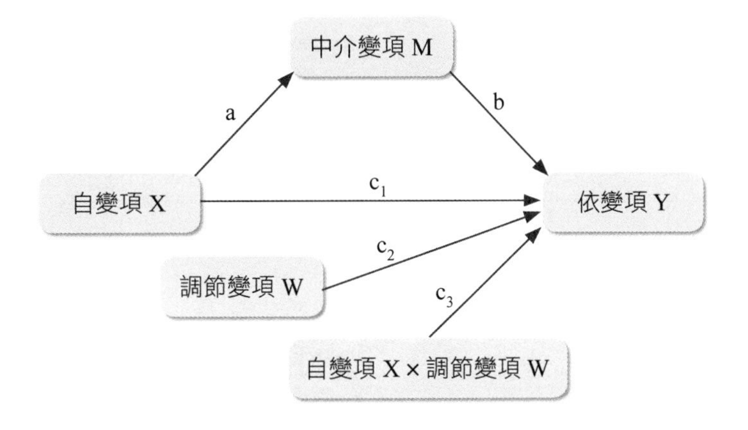

壹、PROCESS 操作程序

在 PROCESS_v4.1 主對話視窗中，分別選取原始依變項 Y 學習效能、自變項 X 學習投入、中介變項 M 學習策略與調節變項 W 家人支持至對應的方格中：

1. 在左邊變數清單內點選依變項「學習效能 [LEEFF]」至右邊「Y variable:」下方方框中。
2. 左邊變數清單內點選自變項「學習投入 [STENG]」至右邊「X variable:」下方方框中。
3. 左邊變數清單內點選中介變項「學習策略 [LESTR]」至右邊「Mediator(s) M:」下方方框中。

4. 左邊變數清單內點選調節變項「家人支持 [FASUP]」至右邊「Moderator variable W:」（調節變項 W）下方方框中。
5. 「模式序號」（Model number:）選取對應模式 5（在 PROCESS 模組中，相同變數選取不同的模式序號，所對應概念型模式及統計分析程序是不同的，因而模式序號絕對不能選錯）。
6. 拔鞋法樣本產製的個數（Number of bootstrap samples）選單選取拔鞋法樣本產製的個數 2000。

按『選項』（Options）鈕，開啟「PROCESS options」次對話視窗。

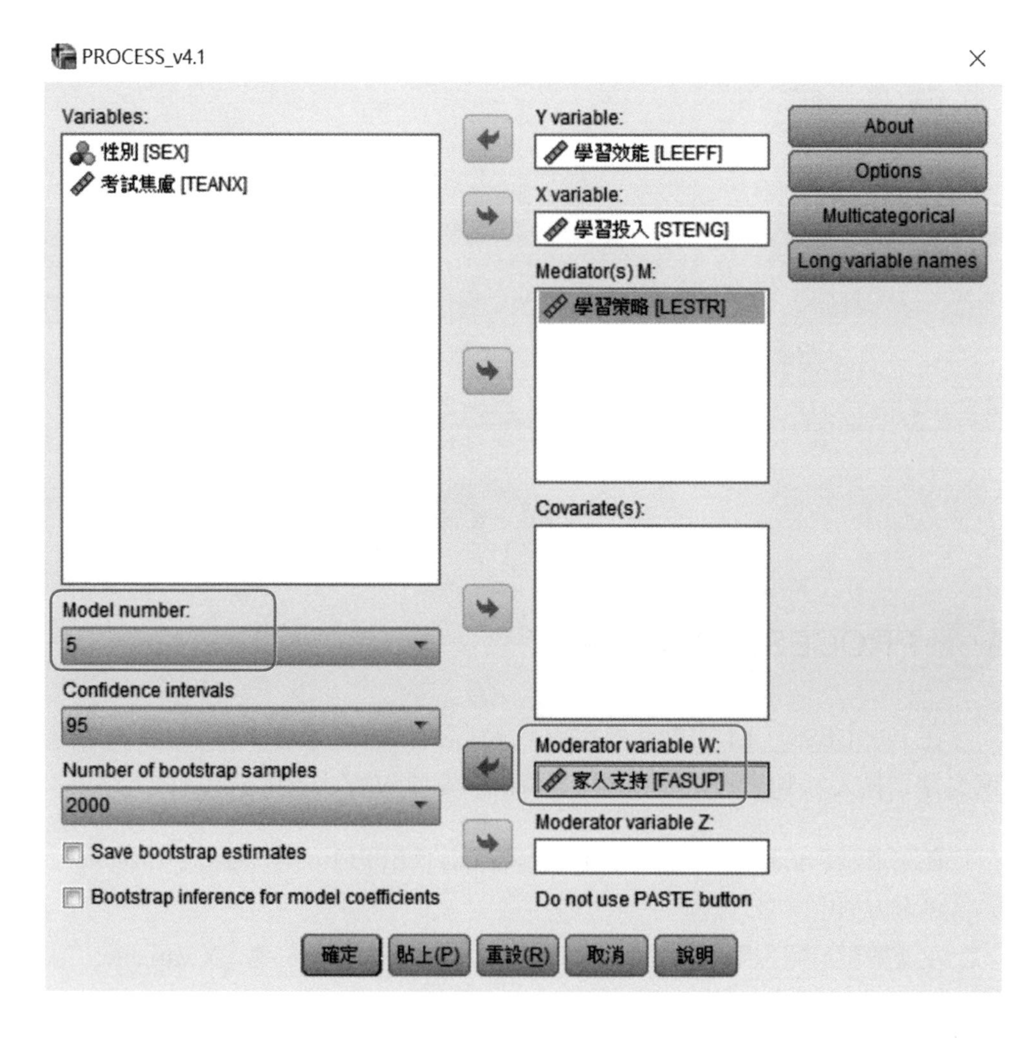

在「PROCESS options」次對話視窗中：

1. 勾選產製視覺化交互作用圖的數據（☑Generate code for visualizing

interactions）選項，以繪製調節變項不同水準群組之迴歸線（自變項對依變項影響的迴歸線）。

2. 輸出量數的小數界定為 3 位，「Decimal places in output」選單下選取數值 3。
3. 模式程序中對自變項及調節變項平減處理程序（Mean center for construction of products）方盒中點選「⦿All variables that define products」選項，表示所有計量變項（自變項與調節變項）要進行平減處理，其中平減程序並未包括依變項 Y 學習效能與中介變項 M 學習策略。
4. 「Probe interactions...」選單下交互作用項的顯著性機率值選取「if p < .05」選項。
5. 「Conditioning values」（條件化數值）方盒中點選「⦿-1SD, Mean, +1SD」選項，表示分組臨界點為平均數下一個標準差、平均數上一個標準差。

按『繼續』鈕，回到 PROCESS_v4.1 主對話視窗，再按『確定』鈕。

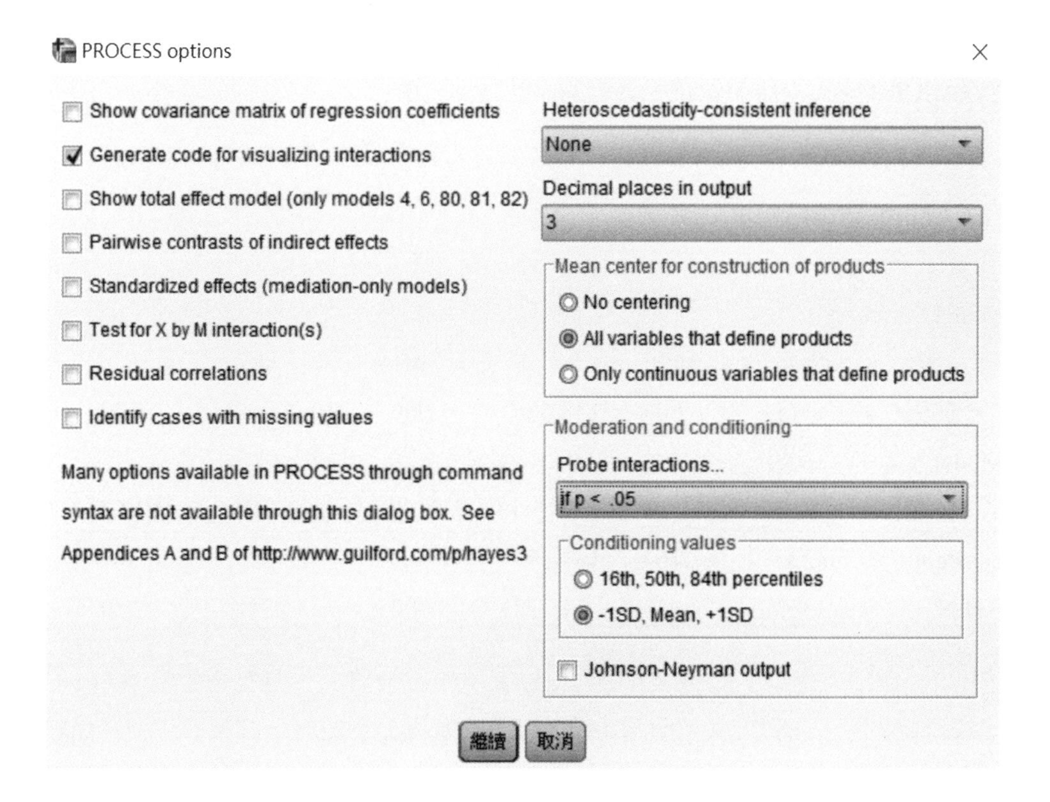

PROCESS 輸出結果

Run MATRIX procedure:

***************** PROCESS Procedure for SPSS Version 4.1 *****************

****

Model : 5

Y : LEEFF

X : STENG

M : LESTR

W : FASUP

Sample

Size: 1070

[說明] 模式中四個界定變項的說明，依變項Y 為 LEEFF（學習效能）、自變項 X 為 STENG（學習投入）、中介變項 M 為 LESTR（學習策略）、調節變項 W 為 FASUP（家人支持）。模式界定的序號為模式 5。

****

OUTCOME VARIABLE:

LESTR

Model Summary

R	R-sq	MSE	F	df1	df2	p
.339	.115	28.806	138.586	1.000	1068.000	.000

Model

	coeff	se	t	p	LLCI	ULCI
constant	30.239	.164	184.299	.000	29.917	30.561
STENG	.393	.033	11.772	.000	.328	.459

[說明] 迴歸方程中，結果變項為 LESTR（學習策略），解釋變項為 STENG（學習投入），學習投入對學習策略的解釋變異量為 11.5%，非標準化迴歸係數值為 .393，迴歸係數顯著性檢定的 t 值統計量 = 11.772（$p < .05$），達到統計顯著水準。

迴歸方程式為：學習策略（M）= 30.239 + 0.393 × 學習投入（X）。

****

OUTCOME VARIABLE:

LEEFF

Model Summary

R	R-sq	MSE	F	df1	df2	p
.727	.529	24.185	299.292	4.000	1065.000	.000

Model

	coeff	se	t	p	LLCI	ULCI
constant	46.280	.897	51.600	.000	44.520	48.040
STENG	.398	.045	8.777	.000	.309	.486
LESTR	.312	.029	10.635	.000	.255	.370
FASUP	.392	.036	10.987	.000	.322	.462
Int_1	-.006	.003	-1.760	.079	-.013	.001

[說明] 結果變項 LEEFF（學習效能），迴歸模式投入的解釋變項為 STENG（學習投入 X 變項）、LESTR（學習策略 M 變項）、FASUP（家人支持 W 變項）、STENG（學習投入）與 FASUP（家人支持）變項乘積項（XW），乘積項（交互作用項）的變項名稱為 Int_1，Int_1 變項列的迴歸係數為 -.006，標準誤為 .003，迴歸係數顯著性檢定的 t 值統計量 = -1.76（p > .05），未達統計顯著水準，95% 信賴區間 [-.013, .001] 包含量數點 0，表示迴歸係數顯著等於 0 的機率很高，接受虛無假設：交互作用項迴歸係數顯著等於 0。迴歸模式四個解釋變項與結果變項學習效能的多元相關係數 R = .727，R 平方值 = .529。

上述輸出結果對應的迴歸方程式為：

學習效能 = 46.280 + 0.398 × 學習投入 + 0.312 × 學習策略 + 0.392 × 家人支持 - 0.006 ×（學習投入 × 家人支持）。

Y = 46.280 + 0.398X + 0.312M + 0.392W - 0.006XW

Product terms key:

Int_1 : STENG x FASUP

Test(s) of highest order unconditional interaction(s):

	R2-chng	F	df1	df2	p
X*W	.001	3.099	1.000	1065.000	.079

Focal predict: STENG (X)

Mod var: FASUP (W)

[說明] 自變項 X 與調節變項 W 的乘積項 X*W = STENG（學習投入）× FASUP（家人支持），交互作用項對結果變項學習效能的個別解釋量未達統計顯著水準（F = 3.099，p > .05），表示個別解釋量等於 0。

Data for visualizing the conditional effect of the focal predictor:

Paste text below into a SPSS syntax window and execute to produce plot.

```
DATA LIST FREE/
   STENG      FASUP      LEEFF.
BEGIN DATA.
   -4.914     -6.316     51.111
     .000     -6.316     53.249
    4.914     -6.316     55.387
   -4.914       .000     53.770
     .000       .000     55.723
    4.914       .000     57.676
   -4.914      6.316     56.428
     .000      6.316     58.197
    4.914      6.316     59.965
END DATA.
GRAPH/SCATTERPLOT=
 STENG   WITH    LEEFF   BY     FASUP.
```

[說明] 視覺化的條件效果量數中的 53.249、55.723、58.197 為三條迴歸線的截距（常數項）。

*************** DIRECT AND INDIRECT EFFECTS OF X ON Y *************

Conditional direct effect(s) of X on Y:

FASUP	Effect	se	t	p	LLCI	ULCI
-6.316	.435	.045	9.643	.000	.347	.524
.000	.398	.045	8.777	.000	.309	.486
6.316	.360	.055	6.595	.000	.253	.467

[說明] 家人支持三個水準群組分開檢定中，自變項 X 學習策略對依變項 Y 學習效能影響的直接效果量數分別為 .435、.398、.360，迴歸係數顯著性檢定的 t 值統計量分別為 9.643、8.777、6.595，均達統計顯著水準（$p < .05$）。由於交互作用項的迴歸係數未達顯著，表示調節變項家人支持高低水準群組之迴歸係數間的差異值顯著等於 0，即迴歸係數間沒有顯著差異存在。

低家人支持水準群組中自變項學習投入對學習效能影響的迴歸方程式為：

學習效能 = 53.249 + 0.435 × 學習投入

高家人支持水準群組中自變項學習投入對學習效能影響的迴歸方程式為：

學習效能 = 58.197 + 0.360 × 學習投入

Indirect effect(s) of X on Y:

	Effect	BootSE	BootLLCI	BootULCI
LESTR	.123	.020	.087	.166

[說明] 模式 5 中，自變項 X 學習投入對依變項 Y 學習效能的間接效果值為 .123（非標準化量數），拔靴法之 95% 信賴區間值為 [.087, .166]，未包含數值點 0，表示間接效果值達到統計顯著水準，影響路徑：學習投入⇨學習策略⇨學習效能。

學習投入⇨學習策略的迴歸係數 a = .393，學習策略⇨學習效能的迴歸係數 b = .312，學習投入⇨學習策略⇨學習效能路徑的間接效果 = ab = .393 × .312 = .123。

****************** ANALYSIS NOTES AND ERRORS ******************

Level of confidence for all confidence intervals in output:

95.0000

Number of bootstrap samples for percentile bootstrap confidence intervals:

2000

NOTE: The following variables were mean centered prior to analysis:

```
        FASUP    STENG
------ END MATRIX -----
```

[說明] 模式程序分析中經平減處理的變項為 FASUP（家人支持）、STENG（學習投入），前者為 W 變項、後者為 X 變項。

、調節變項影響程序的圖示繪製

將提示文字列下的語法檔複製貼於語法編輯器視窗中：

```
DATA LIST FREE/
  STENG      FASUP      LEEFF.
BEGIN DATA.
  -4.914     -6.316     51.111
    .000     -6.316     53.249
   4.914     -6.316     55.387
  -4.914       .000     53.770
    .000       .000     55.723
   4.914       .000     57.676
  -4.914      6.316     56.428
    .000      6.316     58.197
   4.914      6.316     59.965
END DATA.
GRAPH/SCATTERPLOT=
 STENG   WITH   LEEFF   BY    FASUP.
```

上面數據中，增列方框的量數為三個水準群組迴歸方程的截距項（常數）。輸出結果中 Conditional direct effect(s) of X on Y 下的第二欄 Effect 量數為三個水準群組的迴歸係數：.435、.398、.360。

家人支持調節變項平均數以上 1 個標準差水準群組的迴歸方程式為：

Y（學習效能）= 58.197 + .360X（學習投入）

家人支持調節變項平均數以下 1 個標準差水準群組的迴歸方程式為：

Y（學習效能）= 53.249 + .435X（學習投入）

總體迴歸方程式：

Y（學習效能）= 55.723 + .398X（學習投入）

執行功能表列「執行 (R)/全部 (A)」程序，繪製迴歸線經過的小圓點。

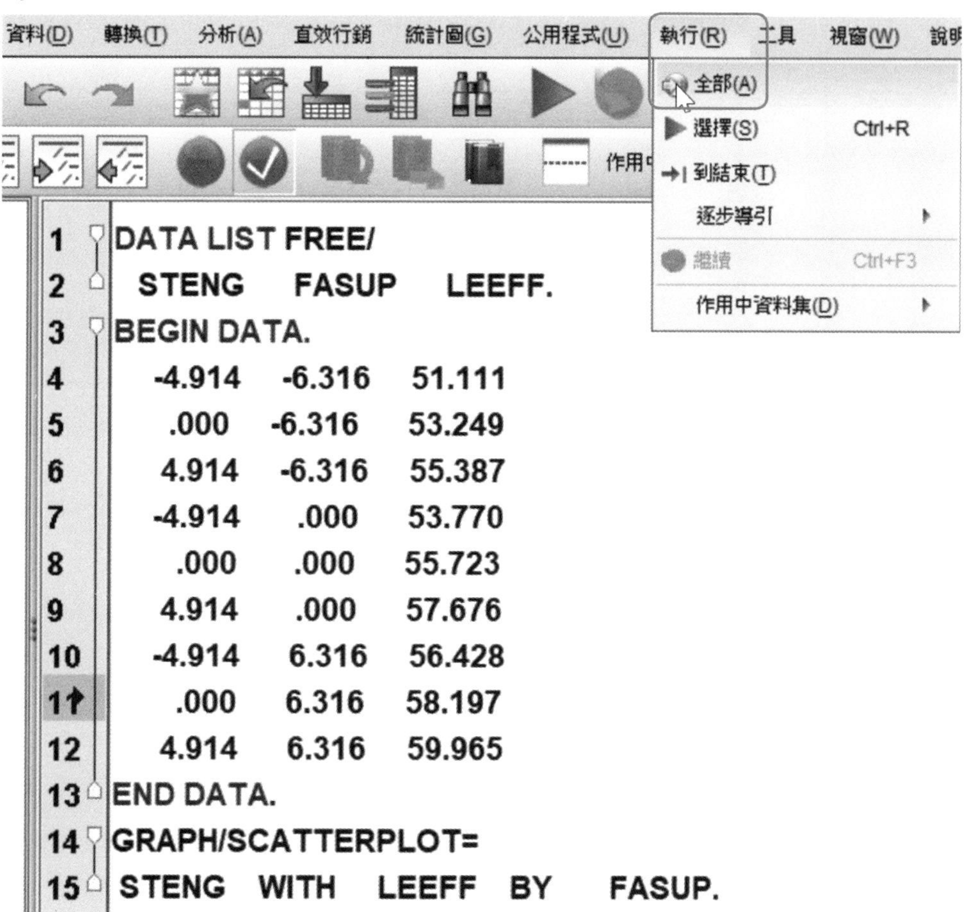

於子群組中增列最適迴歸線後，家人支持不同水準群組中，學習投入對學習效能的影響程度相同，上下二條迴歸線大致平行，表示家人支持調節變項二個水準群組之迴歸係數相同。

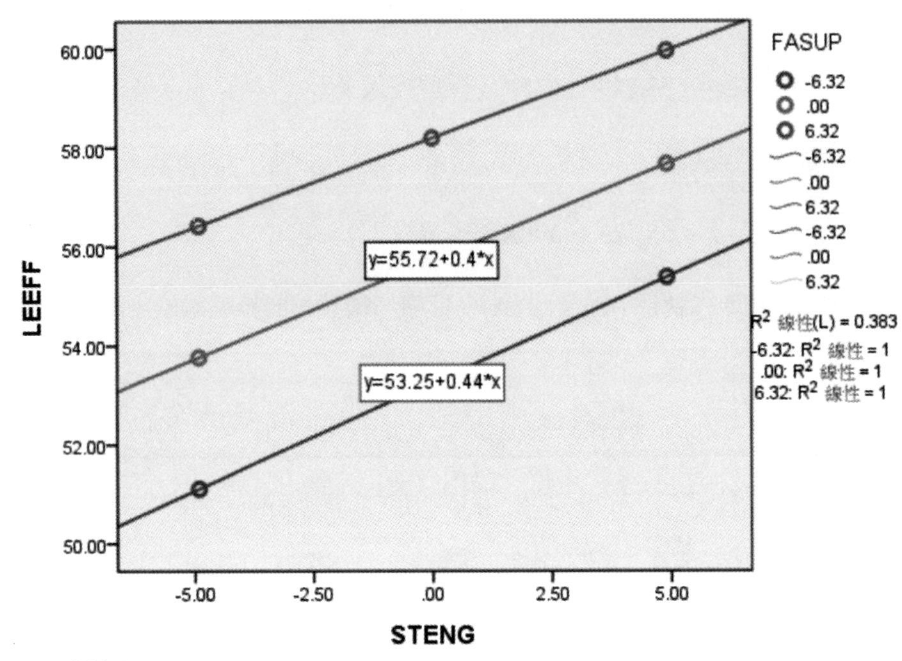

彩圖請詳見 Appendix

Chapter 11

概念型模式 8 應用

範例探究主題為角色衝突、組織氣氛（組織氛圍）與工作士氣關係之研究——家人支持作為調節變項。研究概念型圖示如下，其中家人支持調節作用的路徑有二：

1. 家人支持變項調節角色衝突對中介變項組織氣氛的影響程度。
2. 家人支持變項調節角色衝突對依變項工作士氣影響程度。

概念型圖示中自變項 X 為角色衝突、中介變項 M 為組織氣氛、調節變項 W 為家人支持、依變項 Y 為工作士氣。

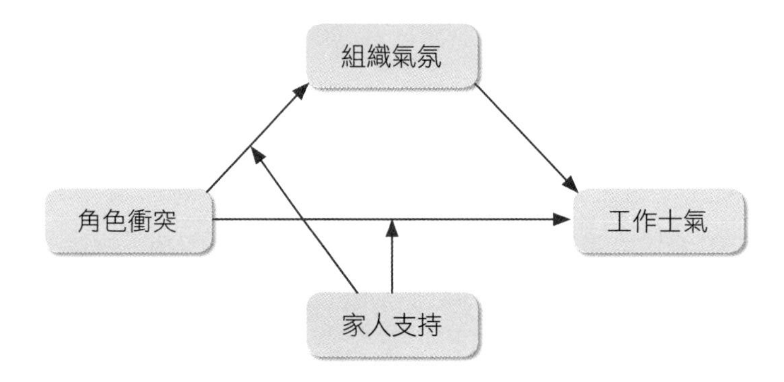

概念型架構對應的統計圖示如下：

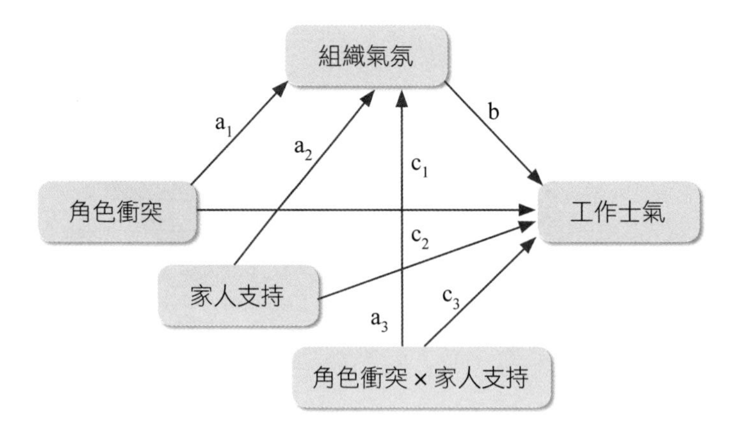

此模式序號在 PROCESS 程序中為模式 8：

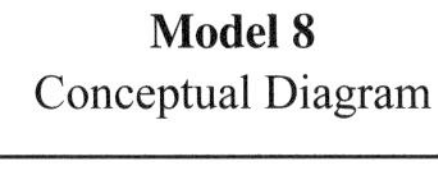

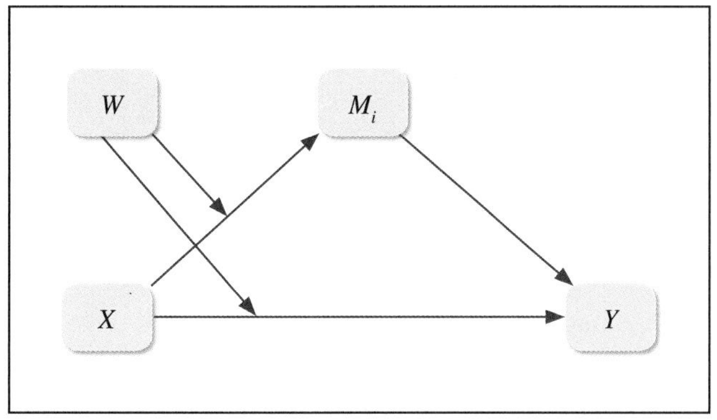

統計程序有二個：

角色衝突（X）+ 家人支持（W）+（角色衝突 × 家人支持）（XW）⇨組織氣氛（中介變項 M）

角色衝突（X）+ 家人支持（W）+（角色衝突 × 家人支持）（XW）⇨工作士氣（依變項 Y）

角色衝突、家人支持與工作士氣的相關係數摘要表如下，角色衝突與家人支持、工作士氣的積差相關係數 r 分別為 -.273（$p < .05$）、-.225（$p < .05$），均呈顯著負相關，家人支持調節變項與組織氣氛中介變項、工作士氣依變項均呈顯著中度正相關，積差相關係數 r 分別為 .617（$p < .05$）、.456（$p < .05$）。

相關

		角色衝突	家人支持	組織氣氛	工作士氣
角色衝突	皮爾森 (Pearson) 相關	1	-.273**	-.369**	-.225**
	顯著性 (雙尾)		.000	.000	.000
	N	626	626	626	626
家人支持	皮爾森 (Pearson) 相關	-.273**	1	.617**	.456**
	顯著性 (雙尾)	.000		.000	.000
	N	626	626	626	626
組織氣氛	皮爾森 (Pearson) 相關	-.369**	.617**	1	.451**
	顯著性 (雙尾)	.000	.000		.000
	N	626	626	626	626
工作士氣	皮爾森 (Pearson) 相關	-.225**	.456**	.451**	1
	顯著性 (雙尾)	.000	.000	.000	
	N	626	626	626	626

**. 相關性在 0.01 層上顯著 (雙尾)。

、PROCESS 操作程序

在 PROCESS_v4.1 主對話視窗中，分別選取原始依變項 Y、自變項 X、中介變項 M 與調節變項 W 至對應的方格中：

1. 在左邊變數清單內點選依變項 Y「工作士氣 [WOMOR]」至右邊「Y variable:」下方方框中。
2. 變數清單內點選自變項 X「角色衝突 [ROCOM]」至右邊「X variable:」下方方框中。
3. 變數清單內點選中介變項 M「組織氣氛 [ORCLI]」至右邊「Mediator(s)M:」下方方框中。
4. 變數清單內點選調節變項 W「家人支持 [FASUP]」至右邊「Moderator variable W:」（調節變項 W）下方方框中。
5. 模式序號（Model number:）選取對應模式 8。
6. 拔鞋法樣本產製的個數（Number of bootstrap samples）選單選取拔鞋法樣本產製的個數 2000。

按『選項』（Options）鈕，開啟「PROCESS options」次對話視窗。「PROCESS options」次對話視窗中的設定參考前面範例。其中平減處理程序（Mean center for construction of products）方盒中「⦿All variables that define products」選項要記得點選，否則會有共線性問題產生，平減處理的變項為調節變項（W）家人支持外，也包括調節路徑中的預測變項，範例為角色衝突（自變項 X）。

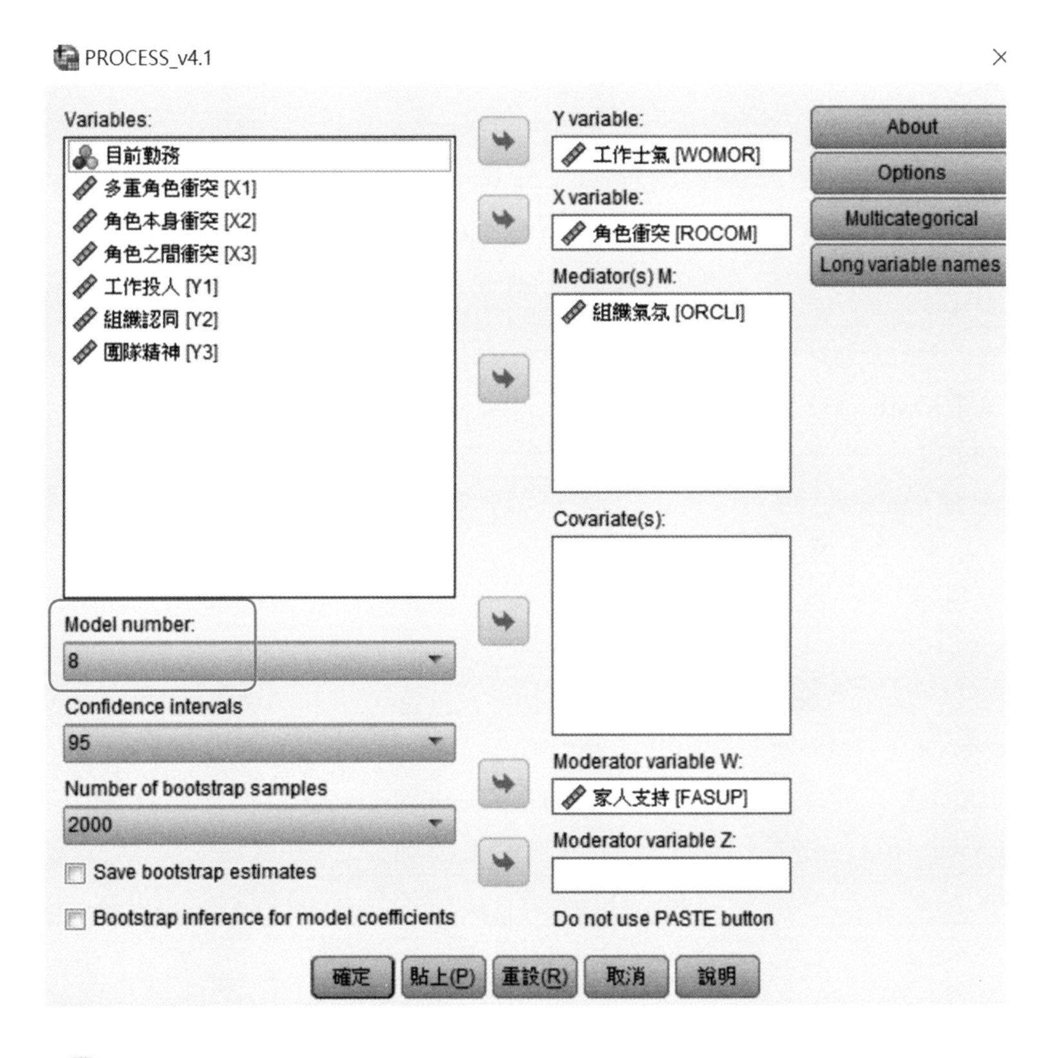

貳、PROCESS 輸出結果

Run MATRIX procedure:

```
**************** PROCESS Procedure for SPSS Version 4.1 ****************
**********************************************************************
Model  : 8
    Y  : WOMOR
    X  : ROCOM
    M  : ORCLI
    W  : FASUP
Sample
Size:  626
```

[說明] 界定的模式序號 8，依變項 Y 為 WOMOR（工作士氣）、自變項 X 變項 ROCOM（角色衝突）、中介變項 M 為 ORCLI（組織氣氛）、調節變項 W 為 FASUP（家人支持）。有效樣本數 N = 626。

```
**********************************************************************
OUTCOME VARIABLE:
 ORCLI
Model Summary
```

R	R-sq	MSE	F	df1	df2	p
.651	.424	13.591	152.807	3.000	622.000	.000

Model

	coeff	se	t	p	LLCI	ULCI
constant	21.495	.151	142.514	.000	21.198	21.791
ROCOM	-.114	.018	-6.396	.000	-.149	-.079
FASUP	.687	.039	17.595	.000	.610	.763
Int_1	-.002	.003	-.518	.605	-.008	.005

對應於輸出結果之統計分析程序，在於驗證家人支持（調節變項 W）對角色衝突⇨組織氣氛路徑的影響程度。

迴歸方程式為：

組織氣氛 = 21.495 - .114 × 角色衝突 + .687 × 家人支持 -.002 × 交互作用項。

家人支持變項在角色衝突⇨組織氣氛路徑的影響程度中未具調節作用。

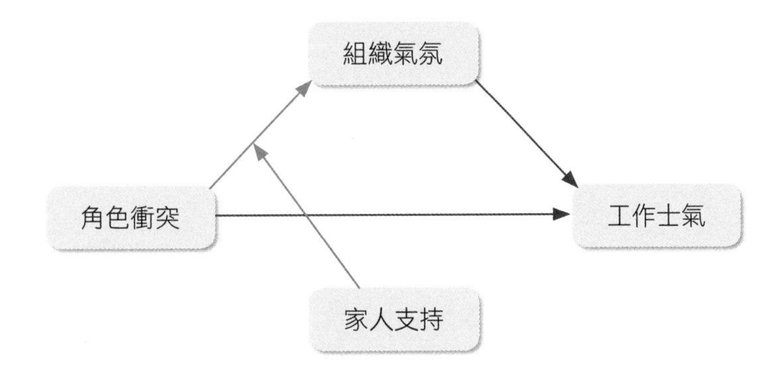

Product terms key:

Int_1 : ROCOM x FASUP

Test(s) of highest order unconditional interaction(s):

	R2-chng	F	df1	df2	p
X*W	.000	.268	1.000	622.000	.605

Focal predict: ROCOM (X)

Mod var: FASUP (W)

[說明] 結果變項為組織氣氛 [ORCLI]，解釋變項為角色衝突 [ROCOM]、家人支持 [FASUP]，Int_1 交互作用項為角色衝突 [ROCOM]（自變項 X）與家人支持 [FASUP]（調節變項 W）的乘積，交互作用項個別的解釋量未達統計顯著水準（F = 0.268，p >.05），迴歸係數值 = -.002，迴歸係數顯著性檢定的 t 值統計量 = -.518（p > .05），迴歸係數 95% 信賴區間值為 [-.008, .005] 包含數值點 0，接受虛無假設，迴歸係數顯著等於 0。

在角色衝突對組織氣氛影響路徑中，家人支持變項沒有顯著的調節作用。

Data for visualizing the conditional effect of the focal predictor:

Paste text below into a SPSS syntax window and execute to produce plot.

DATA LIST FREE/

ROCOM FASUP ORCLI.

BEGIN DATA.

-8.959	-3.952	19.743
.000	-3.952	18.781

```
        8.959       -3.952       17.818
       -8.959         .000       22.518
         .000         .000       21.495
        8.959         .000       20.471
       -8.959        3.952       25.293
         .000        3.952       24.208
        8.959        3.952       23.124
END DATA.
GRAPH/SCATTERPLOT=
 ROCOM   WITH   ORCLI   BY     FASUP.
```

[說明]　上述語法檔繪製的視覺化圖形如下，三條迴歸線大致平行，不同家人支持的二個水準群組中，自變項角色衝突對組織氣氛的影響程度相同。

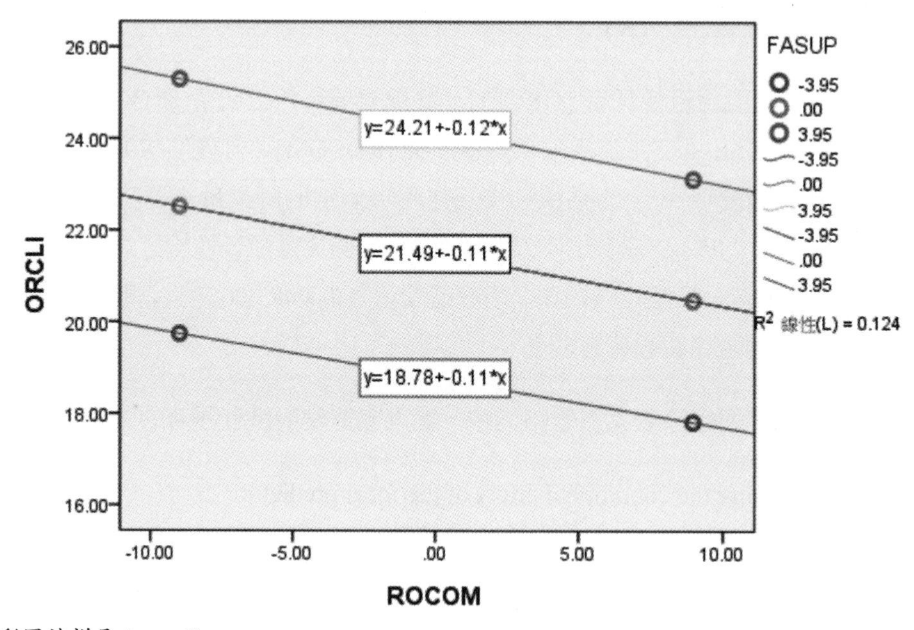

彩圖請詳見 Appendix

```
****************************************************************************
OUTCOME VARIABLE:
 WOMOR
```

Model Summary

R	R-sq	MSE	F	df1	df2	p
.519	.269	38.383	57.105	4.000	621.000	.000

Model

	coeff	se	t	p	LLCI	ULCI
constant	37.862	1.470	25.751	.000	34.975	40.750
ROCOM	-.016	.031	-.501	.616	-.076	.045
ORCLI	.379	.067	5.621	.000	.246	.511
FASUP	.543	.080	6.766	.000	.385	.701
Int_1	-.018	.006	-3.192	.001	-.029	-.007

Product terms key:

Int_1 : ROCOM x FASUP

[說明] 結果變項為工作士氣 [WOMOR]，解釋變項為角色衝突 [ROCOM]、組織氣氛 [ORCLI]、家人支持 [FASUP] 及 Int_1 交互作用項，此交互作用項為角色衝突 [ROCOM] 與家人支持 [FASUP] 的乘積（XW），四個解釋變項與依變項的多元相關係數值 R = .519，R平方共同解釋量為 26.9%。交互作用項 Int_1 的迴歸係數 = -.018、標準誤為 .006，迴歸係數顯著性檢定的 t 值統計量 = -3.192（$p < .05$），迴歸係數 95% 信賴區間值為 [-.029, -.007] 未包含數值點 0，拒絕虛無假設，迴歸係數顯著不等於 0。

對應於輸出結果之統計分析程序，交互作用項 Int_1 在於驗證家人支持調節變項 W 對角色衝突（自變項 X）⇨工作士氣（依變項 Y）路徑的影響程度。由於交互作用項 Int_1 的迴歸係數達到顯著，表示角色衝突對工作士氣的預測程度或狀況會受到家人支持高低不同的影響。

在角色衝突對工作士氣影響路徑中，家人支持變項有顯著的調節作用，即家人支持變項在角色衝突⇨工作士氣路徑的影響程度中具有顯著調節作用。

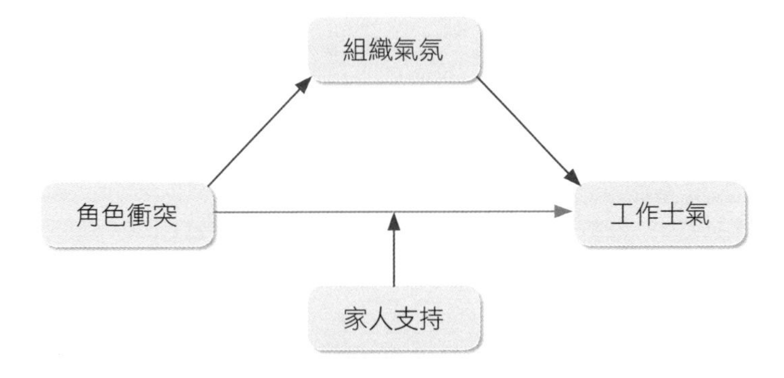

Test(s) of highest order unconditional interaction(s):

	R2-chng	F	df1	df2	p
X*W	.012	10.188	1.000	621.000	.001

Focal predict: ROCOM (X)

Mod var: FASUP (W)

X*W（自變項與調節變項的乘積項）交互作用項個別的解釋量為 .012，解釋變異量數檢定的統計量 F 值 = 10.188（$p < .05$），達到統計顯著水準，表示交互作用項對工作士氣依變項個別的解釋量顯著不為 0。

Conditional effects of the focal predictor at values of the moderator(s):

FASUP	Effect	se	t	p	LLCI	ULCI
-3.952	.055	.043	1.290	.197	-.029	.139
.000	-.016	.031	-.501	.616	-.076	.045
3.952	-.086	.033	-2.628	.009	-.151	-.022

[說明] 調節變項（家人支持）不同水準群組三條迴歸方程式的斜率（迴歸係數）分別為：

$\theta_{X \to Y}|(W = -3.952) = .055$

$\theta_{X \to Y}|(W = 0.000) = -.016$

$\theta_{X \to Y}|(W = 3.952) = -.086$

$\theta_{X \to Y}|(W = -3.952) = .055$，表示家人支持低分組樣本群體中，角色衝突自變項改變一個單位，樣本群體工作士氣改變 .055 個單位。

$\theta_{X \to Y}|(W = +3.952) = -.086$，表示家人支持高分組樣本群體中，角色衝突自變項改變一個單位，樣本群體工作士氣改變 -.086 個單位。

Moderator value(s) defining Johnson-Neyman significance region(s):

Value	% below	% above
-7.094	3.355	96.645
2.457	82.907	17.093

[說明] PROCESS 選項次對話視窗中，增列勾選「☑Johnson-Neyman output」選

項，會增列詹森內曼法顯著區域的上下限值，第一欄量數為二條迴歸線的交叉點座標值。

```
Data for visualizing the conditional effect of the focal predictor:
Paste text below into a SPSS syntax window and execute to produce plot.
DATA LIST FREE/
   ROCOM       FASUP      WOMOR.
BEGIN DATA.
     -8.959      -3.952      43.370
       .000      -3.952      43.863
      8.959      -3.952      44.357
     -8.959        .000      46.149
       .000        .000      46.009
      8.959        .000      45.870
     -8.959       3.952      48.928
       .000       3.952      48.156
      8.959       3.952      47.383
END DATA.
GRAPH/SCATTERPLOT =
 ROCOM   WITH   WOMOR   BY    FASUP.
```

[說明]　根據上述視覺化圖形語法資料繪製的交互作用圖如下，從圖中可以看出家人支持高低二個水準群組中，自變項角色衝突對依變項工作士氣的影響程度不同，二條迴歸線有交叉點出現。

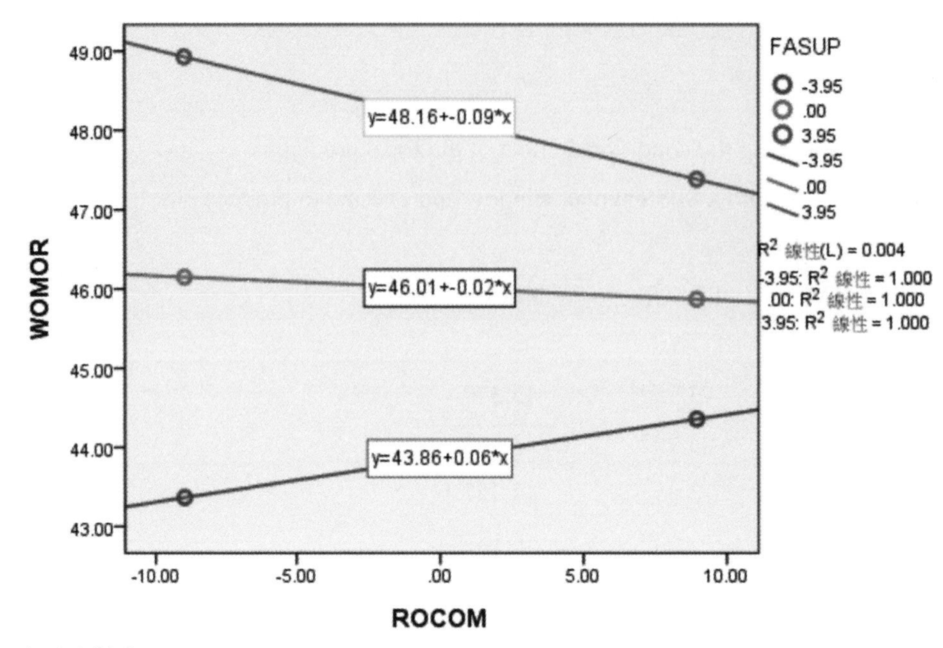

彩圖請詳見 Appendix

*************** DIRECT AND INDIRECT EFFECTS OF X ON Y *************

Conditional direct effect(s) of X on Y:

FASUP	Effect	se	t	p	LLCI	ULCI
-3.952	.055	.043	1.290	.197	-.029	.139
.000	-.016	.031	-.501	.616	-.076	.045
3.952	-.086	.033	-2.628	.009	-.151	-.022

[說明] 模式中條件化直接效果第二欄影響值（效果值）為直接效果量數。

家人支持低分組群組的迴歸方程式：Y = 43.863 + .055X。

家人支持高分組群組的迴歸方程式：Y = 48.156 + (-.086)X。

總體迴歸方程式：Y = 46.009 + (-.016)X。

Conditional indirect effects of X on Y:

INDIRECT EFFECT:

ROCOM -> ORCLI -> WOMORYY

FASUP	Effect	BootSE	BootLLCI	BootULCI
-3.952	-.041	.014	-.073	-.017

.000	-.043	.012	-.069	-.023
3.952	-.046	.012	-.071	-.024

[說明] 家人支持高低二個水準群組中，角色衝突 [ROCOM]⇨組織氣氛 [ORCLI]⇨工作士氣 [WOMOR] 間接效果值分別為 -.046、-.041，拔鞋法 95% 信賴區間值分別為 [-.071, -.024]、[-.073, -.017] 均未包括數值點 0，表示間接效果值顯著。

Index of moderated mediation:

	Index	BootSE	BootLLCI	BootULCI
FASUP	-.001	.002	-.004	.002

[說明] 調節的中介指標值量數為 -.001，拔鞋法 95% 信賴區間值 [-.004, .002] 包含數值點 0，指標值量數未達統計顯著水準。

Pairwise contrasts between conditional indirect effects (Effect1 minus Effect2)

Effect1	Effect2	Contrast	BootSE	BootLLCI	BootULCI
-.043	-.041	-.003	.006	-.015	.008
-.046	-.041	-.005	.012	-.031	.017
-.046	-.043	-.003	.006	-.015	.008

[說明] 配對間接效果值的檢定，就家人支持高低二個群組而言，間接效果差異值為 -.005，拔鞋法 95% 信賴區間值為 [-.031, .017]，區間值包含數值點 0，接受虛無假設，間接效果差異值顯著等於 0，就家人支持高低二個群組而言，角色衝突⇨組織氣氛⇨工作士氣的間接效果沒有顯著不同。

****************** ANALYSIS NOTES AND ERRORS *******************

W values in conditional tables are the mean and +/- SD from the mean.

NOTE: The following variables were mean centered prior to analysis:

FASUP ROCOM

------ END MATRIX -----

[說明] 模式運算程序中經平減處理的變項為家人支持 [FASUP]、角色衝突 [ROCOM] 二個變項，調節變項的分組為平均數 ±1 個標準差。

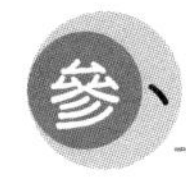

參、SPSS 複迴歸程序

自變項角色衝突、調節變項家人支持與二個變項平減後的描述性統計量如下，角色衝突自變項的標準差值為 8.959、家人支持調節變項的標準差值為 3.952。

描述性統計資料

	N	最小值	最大值	平均數	標準差
角色衝突	626	12	60	40.26	8.959
家人支持	626	6	30	21.77	3.952
平減角色衝突	626	-28.26	19.74	.0020	8.95920
平減家人支持	626	-15.77	8.23	.0016	3.95178

SPSS 變數檢視對話視窗中，變數名稱與變數標記中文名稱如下，其中交互乘積項（MINTER）為變項 MROCOM（平減角色衝突）與 MFASUP（平減家人支持）的乘積。

名稱	類型	寬度	小數	標籤	數值	遺漏
目前勤務	數值型	11	0		{1, 日勤}...	無
ROCOM	數值型	8	0	角色衝突	無	無
ORCLI	數值型	8	0	組織氣氛	無	無
FASUP	數值型	8	0	家人支持	無	無
WOMOR	數值型	8	0	工作士氣	無	無
MROCOM	數值型	8	2	平減角色衝突	無	無
MFASUP	數值型	8	2	平減家人支持	無	無
MINTER	數值型	8	2	交互乘積項	無	無

二個複迴歸程序中，第一個複迴歸的結果變項為組織氣氛、第二個複迴歸的結果變項為工作士氣。

模型摘要

模型	R	R 平方	調整後 R 平方	標準誤
1	.651[a]	.424	.422	3.687

a. 預測值: (常數), 交互乘積項, 平減家人支持, 平減角色衝突

複迴歸程序為：交互乘積項＋平減家人支持＋平減角色衝突⇨組織氣氛，三個解釋變項與中介變項組織氣氛的多元相關係數 R = .651，R 平方 = .424。

係數[a]

模型		非標準化係數		標準化係數	T	顯著性
		B	標準誤	Beta		
1	(常數)	21.494	.151		142.505	.000
	平減角色衝突	-.114	.018	-.211	-6.395	.000
	平減家人支持	.687	.039	.560	17.595	.000
	交互乘積項	-.002	.003	-.016	-.518	.605

a. 應變數: 組織氣氛

迴歸方程式為：組織氣氛 = 21.494 - .114 × 平減角色衝突 + .687 × 平減家人支持 -.002 × 交互乘積項。其中交互乘積項的迴歸係數 = -.002（$p > .05$），未達統計顯著水準。

第一個複迴歸程序對應於 PROCESS 模組輸出結果如下：

```
OUTCOME VARIABLE:
 ORCLI
Model Summary
      R       R-sq      MSE         F       df1        df2        p
    .651      .424    13.591    152.807    3.000    622.000     .000
Model
              coeff        se         t         p       LLCI      ULCI
constant     21.495      .151    142.514     .000    21.198    21.791
ROCOM         -.114      .018     -6.396     .000     -.149     -.079
FASUP          .687      .039     17.595     .000      .610      .763
Int_1         -.002      .003      -.518     .605     -.008      .005
```

模型摘要

模型	R	R 平方	調整後 R 平方	標準誤
1	.519[a]	.269	.264	6.195

a. 預測值: (常數), 交互乘積項, 平減家人支持, 平減角色衝突, 組織氣氛

複迴歸程序為：交互乘積項 + 平減家人支持 + 平減角色衝突 + 組織氣氛⇨工作士氣，四個解釋變項與依變項工作士氣的多元相關係數 R = .519，R 平方 = .269。

係數[a]

模型		非標準化係數		標準化係數		
		B	標準錯誤	Beta	T	顯著性
1	(常數)	37.862	1.470		25.751	.000
	組織氣氛	.379	.067	.254	5.621	.000
	平減角色衝突	-.016	.031	-.019	-.500	.617
	平減家人支持	.543	.080	.297	6.766	.000
	交互乘積項	-.018	.006	-.114	-3.192	.001

a. 應變數: 工作士氣

迴歸方程式為：工作士氣 = 37.862 + .379 × 組織氣氛 - .016 × 平減角色衝突 + .543 × 平減家人支持 - .018 × 交互乘積項。其中交互乘積項的迴歸係數 = -.018（$p < .05$），顯著性檢定的 t 值統計量 = -3.192，達到統計顯著水準。

第二個複迴歸程序對應於 PROCESS 模組輸出結果如下：

OUTCOME VARIABLE:

WOMOR

Model Summary

R	R-sq	MSE	F	df1	df2	p
.519	.269	38.383	57.105	4.000	621.000	.000

Model

	coeff	se	t	p	LLCI	ULCI
constant	37.862	1.470	25.751	.000	34.975	40.750
ROCOM	-.016	.031	-.501	.616	-.076	.045
ORCLI	.379	.067	5.621	.000	.246	.511
FASUP	.543	.080	6.766	.000	.385	.701
Int_1	-.018	.006	-3.192	.001	-.029	-.007

Chapter 12

多個中介變項模式

在多個中介變項之模式圖，Hayes（2022）所提之模式 80 與模式 81 型態在研究論文也常是研究者建構的模型，模式 80 的概念型圖示如下（頁 643），這二個模式型態是結合平行中介與序列中介模式的性質。

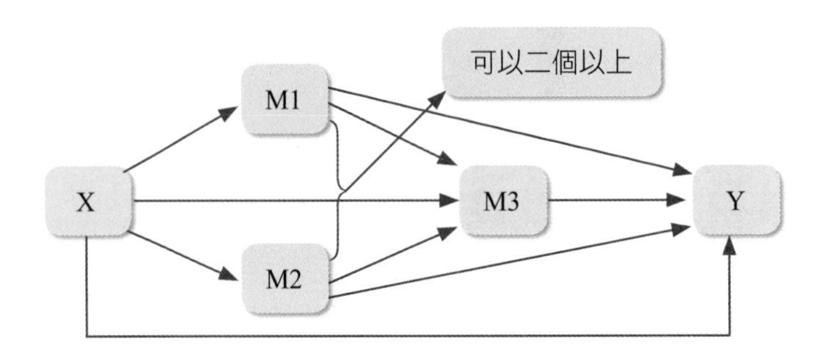

上述第二層的中介模式若增列一個中介變項，模式圖（Hayes, 2022, P.196）為：

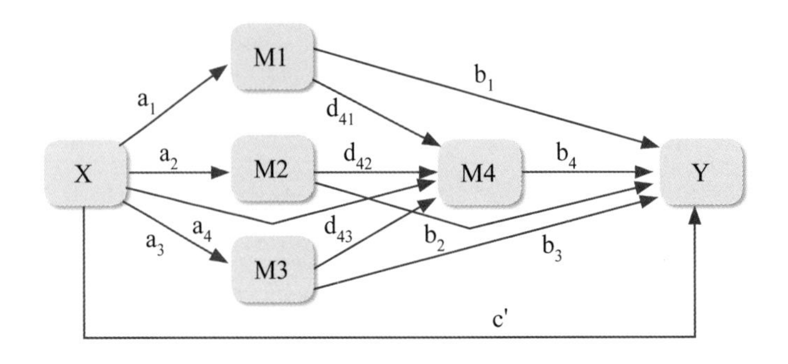

模式 81 的概念型圖示如下：

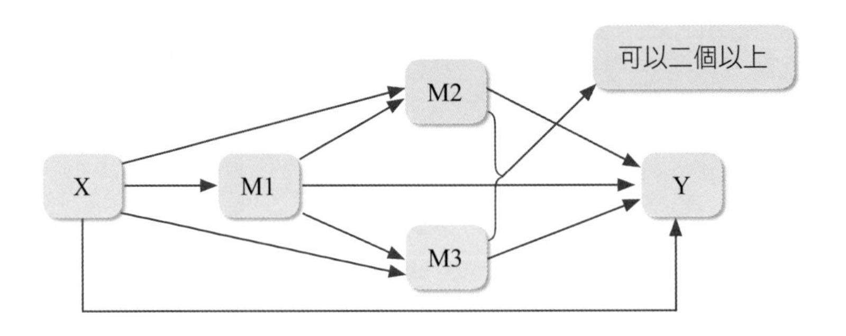

壹、三個中介變項範例一

範例模式 80 的研究架構圖如下：

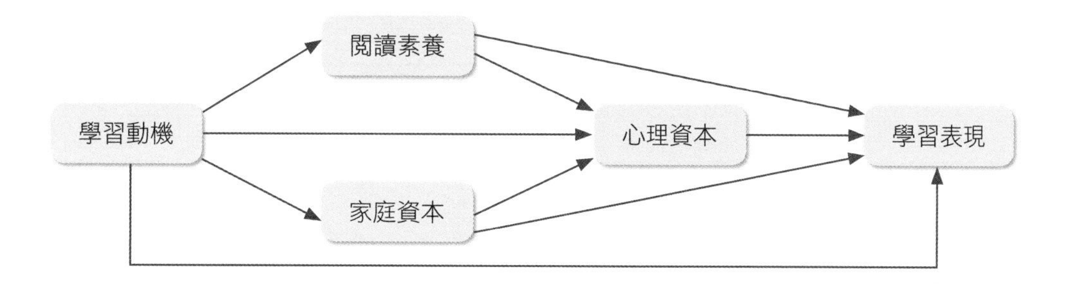

模式採用 SPSS 統計軟體進行複迴歸分析，分析程序包括以下幾個：

1. 學習動機⇨閱讀素養。
2. 學習動機⇨家庭資本。
3. 學習動機＋閱讀素養＋家庭資本⇨心理資本。
4. 學習動機＋閱讀素養＋家庭資本＋心理資本⇨學習表現。
5. 學習動機⇨學習表現。

SPSS 複迴歸程序執行結果如下：

係數[a]

模式		未標準化係數		標準化係數	t	顯著性
		B 之估計值	標準誤差	Beta 分配		
1	(常數)	5.876	.576		10.204	.000
	學習動機 X	.171	.007	.583	23.785	.000

a. 依變數: 閱讀素養 M1

迴歸方程式：閱讀素養＝5.876＋0.171 × 學習動機。

係數[a]

模式		未標準化係數		標準化係數	t	顯著性
		B 之估計值	標準誤差	Beta 分配		
1	(常數)	7.424	.341		21.773	.000
	學習動機 X	.054	.004	.361	12.828	.000

a. 依變數: 家庭資本 M2

迴歸方程式：家庭資本 = 7.424＋0.054 × 學習動機。

係數[a]

模式		未標準化係數		標準化係數	t	顯著性
		B 之估計值	標準誤差	Beta 分配		
1	(常數)	3.265	.310		10.530	.000
	學習動機 X	.010	.004	.070	2.530	.012
	閱讀素養 M1	.040	.014	.080	2.854	.004
	家庭資本 M2	.593	.023	.617	25.364	.000

a. 依變數: 心理資本 M3

迴歸方程式：心理資本 = 3.265 + 0.010 × 學習動機 + 0.040 × 閱讀素養 + 0.593 × 家庭資本。

係數[a]

模式		未標準化係數		標準化係數	t	顯著性
		B 之估計值	標準誤差	Beta 分配		
1	(常數)	18.925	1.952		9.698	.000
	學習動機 X	.379	.024	.355	15.750	.000
	閱讀素養 M1	1.488	.083	.408	17.837	.000
	家庭資本 M2	1.059	.177	.150	5.993	.000
	心理資本 M3	.679	.181	.092	3.751	.000

a. 依變數: 學習表現 Y

迴歸方程式：學習表現 = 18.925 + 0.379 × 學習動機 + 1.488 × 閱讀素養 + 1.059 × 家庭資本 + 0.679 × 心理資本。

係數[a]

模式		未標準化係數		標準化係數	t	顯著性
		B 之估計值	標準誤差	Beta 分配		
1	(常數)	40.896	1.902		21.498	.000
	學習動機 X	.724	.024	.678	30.567	.000

a. 依變數: 學習表現 Y

迴歸方程式：學習表現 = 40.896 + 0.724 × 學習動機。模式中非標準化的總效果值 = 0.724、標準化的總效果值 = 0.678。

一、PROCESS 操作程序

SPSS 統計軟體之變數檢視視窗中，變數名稱界定為英文，變數標記增列中文名稱。

檔案(F) 編輯(E) 檢視(V) 資料(D) 轉換(T) 分析(A) 直效行銷 統計圖(G) 公用程式(U) 視窗(W) 說明(H)

	名稱	類型	寬度	小數	標籤	數值
1	LEMOT	數值型	8	0	學習動機X	無
2	RELIT	數值型	8	0	閱讀素養M1	無
3	FACAP	數值型	8	0	家庭資本M2	無
4	PSCAP	數值型	8	0	心理資本M3	無
5	SUPSY	數值型	8	0	支援系統M4	無
6	LEPER	數值型	8	0	學習表現Y	無

在 PROCESS 主對話視窗中，被選入至「Mediator(s)M:」方格中的中介變項有閱讀素養 M1[RELIT]、家庭資本 M2[FACAP]、心理資本 M3[PSCAP] 等三個。「Model number:」選單選取模式序號 80。

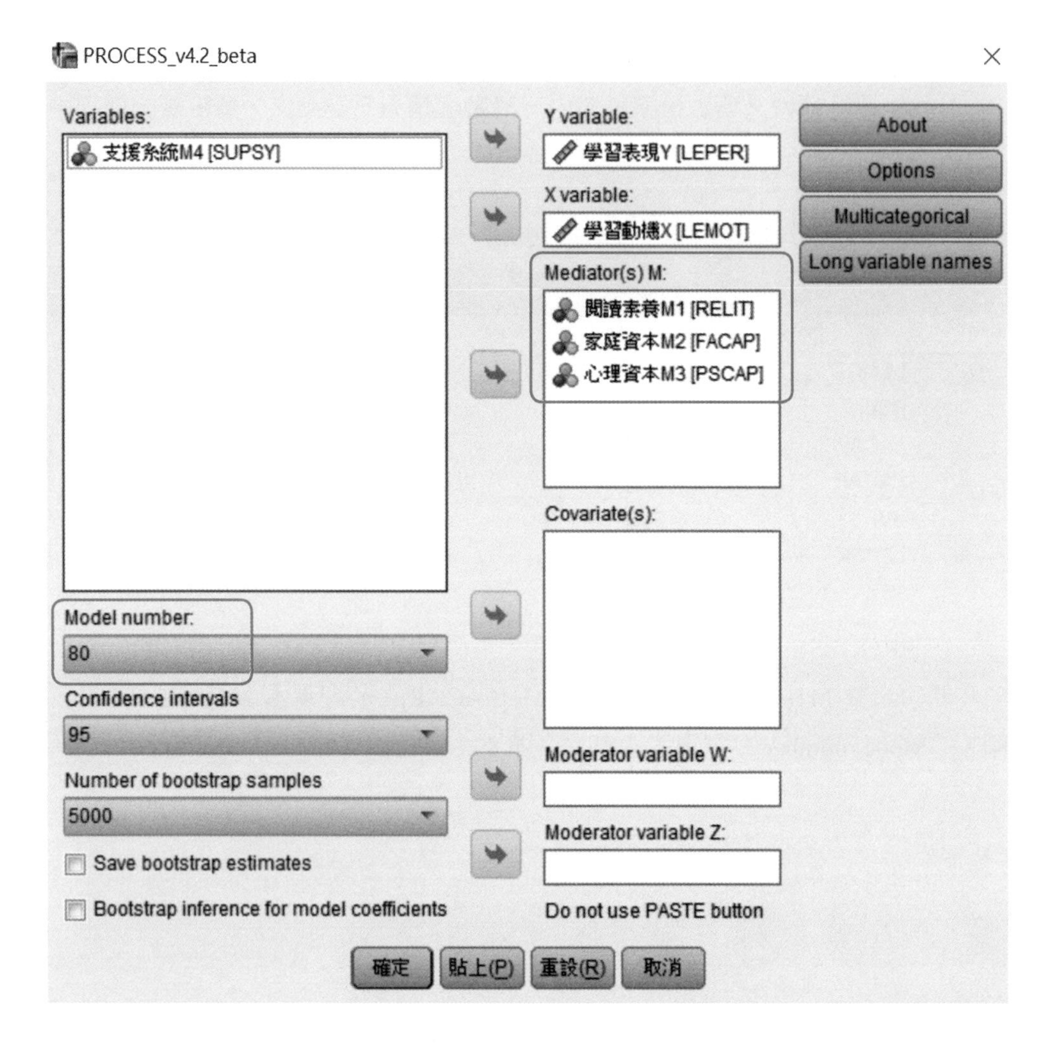

「PROCESS options」次對話視窗中勾選以下三個選項：

「☑Show total effect model」、「☑Pairwise contrasts of indirect effects」、「☑Standardized effects(mediation-only models)」。

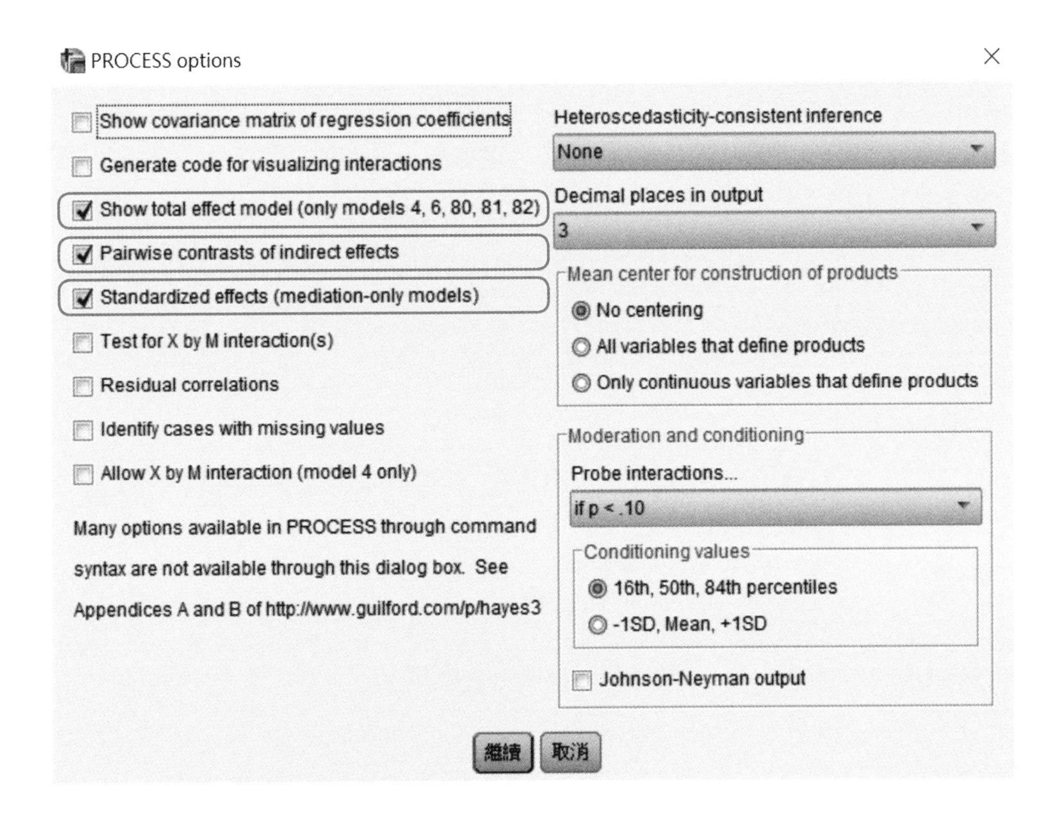

二、PROCESS 輸出結果

Run MATRIX procedure:

*************** PROCESS Procedure for SPSS Version 4.2 beta ***************

Written by Andrew F. Hayes, Ph.D. www.afhayes.com

Documentation available in Hayes (2022). www.guilford.com/p/hayes3

****

Model : 80

Y : LEPER

X : LEMOT

M1 : RELIT

M2 : FACAP

M3 : PSCAP

Sample

Size: 1103

[說明] 模式五個變數類型，依變項 Y 為 LEPER（學習表現）、自變項 X 為 LEMOT（學習動機），M1、M2、M3 三個中介變項分別為 RELIT（閱讀素養）、FACAP（家庭資本）、PSCAP（心理資本）。有效樣本數 N = 1103，模式序號為 80。

****

OUTCOME VARIABLE:

RELIT

Model Summary

R	R-sq	MSE	F	df1	df2	p
.583	.339	8.985	565.739	1.000	1101.000	.000

Model

	coeff	se	t	p	LLCI	ULCI
constant	5.876	.576	10.204	.000	4.746	7.006
LEMOT	.171	.007	23.785	.000	.157	.185

Standardized coefficients

	coeff
LEMOT	.583

[說明] 迴歸程序對應的路徑圖如下（圖示係數為標準化迴歸係數），結果變項為閱讀素養，解釋變項為學習動機，迴歸係數 = .171，顯著性檢定 t 值統計量 = 23.785（$p < .05$）、標準化迴歸係數 $\beta = .583$，R 平方值解釋量 = .339。

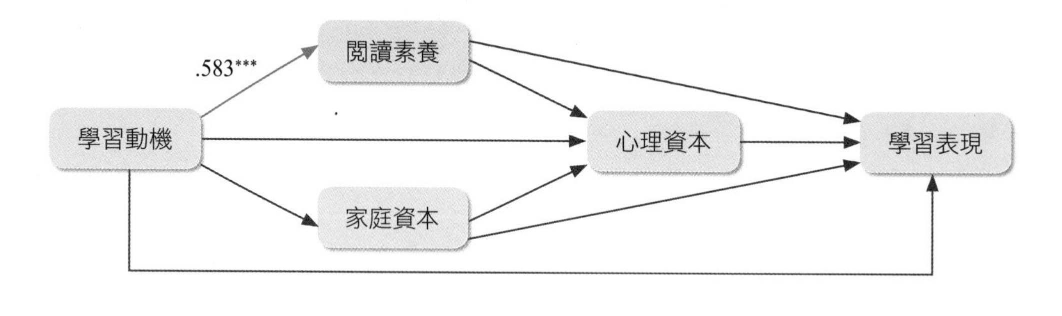

****

OUTCOME VARIABLE:

FACAP

Model Summary

R	R-sq	MSE	F	df1	df2	p
.361	.130	3.150	164.559	1.000	1101.000	.000

Model

	coeff	se	t	p	LLCI	ULCI
constant	7.424	.341	21.773	.000	6.755	8.093
LEMOT	.054	.004	12.828	.000	.046	.063

Standardized coefficients

	coeff
LEMOT	.361

[說明] 迴歸程序對應的路徑圖如下（圖示係數為標準化迴歸係數），結果變項為家庭資本，解釋變項為學習動機，迴歸係數 = .054，顯著性檢定 t 值統計量 = 12.828（$p < .05$）、標準化迴歸係數 $\beta = .361$，R 平方值解釋量 = .130。

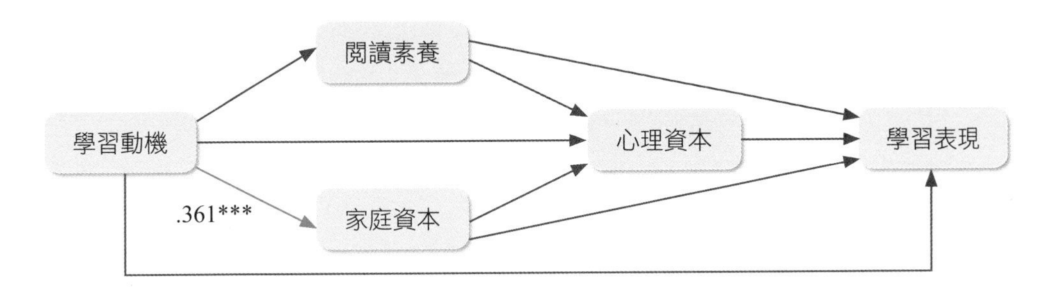

****

OUTCOME VARIABLE:

PSCAP

Model Summary

R	R-sq	MSE	F	df1	df2	p
.684	.467	1.790	321.210	3.000	1099.000	.000

Model

	coeff	se	t	p	LLCI	ULCI
constant	3.265	.310	10.530	.000	2.656	3.873
LEMOT	.010	.004	2.530	.012	.002	.018
RELIT	.040	.014	2.854	.004	.012	.067
FACAP	.593	.023	25.364	.000	.547	.639

Standardized coefficients

	coeff
LEMOT	.070
RELIT	.080
FACAP	.617

[說明] 迴歸程序對應的路徑圖如下（圖示係數為標準化迴歸係數），結果變項為心理資本，解釋變項為學習動機、閱讀素養、家庭資本等三個，三個解釋變項的迴歸係數分別為 .010、.040、.593，迴歸係數顯著性檢定 t 值統計量 = 2.530（$p < .05$）、2.854（$p < .05$）、25.364（$p < .05$），均達到統計顯著水準，三個解釋變項標準化迴歸係數 β 分別為 .070、.080、.617，R 平方值解釋量 = .467。

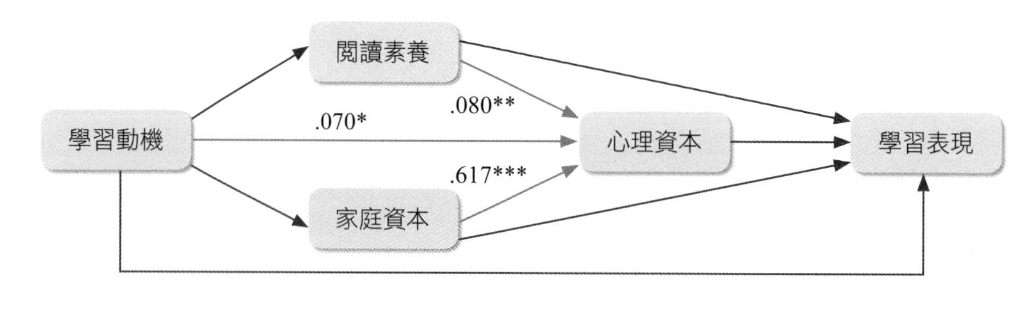

****

OUTCOME VARIABLE:

LEPER

Model Summary

R	R-sq	MSE	F	df1	df2	p
.803	.645	64.436	499.813	4.000	1098.000	.000

Model

	coeff	se	t	p	LLCI	ULCI
constant	18.925	1.952	9.698	.000	15.096	22.755
LEMOT	.379	.024	15.750	.000	.332	.427
RELIT	1.488	.083	17.837	.000	1.324	1.652
FACAP	1.059	.177	5.993	.000	.712	1.406
PSCAP	.679	.181	3.751	.000	.324	1.034

Standardized coefficients

	coeff
LEMOT	.355
RELIT	.408
FACAP	.150
PSCAP	.092

[說明] 迴歸程序對應的路徑圖如下（圖示係數為標準化迴歸係數），結果變項為學習表現，解釋變項為學習動機、閱讀素養、家庭資本、心理資本等四個，四個解釋變項的迴歸係數分別為 .379、1.488、1.059、.679，顯著性檢定 t 值統計量 = 15.750（p <.05）、17.837（p < .05）、5.993（p < .05）、3.751（p < .05），迴歸係數均達到統計顯著水準，表示四個迴歸係數均顯著不為 0。四個解釋變項標準化迴歸係數 β 分別為 .355、.408、.150、.092，聯合解釋變異量 R 平方值 = .645。

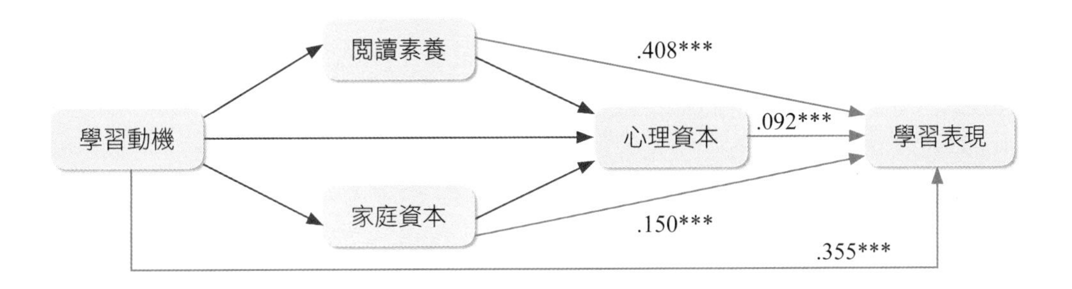

************************ TOTAL EFFECT MODEL ************************

OUTCOME VARIABLE:

LEPER

Model Summary

R	R-sq	MSE	F	df1	df2	p
.678	.459	98.057	934.313	1.000	1101.000	.000

Model

	coeff	se	t	p	LLCI	ULCI
constant	40.896	1.902	21.498	.000	37.164	44.629
LEMOT	.724	.024	30.567	.000	.678	.771

Standardized coefficients

	coeff
LEMOT	.678

[說明] 迴歸程序對應的路徑圖如下（圖示係數為標準化迴歸係數），結果變項為學習表現，解釋變項為學習動機，學習動機解釋變項的迴歸係數為 .724，顯著性檢定 t 值統計量 = 30.567（p < .05）達到統計顯著水準，解釋變項標準化迴歸係數 β 分別為 .678。中介模式圖中的非標準化總效果值 = .724、標準化總效果值 = .678，R 平方值解釋量 = .459。

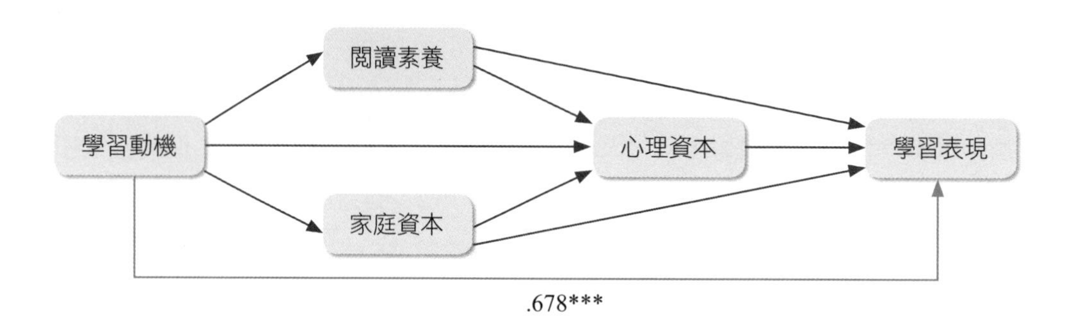

*********** TOTAL, DIRECT, AND INDIRECT EFFECTS OF X ON Y **********

Total effect of X on Y

Effect	se	t	p	LLCI	ULCI	c_cs
.724	.024	30.567	.000	.678	.771	.678

[說明] 中介模式圖中的非標準化總效果值 = .724。

Direct effect of X on Y

Effect	se	t	p	LLCI	ULCI	c'_cs
.379	.024	15.750	.000	.332	.427	.355

[說明] 中介模式圖中同時考量到中介變項時，自變項對依變項的非標準化直接效果值 = .379。

Indirect effect(s) of X on Y:

	Effect	BootSE	BootLLCI	BootULCI
TOTAL	.345	.023	.302	.391
Ind1	.254	.021	.215	.295

Ind2	.058	.013	.035	.085
Ind3	.007	.004	.001	.016
Ind4	.005	.002	.001	.010
Ind5	.022	.007	.008	.036
(C1)	.196	.026	.145	.247
(C2)	.247	.021	.206	.290
(C3)	.249	.021	.210	.292
(C4)	.232	.022	.190	.277
(C5)	.051	.014	.025	.079
(C6)	.053	.013	.029	.081
(C7)	.036	.016	.006	.067
(C8)	.002	.005	-.006	.013
(C9)	-.015	.006	-.028	-.005
(C10)	-.017	.006	-.031	-.007

[說明] 中介模式圖中間接效果路徑共有五條，五條間接效果路徑之非標準化總間接效果值 = .345，拔鞋法 95% 信賴區間值為 [.302, .391]，未包含數值點 0，總間接效果值顯著，五條間接效果值分別為：

1. Ind1 路徑，非標準化間接效果值 = .254，拔鞋法 95% 信賴區間值為 [.215, .295]，區間值未包含數值點 0，路徑間接效果值顯著。
2. Ind2 路徑，非標準化間接效果值 = .058，拔鞋法 95% 信賴區間值為 [.035, .085]，區間值未包含數值點 0，路徑間接效果值顯著。
3. Ind3 路徑，非標準化間接效果值 = .007，拔鞋法 95% 信賴區間值為 [.001, .016]，區間值未包含數值點 0，路徑間接效果值顯著。
4. Ind4 路徑，非標準化間接效果值 = .005，拔鞋法 95% 信賴區間值為 [.001, .010]，區間值未包含數值點 0，路徑間接效果值顯著。
5. Ind5 路徑，非標準化間接效果值 = .022，拔鞋法 95% 信賴區間值為 [.008, .036]，區間值未包含數值點 0，路徑間接效果值顯著。

Completely standardized indirect effect(s) of X on Y:

	Effect	BootSE	BootLLCI	BootULCI
TOTAL	.323	.018	.287	.358

Ind1	.237	.018	.203	.272
Ind2	.054	.012	.033	.079
Ind3	.006	.004	.001	.015
Ind4	.004	.002	.001	.009
Ind5	.021	.007	.008	.034
(C1)	.183	.023	.136	.228
(C2)	.231	.018	.196	.268
(C3)	.233	.018	.199	.269
(C4)	.217	.019	.180	.255
(C5)	.048	.013	.023	.074
(C6)	.050	.012	.027	.075
(C7)	.033	.015	.006	.063
(C8)	.002	.004	-.006	.012
(C9)	-.014	.005	-.026	-.005
(C10)	-.016	.006	-.028	-.006

[說明] 五條路徑之完全標準化間接效果值分別為 .237、.054、.006、.004、.021，五個間接效果值均達統計顯著水準，表示五個完全標準化間接效果值均顯著不等於 0，完全標準化總間接效果值 = .323，拔鞋法 95% 信賴區間值為 [.287, .358]，區間值未包含數值點 0，總間接效果值顯著。

第一欄 (C1) 至 (C10) 為特定間接效果值配對對比之量數，為二個間接效果差異值是否顯著不等於 0 的檢定，若拔鞋法 95% 信賴區間值不包含 0，表示二個間接效果值量數大小的差異值顯著不等於 0。

Specific indirect effect contrast definition(s):

(C1)	Ind1	minus	Ind2
(C2)	Ind1	minus	Ind3
(C3)	Ind1	minus	Ind4
(C4)	Ind1	minus	Ind5
(C5)	Ind2	minus	Ind3
(C6)	Ind2	minus	Ind4
(C7)	Ind2	minus	Ind5
(C8)	Ind3	minus	Ind4

(C9)	Ind3	minus	Ind5
(C10)	Ind4	minus	Ind5

[說明] 特定間接效果值配對對比之比較說明。

Indirect effect key:

Ind1	LEMOT	->	RELIT	->	LEPER		
Ind2	LEMOT	->	FACAP	->	LEPER		
Ind3	LEMOT	->	PSCAP	->	LEPER		
Ind4	LEMOT	->	RELIT	->	PSCAP	->	LEPER
Ind5	LEMOT	->	FACAP	->	PSCAP	->	LEPER

[說明] 五條間接效果路徑程序說明。

****************** ANALYSIS NOTES AND ERRORS ********************

Level of confidence for all confidence intervals in output:

95.0000

Number of bootstrap samples for percentile bootstrap confidence intervals:

5000

[說明] 信賴區間信心水準的說明與拔鞋法樣本產製個數的界定。

------ END MATRIX -----

學習動機與學習表現相關之研究——以閱讀素養、家庭資本及心理資本為中介因子模型參數估計結果圖示如下：

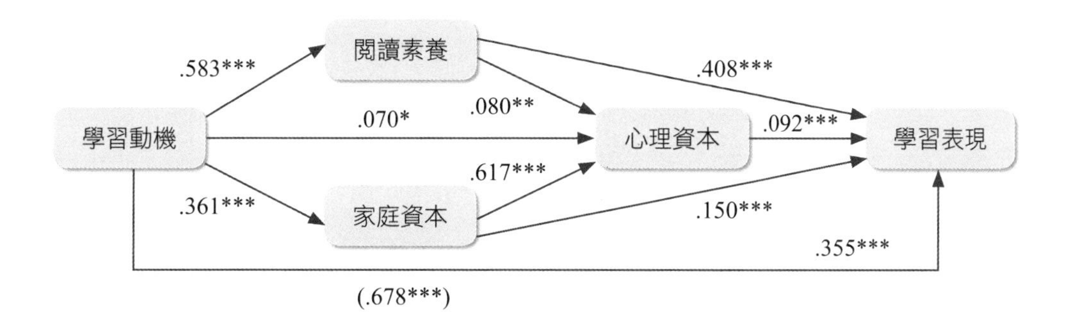

貳、三個中介變項範例二

範例模式 81 的概念型圖示為：

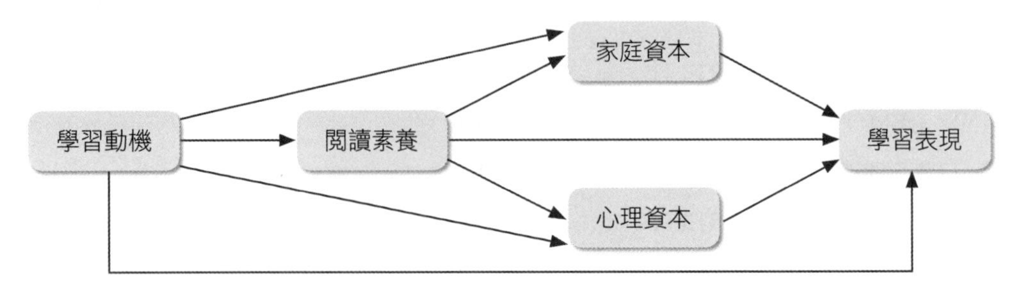

模式採用 SPSS 統計軟體進行複迴歸分析，分析程序包括以下幾個：

1. 學習動機⇨閱讀素養。
2. 學習動機 + 閱讀素養⇨家庭資本。
3. 學習動機 + 閱讀素養⇨心理資本。
4. 學習動機 +閱讀素養 + 家庭資本 + 心理資本⇨學習表現。
5. 學習動機⇨學習表現。

一、PROCESS 操作程序

操作程序和範例模式 80 的差別在於「Model number:」選單的數值改選 81。

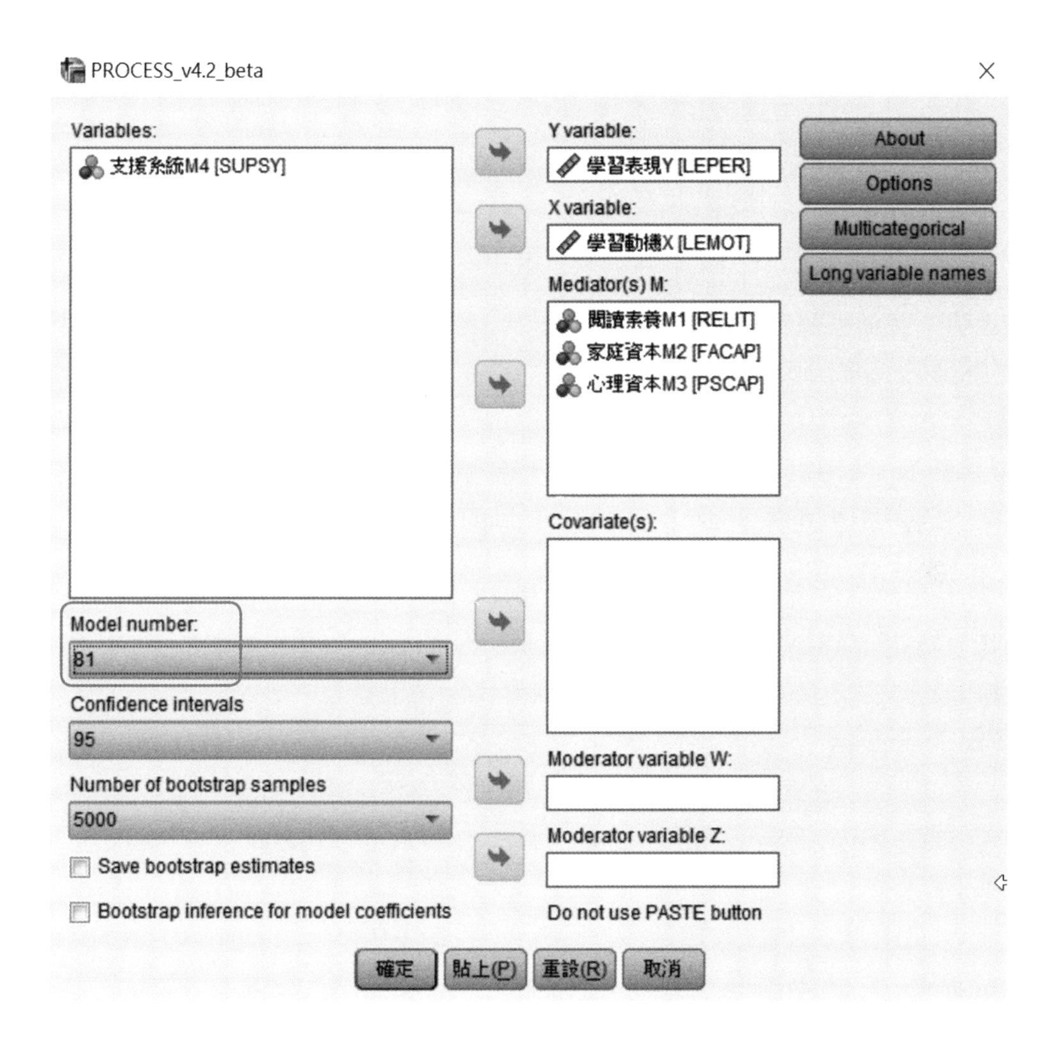

二、PROCESS 輸出結果

Run MATRIX procedure:

*************** PROCESS Procedure for SPSS Version 4.2 beta ***************

Written by Andrew F. Hayes, Ph.D.   www.afhayes.com

Documentation available in Hayes (2022). www.guilford.com/p/hayes3

****

Model : 81

Y : LEPER

X : LEMOT

M1 : RELIT

M2 : FACAP

M3 : PSCAP

Sample

Size: 1103

[說明] 模式五個變數類型，依變項 Y 為 LEPER（學習表現）、自變項 X 為 LEMOT（學習動機），M1、M2、M3 三個中介變項分別為 RELIT（閱讀素養）、FACAP（家庭資本）、PSCAP（心理資本）。模式序號為模式 81，有效樣本數 N = 1103。上述五個變數類型與範例模式 80 相同，但由於模式序號不同，二個中介模式的間接效果路徑是不相同的。

****

OUTCOME VARIABLE:

RELIT

Model Summary

R	R-sq	MSE	F	df1	df2	p
.583	.339	8.985	565.739	1.000	1101.000	.000

Model

	coeff	se	t	p	LLCI	ULCI
constant	5.876	.576	10.204	.000	4.746	7.006
LEMOT	.171	.007	23.785	.000	.157	.185

Standardized coefficients

	coeff
LEMOT	.583

[說明] 迴歸程序對應的路徑圖如下（圖示係數為標準化迴歸係數），結果變項為閱讀素養，解釋變項為學習動機，迴歸係數 = .171，顯著性檢定 t 值統計量 = 23.785（$p < .05$）、標準化迴歸係數 $\beta = .583$，R 平方解釋量為 .339。

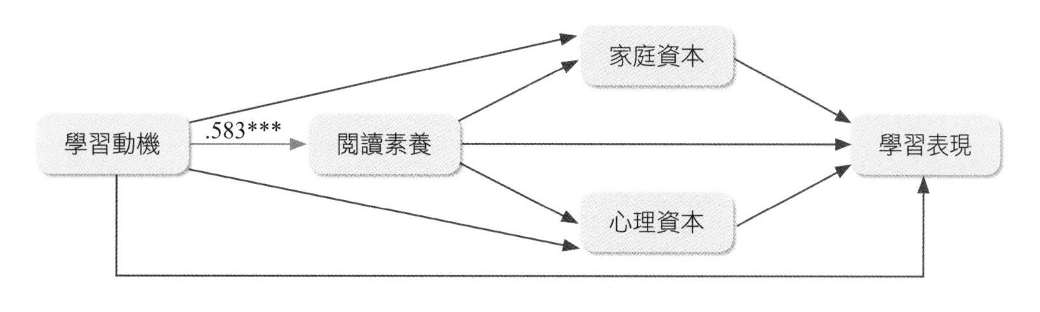

****

OUTCOME VARIABLE:

FACAP

Model Summary

R	R-sq	MSE	F	df1	df2	p
.424	.180	2.973	120.394	2.000	1100.000	.000

Model

	coeff	se	t	p	LLCI	ULCI
constant	6.593	.347	19.025	.000	5.913	7.273
LEMOT	.030	.005	5.982	.000	.020	.040
RELIT	.141	.017	8.151	.000	.107	.175

Standardized coefficients

	coeff
LEMOT	.201
RELIT	.274

[說明] 迴歸程序對應的路徑圖如下（圖示係數為標準化迴歸係數），結果變項為家庭資本，解釋變項為學習動機、閱讀素養，二個解釋變項的迴歸係數分別為 .030、.141，迴歸係數顯著性檢定 t 值統計量分別為 5.982（$p < .05$）、8.151（$p < .05$），均達統計顯著水準，標準化迴歸係數 β 分別為 .201、.274，R 平方解釋量為 .180。

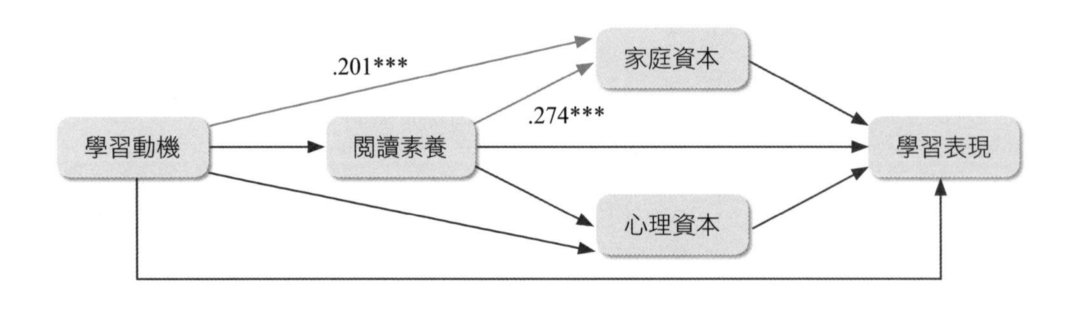

****

OUTCOME VARIABLE:

PSCAP

Model Summary

R	R-sq	MSE	F	df1	df2	p
.394	.155	2.835	101.110	2.000	1100.000	.000

Model

	oeff	se	t	p	LLCI	ULCI
constant	7.177	.338	21.206	.000	6.513	7.841
LEMOT	.028	.005	5.678	.000	.018	.038
RELIT	.123	.017	7.288	.000	.090	.157

Standardized coefficients

	coeff
LEMOT	.194
RELIT	.248

[說明] 迴歸程序對應的路徑圖如下（圖示係數為標準化迴歸係數），結果變項為心理資本，解釋變項為學習動機、閱讀素養，二個解釋變項的迴歸係數分別為 .028、.123，迴歸係數顯著性檢定 t 值統計量分別為 5.678（$p < .05$）、7.288（$p < .05$），均達統計顯著水準，標準化迴歸係數 β 分別為 .194、.248，R 平方解釋量為 .155。

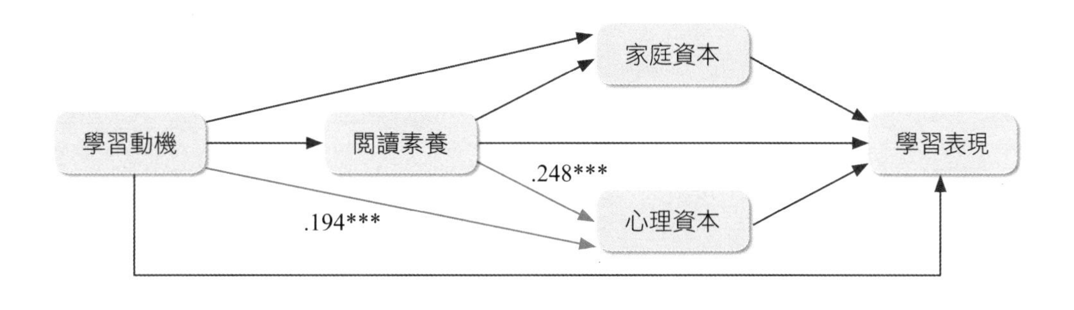

****

OUTCOME VARIABLE:

LEPER

Model Summary

R	R-sq	MSE	F	df1	df2	p
.803	.645	64.436	499.813	4.000	1098.000	.000

Model

	coeff	se	t	p	LLCI	ULCI
constant	18.925	1.952	9.698	.000	15.096	22.755
LEMOT	.379	.024	15.750	.000	.332	.427
RELIT	1.488	.083	17.837	.000	1.324	1.652
FACAP	1.059	.177	5.993	.000	.712	1.406
PSCAP	.679	.181	3.751	.000	.324	1.034

Standardized coefficients

	coeff
LEMOT	.355
RELIT	.408
FACAP	.150
PSCAP	.092

[說明] 迴歸程序對應的路徑圖如下（圖示係數為標準化迴歸係數），結果變項為學習表現，解釋變項為學習動機、閱讀素養、家庭資本、心理資本等四個，四個解釋變項的迴歸係數分別為 .379、1.488、1.059、.679，顯著性檢定 t 值統計量 = 15.750（$p < .05$）、17.837（$p < .05$）、5.993（$p < .05$）、3.751（$p < .05$），均達到統計顯著水準，表示四個迴歸係數均顯著不等於 0，四個解釋變項標準化迴歸係數 β 分別為 .355、.408、.150、.092，聯合解釋變異量 R 平方值 = .645。

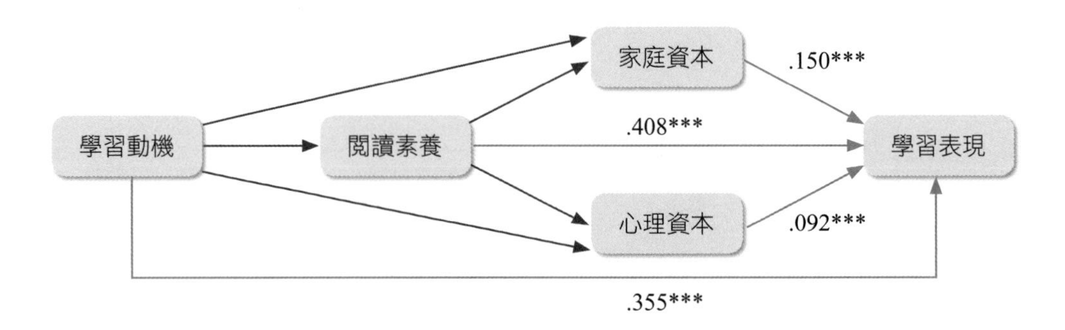

*********************** TOTAL EFFECT MODEL ************************

OUTCOME VARIABLE:

LEPER

Model Summary

R	R-sq	MSE	F	df1	df2	p
.678	.459	98.057	934.313	1.000	1101.000	.000

Model

	coeff	se	t	p	LLCI	ULCI
constant	40.896	1.902	21.498	.000	37.164	44.629
LEMOT	.724	.024	30.567	.000	.678	.771

Standardized coefficients

	coeff
LEMOT	.678

[說明] 迴歸程序對應的路徑圖如下（圖示係數為標準化迴歸係數），結果變項為學習表現，解釋變項為學習動機，學習動機解釋變項的迴歸係數分為 .724，顯著性檢定 t 值統計量 = 30.567（$p < .05$）達到統計顯著水準，解釋變項標準化迴歸係數 β 分別為 .678。中介模式圖中的非標準化總效果值 = .724、標準化總效果值 = .678。

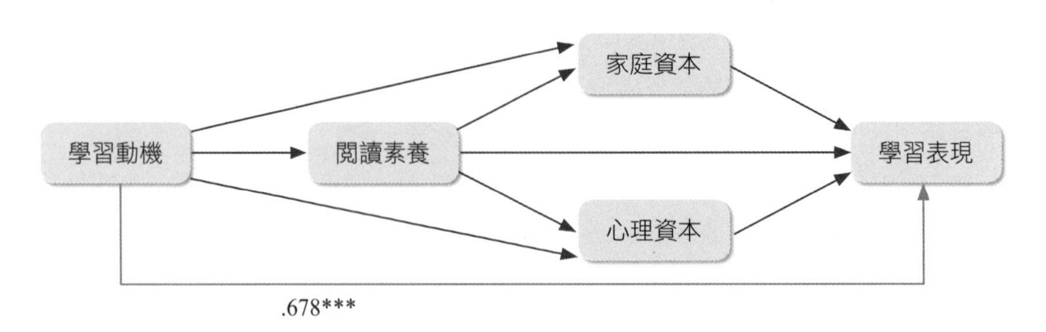

*********** TOTAL, DIRECT, AND INDIRECT EFFECTS OF X ON Y **********

Total effect of X on Y

Effect	se	t	p	LLCI	ULCI	c_cs
.724	.024	30.567	.000	.678	.771	.678

[說明] 中介模式圖中的非標準化總效果值 = .724（p < .05）。

Direct effect of X on Y

Effect	se	t	p	LLCI	ULCI	c'_cs
.379	.024	15.750	.000	.332	.427	.355

[說明] 中介模式圖中同時考量中介變項時，自變項對依變項的非標準化直接效果值 = .379（p < .05）。

Indirect effect(s) of X on Y:

	Effect	BootSE	BootLLCI	BootULCI
TOTAL	.345	.022	.302	.390
Ind1	.254	.020	.215	.294
Ind2	.032	.009	.017	.051
Ind3	.019	.007	.007	.035
Ind4	.026	.006	.014	.039
Ind5	.014	.005	.005	.025
(C1)	.222	.023	.177	.266
(C2)	.235	.022	.193	.277
(C3)	.228	.023	.185	.272
(C4)	.240	.021	.198	.281
(C5)	.013	.012	-.009	.037
(C6)	.007	.009	-.010	.025
(C7)	.018	.011	-.003	.042
(C8)	-.006	.011	-.027	.016
(C9)	.005	.006	-.006	.018
(C10)	.011	.008	-.005	.028

[說明] 中介模式圖中間接效果路徑共有五條，五條間接效果路徑之非標準化總

間接效果值 = .345，拔鞋法 95% 信賴區間值為 [.302, .390]，未包含數值點 0，總間接效果值顯著，五條間接效果值分別為：

1. Ind1 路徑，非標準化間接效果值 = .254，拔鞋法 95% 信賴區間值為 [.215, .294]，區間值未包含數值點 0，路徑間接效果值顯著。
2. Ind2 路徑，非標準化間接效果值 = .032，拔鞋法 95% 信賴區間值為 [.017, .051]，區間值未包含數值點 0，路徑間接效果值顯著。
3. Ind3 路徑，非標準化間接效果值 = .019，拔鞋法 95% 信賴區間值為 [.007, .035]，區間值未包含數值點 0，路徑間接效果值顯著。
4. Ind4 路徑，非標準化間接效果值 = .026，拔鞋法 95% 信賴區間值為 [.014, .039]，區間值未包含數值點 0，路徑間接效果值顯著。
5. Ind5 路徑，非標準化間接效果值 = .014，拔鞋法 95% 信賴區間值為 [.005, .025]，區間值未包含數值點 0，路徑間接效果值顯著。

Completely standardized indirect effect(s) of X on Y:

	Effect	BootSE	BootLLCI	BootULCI
TOTAL	.323	.018	.288	.359
Ind1	.237	.017	.203	.271
Ind2	.030	.008	.016	.048
Ind3	.018	.007	.006	.032
Ind4	.024	.006	.013	.036
Ind5	.013	.005	.005	.023
(C1)	.207	.020	.168	.247
(C2)	.220	.019	.182	.256
(C3)	.214	.020	.174	.252
(C4)	.224	.019	.187	.259
(C5)	.012	.011	-.009	.035
(C6)	.006	.008	-.010	.024
(C7)	.017	.011	-.003	.039
(C8)	-.006	.010	-.026	.015
(C9)	.005	.005	-.005	.016
(C10)	.011	.008	-.004	.026

[說明] 五條路徑之完全標準化間接效果值分別為 .237、.030、.018、.024、.013，五個間接效果值均達統計顯著水準，表示五個完全標準化間接效果值均顯著不等於 0，完全標準化總間接效果值 = .323，拔靴法95% 信賴區間值為 [.288, .359]，區間值未包含數值點 0，總間接效果值顯著。

第一欄 (C1) 至 (C10) 為特定間接效果值配對對比之量數，為二個間接效果差異值是否顯著不等於 0 的檢定，若拔鞋法 95% 信賴區間值不包含 0，表示二個間接效果值量數大小的差異值顯著不等於 0；相對的如果拔鞋法 95% 信賴區間值包含 0，接受虛無假設，表示二個完全標準化間接效果值沒有不同（或沒有差異存在）。

Specific indirect effect contrast definition(s):

(C1)	Ind1	minus	Ind2
(C2)	Ind1	minus	Ind3
(C3)	Ind1	minus	Ind4
(C4)	Ind1	minus	Ind5
(C5)	Ind2	minus	Ind3
(C6)	Ind2	minus	Ind4
(C7)	Ind2	minus	Ind5
(C8)	Ind3	minus	Ind4
(C9)	Ind3	minus	Ind5
(C10)	Ind4	minus	Ind5

[說明] 特定間接效果值配對對比之比較說明。

Indirect effect key:

Ind1 LEMOT -> RELIT -> LEPER
Ind2 LEMOT -> FACAP -> LEPER
Ind3 LEMOT -> PSCAP -> LEPER
Ind4 LEMOT -> RELIT -> FACAP -> LEPER
Ind5 LEMOT -> RELIT -> PSCAP -> LEPER

[說明] 模式中五條間接效果路徑的說明。

****************** ANALYSIS NOTES AND ERRORS *******************

Level of confidence for all confidence intervals in output:

95.0000

Number of bootstrap samples for percentile bootstrap confidence intervals:

5000

[說明] 信賴區間信心水準的說明與拔鞋法樣本產製個數的界定。

------ END MATRIX -----

範例中介模式路徑圖參數估計結果如下：

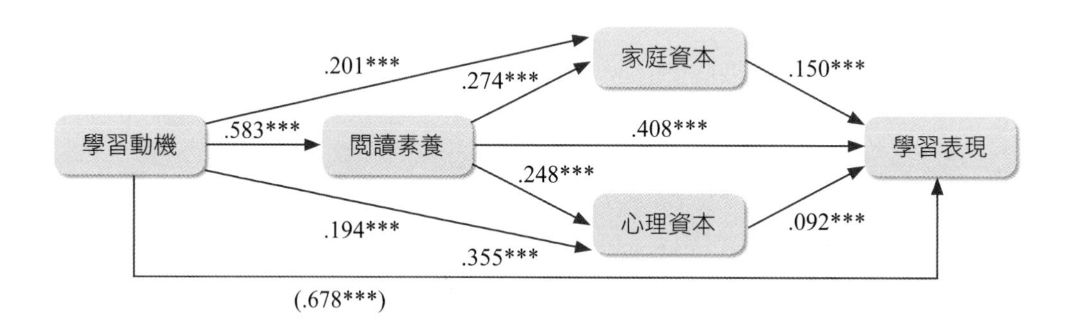

參、雙序列中介模式範例

一、模式概念圖

PROCESS 模組之中介變項模式序號中的模式 82 為二個序列中介模式的組合，概念圖示為：

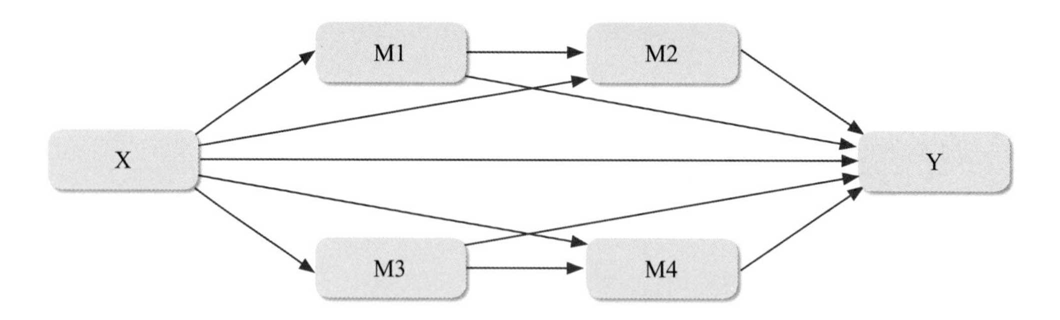

第一組中介變項 M1 及 M2 與第二組中介變項 M3 及 M4 間沒有直接影響路

徑，二組中介變項均受到自變項 X 的影響，也影響到依變項 Y，範例圖示如下圖，第一組中介變項為閱讀素養及家庭資本、第二組中介變項為心理資本及支援系統。假定四個中介變項均受到自變項學習動機的影響，同時四個中介變項對結果變項（依變項）學習表現也有直接的影響。

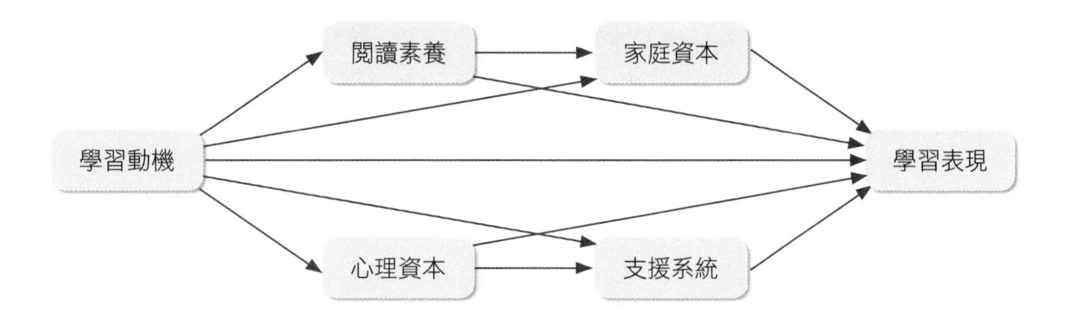

SPSS 軟體中執行的複迴歸程序包含以下幾個：

1. 學習動機⇨閱讀素養。
2. 學習動機⇨心理資本。
3. 學習動機 + 閱讀素養⇨家庭資本。
4. 學習動機 + 心理資本⇨支援系統。
5. 學習動機 + 閱讀素養+家庭資本 + 心理資本 + 支援系統⇨學習表現。
6. 學習動機⇨學習表現。

SPSS 軟體執行的複迴歸之係數摘要表如下：

1. 學習動機⇨閱讀素養。

係數[a]

模式		未標準化係數		標準化係數		
		B 之估計值	標準誤差	Beta 分配	t	顯著性
1	(常數)	5.876	.576		10.204	.000
	學習動機 X	.171	.007	.583	23.785	.000

a. 依變數: 閱讀素養 M1

迴歸方程式：閱讀素養 = 5.876 + 0.171 × 學習動機，解釋變項標準化迴歸係數 $\beta = .583^{***}$。

2. 學習動機⇨心理資本。

係數[a]

模式		未標準化係數		標準化係數	t	顯著性
		B 之估計值	標準誤差	Beta 分配		
1	(常數)	7.902	.331		23.870	.000
	學習動機 X	.049	.004	.338	11.932	.000

a. 依變數: 心理資本 M3

迴歸方程式：心理資本 = 7.902 + 0.049 × 學習動機，解釋變項標準化迴歸係數 β = .338***。

3. 學習動機 + 閱讀素養⇨家庭資本。

係數[a]

模式		未標準化係數		標準化係數	t	顯著性
		B 之估計值	標準誤差	Beta 分配		
1	(常數)	6.593	.347		19.025	.000
	學習動機 X	.030	.005	.201	5.982	.000
	閱讀素養 M1	.141	.017	.274	8.151	.000

a. 依變數: 家庭資本 M2

迴歸方程式：家庭資本 = 6.593 + 0.030 × 學習動機 + 0.141 × 閱讀素養，解釋變項標準化迴歸係數 β 分別為 .201***、.274***。

4. 學習動機 + 心理資本⇨支援系統。

係數[a]

模式		未標準化係數		標準化係數	t	顯著性
		B 之估計值	標準誤差	Beta 分配		
1	(常數)	2.618	.662		3.953	.000
	學習動機 X	.169	.007	.577	23.717	.000
	心理資本 M3	.331	.049	.165	6.770	.000

a. 依變數: 支援系統 M4

迴歸方程式：支援系統 = 2.618 + 0.169 × 學習動機 + 0.331 × 心理資本，解釋變項標準化迴歸係數 β 分別為 .577***、.165***。

5. 學習動機 + 閱讀素養 + 家庭資本 + 心理資本 + 支援系統⇨學習表現。

係數[a]

模式		未標準化係數		標準化係數		
		B 之估計值	標準誤差	Beta 分配	t	顯著性
1	(常數)	18.539	1.892		9.801	.000
	學習動機 X	.314	.025	.294	12.783	.000
	閱讀素養 M1	.819	.113	.224	7.259	.000
	家庭資本 M2	.933	.172	.132	5.425	.000
	心理資本 M3	.677	.175	.092	3.859	.000
	支援系統 M4	1.008	.118	.276	8.511	.000

a. 依變數: 學習表現 Y

迴歸方程式：學習表現 = 18.539 + 0.314 × 學習動機 + 0.819 × 閱讀素養 + 0.933 × 家庭資本 + 0.677 × 心理資本 + 1.008 × 支援系統，五個解釋變項的標準化迴歸係數 β 依序為 .294***、.224***、.132、.092、.276。

6. 學習動機⇨學習表現。

係數[a]

模式		未標準化係數		標準化係數		
		B 之估計值	標準誤差	Beta 分配	t	顯著性
1	(常數)	40.896	1.902		21.498	.000
	學習動機 X	.724	.024	.678	30.567	.000

a. 依變數: 學習表現 Y

迴歸方程式：學習表現 = 40.896 + 0.724 × 學習動機，標準化迴歸係數 β = .678***，表示在學習動機對學習表現的雙序列中介模式的標準化總效果值為 .678，非標準化總效果值為 .724。

PROCESS 的操作與模式 80 及模式 81 相似，只是模式數值序號改選模式 82，執行結果的量數意涵也與模式 80 及模式 81 類似。被選入「Mediator(s)M:」方框中的中介變項包括閱讀素養 M1、家庭資本 M2、心理資本 M3、支援系統 M4。

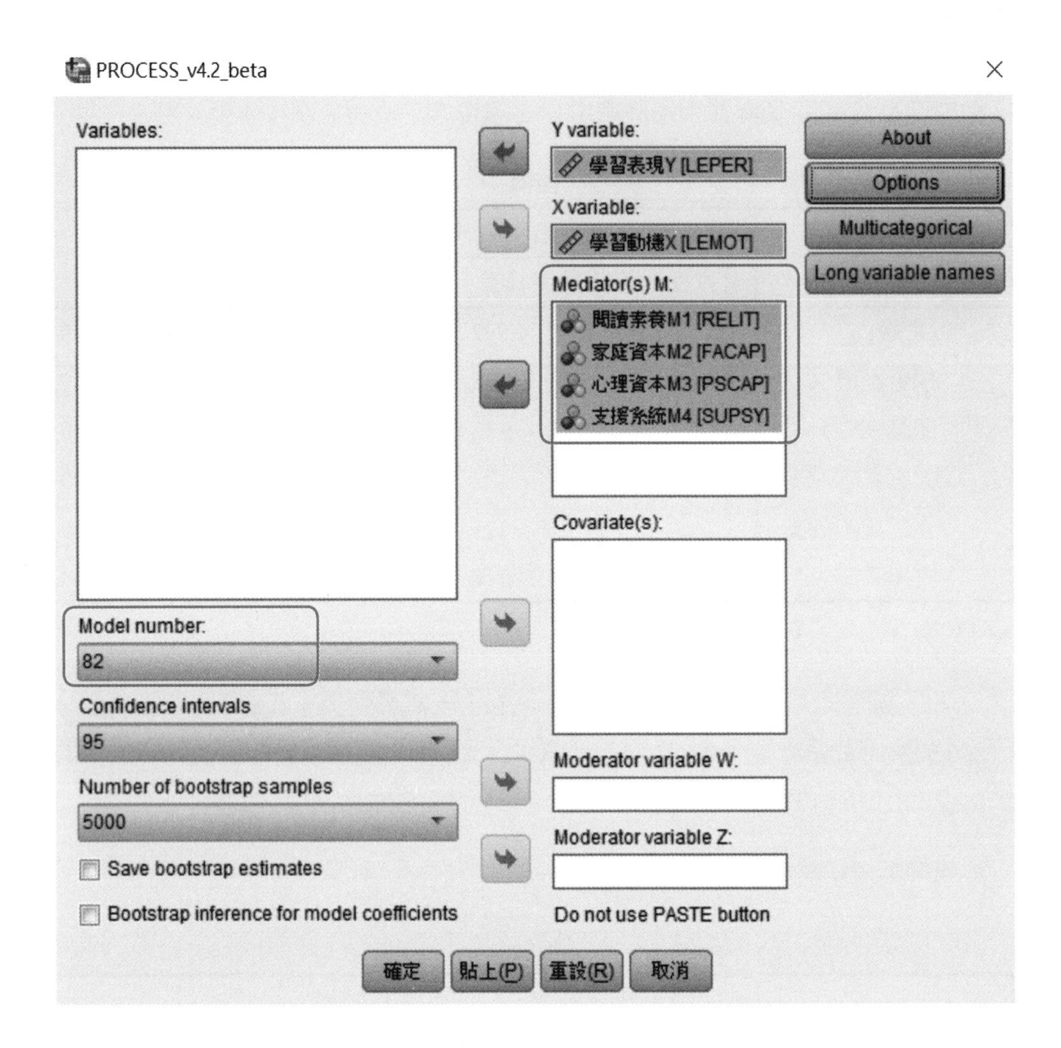

二、PROCESS 輸出結果

Run MATRIX procedure:

*************** PROCESS Procedure for SPSS Version 4.2 beta ***************

Written by Andrew F. Hayes, Ph.D.   www.afhayes.com

Documentation available in Hayes (2022). www.guilford.com/p/hayes3

****

Model : 82

Y : LEPER

X : LEMOT

M1 : RELIT

M2 : FACAP

M3 : PSCAP

M4 : SUPSY

Sample

Size: 1103

[說明] 模式五個變數類型，依變項 Y 為 LEPER（學習表現）、自變項 X 為 LEMOT（學習動機），M1、M2、M3、M4 四個中介變項分別為 RELIT（閱讀素養）、FACAP（家庭資本）、PSCAP（心理資本）、SUPSY（支援系統）。有效樣本數 N = 1103，模式序號為 82。

****

OUTCOME VARIABLE:

RELIT

Model Summary

R	R-sq	MSE	F	df1	df2	p
.583	.339	8.985	565.739	1.000	1101.000	.000

Model

	coeff	se	t	p	LLCI	ULCI
constant	5.876	.576	10.204	.000	4.746	7.006
LEMOT	.171	.007	23.785	.000	.157	.185

Standardized coefficients

	coeff
LEMOT	.583

[說明] 迴歸方程式為：

閱讀素養 = 5.876 + 0.171 × 學習動機，解釋變項標準化迴歸係數 β = .583***。

****

OUTCOME VARIABLE:

FACAP

Model Summary

R	R-sq	MSE	F	df1	df2	p
.424	.180	2.973	120.394	2.000	1100.000	.000

Model

	coeff	se	t	p	LLCI	ULCI
constant	6.593	.347	19.025	.000	5.913	7.273
LEMOT	.030	.005	5.982	.000	.020	.040
RELIT	.141	.017	8.151	.000	.107	.175

Standardized coefficients

	coeff
LEMOT	.201
RELIT	.274

[說明] 迴歸方程式：家庭資本 = 6.593 + 0.030 × 學習動機 + 0.141 × 閱讀素養，二個解釋變項標準化迴歸係數 β 分別為 .201***、.274***。

****

OUTCOME VARIABLE:

PSCAP

Model Summary

R	R-sq	MSE	F	df1	df2	p
.338	.114	2.970	142.362	1.000	1101.000	.000

Model

	coeff	se	t	p	LLCI	ULCI
constant	7.902	.331	23.870	.000	7.253	8.552
LEMOT	.049	.004	11.932	.000	.041	.057

Standardized coefficients

	coeff
LEMOT	.338

[說明] 迴歸方程式為：

心理資本 = 7.902 + 0.049 × 學習動機，解釋變項標準化迴歸係數 β = .338***。

****

OUTCOME VARIABLE:

SUPSY

Model Summary

R	R-sq	MSE	F	df1	df2	p
.651	.424	7.831	404.862	2.000	1100.000	.000

Model

	coeff	se	t	p	LLCI	ULCI
constant	2.618	.662	3.953	.000	1.318	3.917
LEMOT	.169	.007	23.717	.000	.155	.183
PSCAP	.331	.049	6.770	.000	.235	.427

Standardized coefficients

	coeff
LEMOT	.577
PSCAP	.165

[說明] 迴歸方程式為：

支援系統 = 2.618+0.169 × 學習動機 + 0.331 × 心理資本，二個解釋變項標準化迴歸係數 β 分別為 .577***、.165***。

****

OUTCOME VARIABLE:

LEPER

Model Summary

R	R-sq	MSE	F	df1	df2	p
.817	.667	60.501	440.350	5.000	1097.000	.000

Model

	coeff	se	t	p	LLCI	ULCI
constant	18.539	1.892	9.801	.000	14.828	22.251
LEMOT	.314	.025	12.783	.000	.266	.362
RELIT	.819	.113	7.259	.000	.597	1.040
FACAP	.933	.172	5.425	.000	.595	1.270
PSCAP	.677	.175	3.859	.000	.333	1.021
SUPSY	1.008	.118	8.511	.000	.775	1.240

Standardized coefficients

	coeff
LEMOT	.294

RELIT	.224
FACAP	.132
PSCAP	.092
SUPSY	.276

[說明] 迴歸方程式為：

學習表現 = 18.539 + 0.314 × 學習動機 + 0.819 × 閱讀素養 + 0.933 × 家庭資本 + 0.677 × 心理資本 + 1.008 × 支援系統，五個解釋變項的標準化迴歸係數 β 依序為 .294***、.224***、.132***、.092***、.276***，五個解釋變項對依變項學習表現共同的解釋變異量 R 平方 = .667。

************************* TOTAL EFFECT MODEL ************************

OUTCOME VARIABLE:

LEPER

Model Summary

R	R-sq	MSE	F	df1	df2	p
.678	.459	98.057	934.313	1.000	1101.000	.000

Model

	coeff	se	t	p	LLCI	ULCI
constant	40.896	1.902	21.498	.000	37.164	44.629
LEMOT	.724	.024	30.567	.000	.678	.771

Standardized coefficients

	coeff
LEMOT	.678

[說明] 迴歸方程式為：

學習表現 = 40.896 + 0.724 × 學習動機，標準化迴歸係數 β = .678***，表示在學習動機對學習表現的雙序列中介模式的標準化總效果值為 .678，非標準化總效果值為 .724。

*********** TOTAL, DIRECT, AND INDIRECT EFFECTS OF X ON Y **********

Total effect of X on Y

Effect	se	t	p	LLCI	ULCI	c_cs
.724	.024	30.567	.000	.678	.771	.678

[說明] 學習動機對學習表現的雙序列中介模式的標準化總效果值為 .678***，非標準化總效果值為 .724。

Direct effect of X on Y

Effect	se	t	p	LLCI	ULCI	c'_cs
.314	.025	12.783	.000	.266	.362	.294

[說明] 同時投入自變項及四個中介變項，迴歸方程式為學習表現 = 18.539 + 0.314 × 學習動機 + 0.819 × 閱讀素養 + 0.933 × 家庭資本 + 0.677 × 心理資本 + 1.008 × 支援系統，自變項學習動機對依變項學習表現影響的非標準化直接效果值 = 0.314，標準化直接效果值為 .294，量數 95% 信賴區間不包含 0。

Indirect effect(s) of X on Y:

	Effect	BootSE	BootLLCI	BootULCI
TOTAL	.410	.025	.363	.461
Ind1	.140	.023	.095	.185
Ind2	.028	.009	.014	.047
Ind3	.033	.011	.013	.056
Ind4	.170	.027	.118	.224
Ind5	.022	.006	.011	.036
Ind6	.016	.004	.009	.026
(C1)	.111	.024	.063	.158
(C2)	.106	.026	.056	.157
(C3)	-.030	.044	-.116	.054
(C4)	.117	.025	.068	.166
(C5)	.123	.025	.074	.173
(C6)	-.005	.015	-.035	.026
(C7)	-.142	.030	-.201	-.083
(C8)	.006	.008	-.009	.024
(C9)	.012	.009	-.005	.032
(C10)	-.137	.029	-.194	-.081
(C11)	.011	.014	-.016	.039
(C12)	.017	.011	-.005	.039

(C13)	.148	.029	.092	.204
(C14)	.154	.026	.105	.205
(C15)	.006	.007	-.007	.020

[說明] 模式中六條間接影響路徑之非標準化間接效果值分別為 .140、.028、.033、.170、.022、.016，六個間接效果值顯著性檢定採用拔鞋法，拔鞋法 95% 信賴區間值均不含數值點 0，表示六個間接效果值均顯著不為 0，模式中六條間接效果路徑都達統計顯著水準。總間接效果之非標準化影響估計值為 .410，拔鞋法 95% 信賴區間值為 [.363, .461]，未包含數值 0，總間接效果之非標準化影響估計值顯著不為 0。

Completely standardized indirect effect(s) of X on Y:

	Effect	BootSE	BootLLCI	BootULCI
TOTAL	.384	.020	.346	.424
Ind1	.131	.021	.089	.173
Ind2	.026	.008	.013	.044
Ind3	.031	.010	.012	.052
Ind4	.159	.025	.111	.207
Ind5	.021	.006	.010	.034
Ind6	.015	.004	.009	.024
(C1)	.104	.022	.060	.147
(C2)	.099	.024	.052	.146
(C3)	-.028	.041	-.108	.051
(C4)	.110	.023	.063	.155
(C5)	.115	.023	.069	.161
(C6)	-.005	.014	-.032	.024
(C7)	-.133	.028	-.187	-.079
(C8)	.005	.008	-.009	.022
(C9)	.011	.009	-.005	.030
(C10)	-.128	.027	-.180	-.076
(C11)	.010	.013	-.015	.036
(C12)	.016	.010	-.005	.037
(C13)	.138	.026	.087	.189

(C14)	.144	.023	.098	.189
(C15)	.006	.007	-.007	.019

[說明] 模式中六條間接影響路徑之標準化間接效果值分別為 .131、.026、.031、.159、.021、.015，六個間接效果值顯著性檢定採用拔鞋法，拔鞋法 95% 信賴區間值均不含數值點 0，表示六個間接效果值均顯著不為 0，模式中六條間接效果路徑都達統計顯著水準。總間接效果之標準化影響估計值為 .384，拔鞋法 95% 信賴區間值為 [.346, .424]，未包含數值 0，總間接效果之標準化影響估計值顯著不為 0。

Specific indirect effect contrast definition(s):

(C1)	Ind1	minus	Ind2
(C2)	Ind1	minus	Ind3
(C3)	Ind1	minus	Ind4
(C4)	Ind1	minus	Ind5
(C5)	Ind1	minus	Ind6
(C6)	Ind2	minus	Ind3
(C7)	Ind2	minus	Ind4
(C8)	Ind2	minus	Ind5
(C9)	Ind2	minus	Ind6
(C10)	Ind3	minus	Ind4
(C11)	Ind3	minus	Ind5
(C12)	Ind3	minus	Ind6
(C13)	Ind4	minus	Ind5
(C14)	Ind4	minus	Ind6
(C15)	Ind5	minus	Ind6

[說明] 特定間接效果配對對比差異值檢定的說明，若二個間接效果差異值之拔鞋法 95% 信賴區間值不包含數值 0，表示二個間接效果的影響程度有顯著差異。

Indirect effect key:

Ind1 LEMOT -> RELIT -> LEPER

Ind2 LEMOT -> FACAP -> LEPER

Ind3 LEMOT -> PSCAP -> LEPER
Ind4 LEMOT -> SUPSY -> LEPER
Ind5 LEMOT -> RELIT -> FACAP -> LEPER
Ind6 LEMOT -> PSCAP -> SUPSY -> LEPER

[說明] 模式中六條間接效果路徑的代號及影響路徑說明：
Ind1 學習動機⇨閱讀素養⇨學習表現
Ind2 學習動機⇨家庭資本⇨學習表現
Ind3 學習動機⇨心理資本⇨學習表現
Ind4 學習動機⇨支援系統⇨學習表現
Ind5 學習動機⇨閱讀素養⇨家庭資本⇨學習表現
Ind6 學習動機⇨心理資本⇨支援系統⇨學習表現

****************** ANALYSIS NOTES AND ERRORS *******************
Level of confidence for all confidence intervals in output:
 95.0000
Number of bootstrap samples for percentile bootstrap confidence intervals:
 5000
------ END MATRIX -----

雙序列中介模式參數估計結果之圖示為（模式中增列的量數為標準化迴歸係數 β 值）：

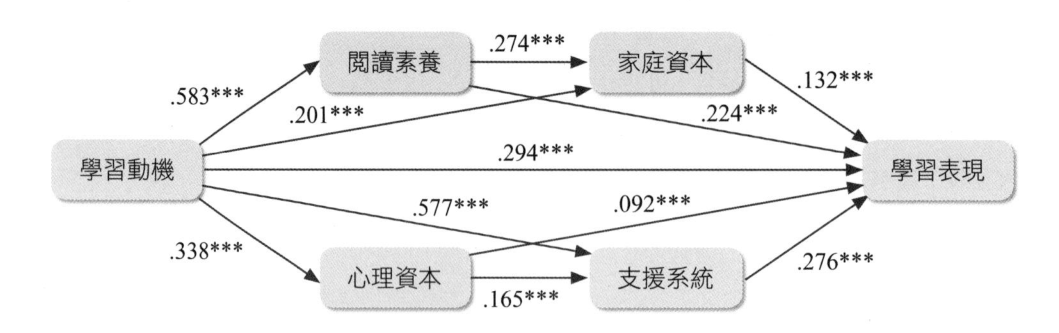

雙序列模式中六條間接效果路徑如下：

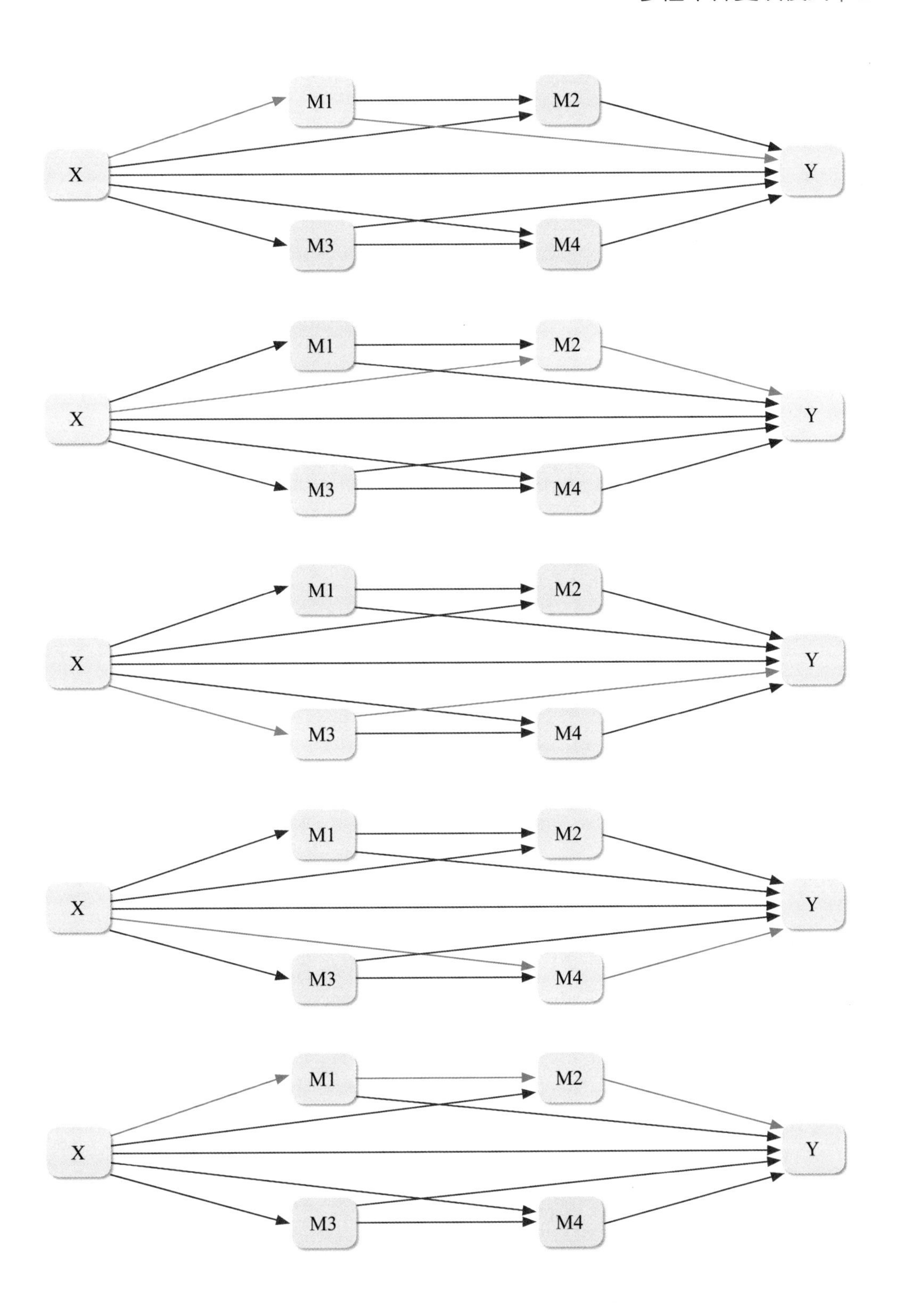
M1
M2
X
Y
M3
M4
M1
M2
X
Y
M3
M4
M1
M2
X
Y
M3
M4
M1
M2
X
Y
M3
M4
M1
M2
X
Y
M3
M4

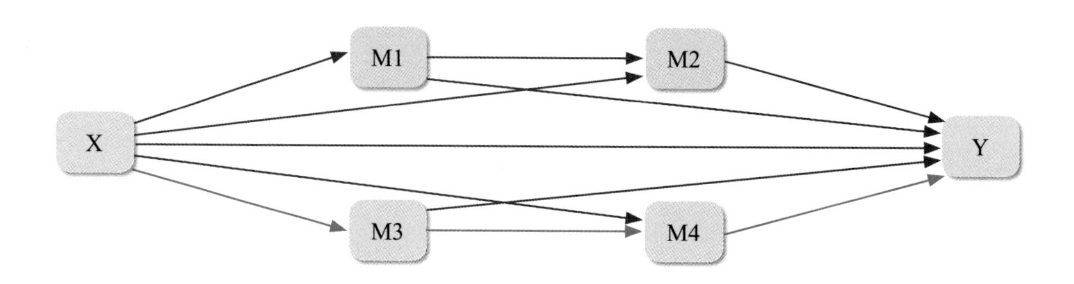
M1
M2
X
Y
M3
M4

Chapter 13

雙調節變項

壹、雙調節變項模式圖

雙調節變項的概念型模式圖如下，圖中的變項符號 W 為第一個調節變項、Z 為第二個調節變項。

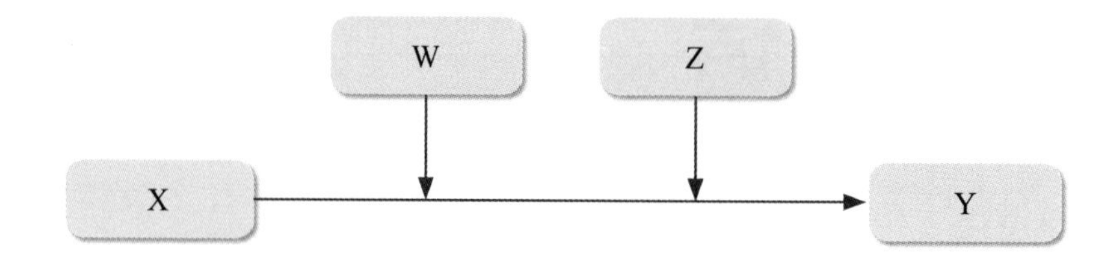

上述雙調節變項之概念型模式圖對應的統計模型圖如下。

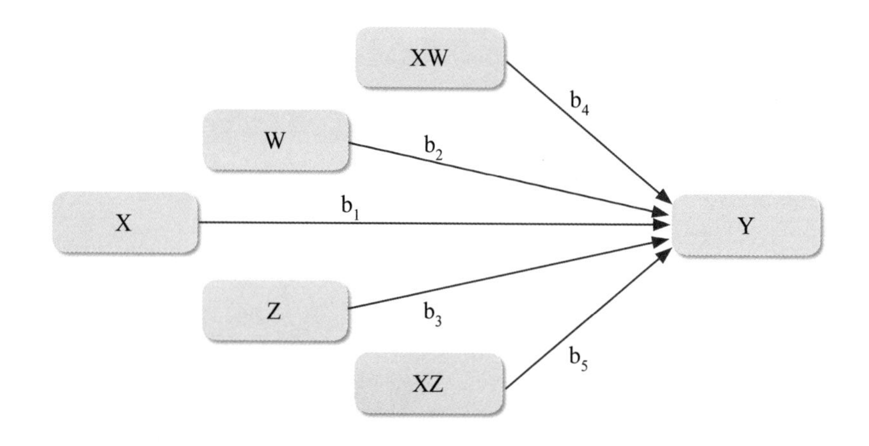

範例之雙調節變項的概念型模式圖為：

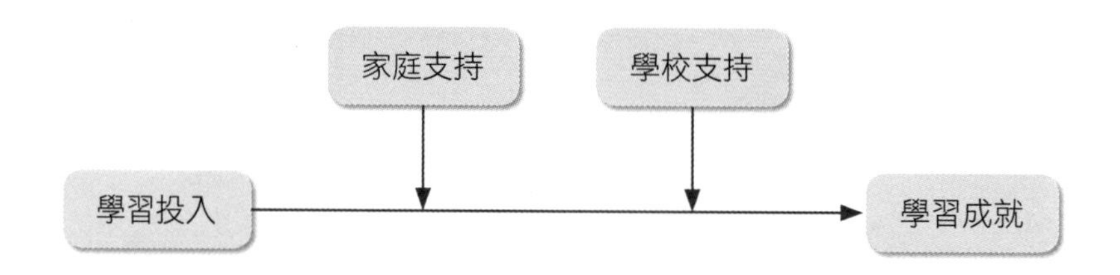

將二個調節變項 W、Z 界定為自變項，有三個解釋變項的多元線性迴歸方程式為：$Y = int_Y + b_1X + b_2W + b_3Z + \text{error}$，線性方程並沒有調節變項與自變項的交互作用項。

將二個預測變項 W、Z 界定為調節變項，完整的統計分析之線性迴歸方程式：

$$Y = int_Y + b_1 X + b_2 W + b_3 Z + b_4 XW + b_5 XZ + e_Y$$

方程式可合併為：

$$\begin{aligned} Y &= int_Y + (b_1 X + b_4 XW + b_5 XZ) + b_2 W + b_3 Z + e_Y \\ &= int_Y + (b_1 + b_4 W + b_5 Z)X + b_2 W + b_3 Z + e_Y \end{aligned}$$

模式中的條件效果方程為：

$Y = int_Y + \theta_{X\to Y} X + b_2 W + b_3 Z + e_Y$，其中 $\theta_{X\to Y}$ 為自變項 X 對依變項 Y 影響的條件化效果：$\theta_{X\to Y} = b_1 + b_4 W + b_5 Z$。

範例圖示中的自變項 X 為學習投入、依變項 Y 為學習成就、調節變項 W 為家庭支持、調節變項 Z 為學校支持。變項英文名稱與變項中文標記名稱對應如下：

綜合模式02.sav [資料集1] - IBM SPSS Statistics Data Editor

檔案(F) 編輯(E) 檢視(V) 資料(D) 轉換(T) 分析(A) 直效行銷 統計圖(G) 公用程式(U) 視窗(W) 說明(H)

	名稱	類型	寬度	小數	標籤	數值	遺漏
1	LEINV	數值型	8	0	學習投入	無	無
2	FASUP	數值型	8	0	家庭支持	無	無
3	CLSUP	數值型	8	0	學校支持	無	無
4	ACHIE	數值型	8	0	學習成就	無	無

四個變項均為計量變項，變項間相關矩陣如下表：

相關

		學習投入	家庭支持	學習成就	學校支持
學習投入	皮爾森 (Pearson) 相關	1	.716**	.614**	.304**
	顯著性 (雙尾)		.000	.000	.000
	N	1066	1066	1066	1066
家庭支持	皮爾森 (Pearson) 相關	.716**	1	.655**	.305**
	顯著性 (雙尾)	.000		.000	.000
	N	1066	1066	1066	1066
學習成就	皮爾森 (Pearson) 相關	.614**	.655**	1	.331**
	顯著性 (雙尾)	.000	.000		.000
	N	1066	1066	1066	1066
學校支持	皮爾森 (Pearson) 相關	.304**	.305**	.331**	1
	顯著性 (雙尾)	.000	.000	.000	
	N	1066	1066	1066	1066

**. 相關性在 0.01 層上顯著 (雙尾)。

從相關矩陣中可以發現：

1. 學習投入 X 變項與家庭支持 W 變項、學校支持 Z 變項的積差相關係數 r 分別為 .716（$p < .001$）、.304（$p < .001$），均達統計顯著水準。
2. 學習投入 X 變項與學習成就 Y 變項的積差相關係數 $r = .614$（$p < .001$），達到統計顯著水準，二者有中度顯著的正相關。
3. 家庭支持 W 變項、學校支持 Z 變項與學習成就 Y 變項的積差相關係數 r 分別為 .655（$p < .001$）、.331（$p < .001$），均達統計顯著水準。
4. 家庭支持 W 變項與學校支持 Z 變項二個調節變項的積差相關係數 $r = .305$（$p < .001$），達統計顯著水準，二者有顯著的正相關。

貳、PROCESS 操作程序

雙調節變項的模式與模式 1 單調節變項（W）的差異在於多一個調節變項（Z），對應的模式序號為模式 2。

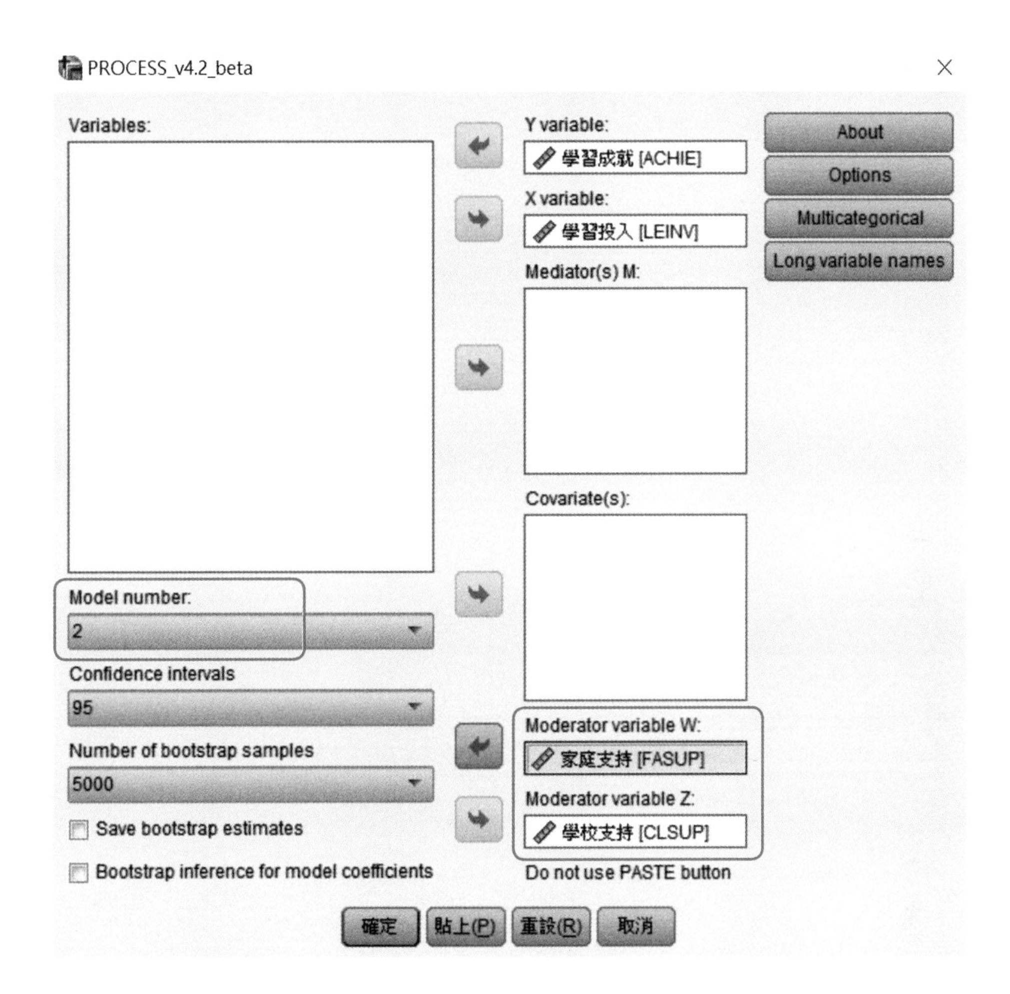

模式序號選取模式 2，右邊「Moderator variable W」、「Moderator variable Z」下的方框中均要選取對應的調節變項，若只選取一個調節變項會出現錯誤訊息。

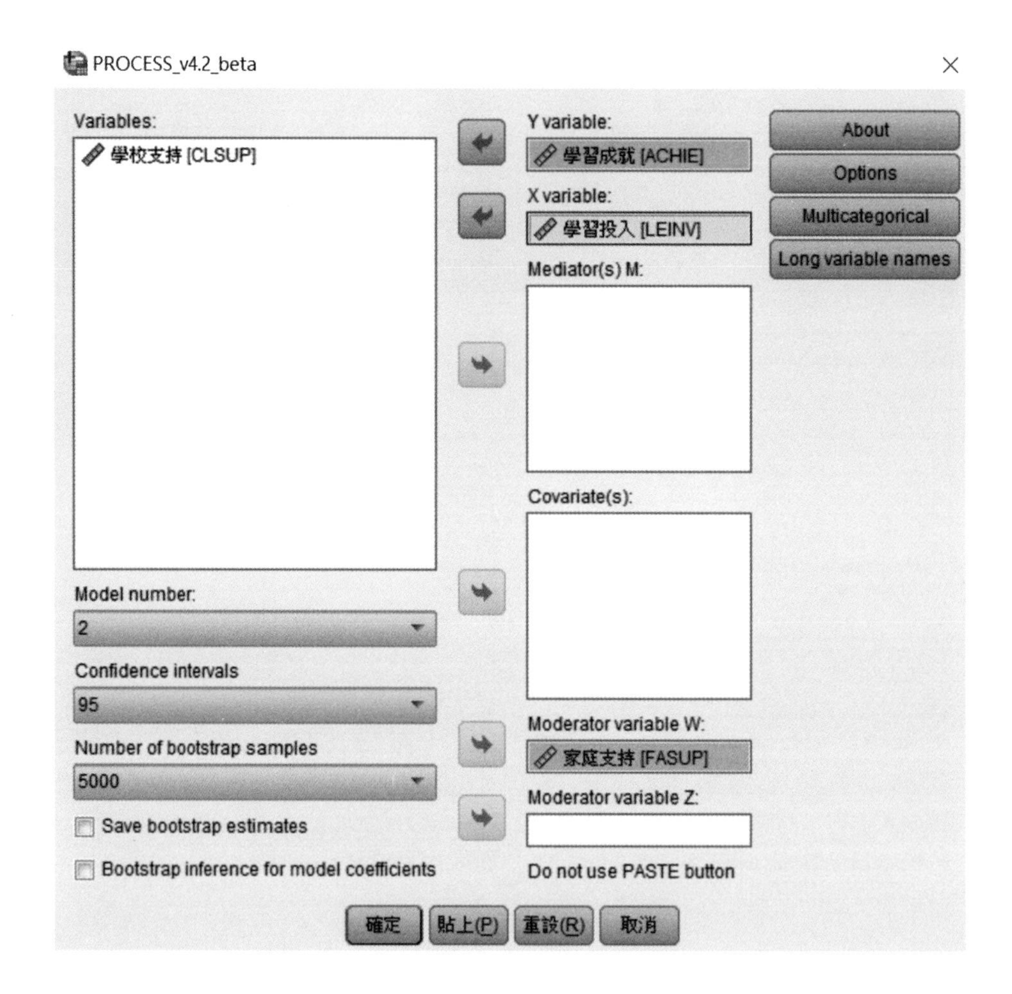

「Moderator variable Z」方框內未選入調節變項學校支持時，執行矩陣程序出現的錯誤訊息為模式中未特別界定 Z 變項。

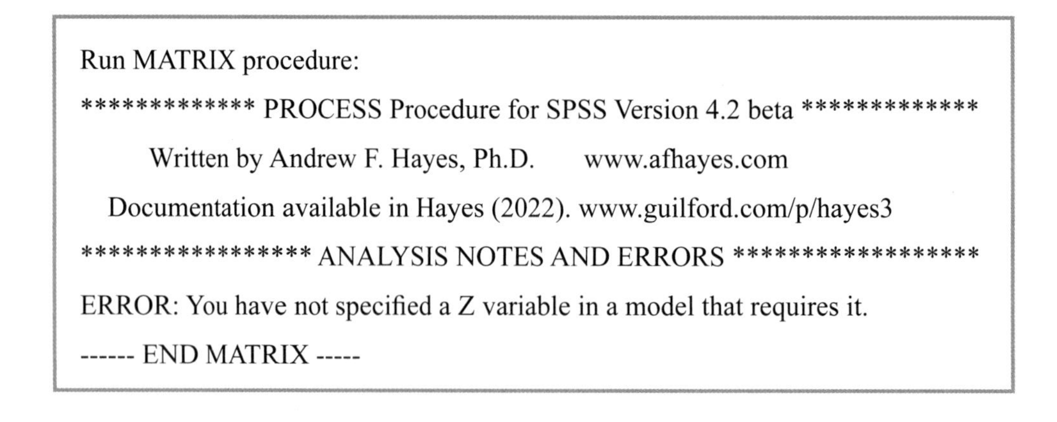

Run MATRIX procedure:

************* PROCESS Procedure for SPSS Version 4.2 beta *************

Written by Andrew F. Hayes, Ph.D. www.afhayes.com

Documentation available in Hayes (2022). www.guilford.com/p/hayes3

***************** ANALYSIS NOTES AND ERRORS ******************

ERROR: You have not specified a Z variable in a model that requires it.

------ END MATRIX -----

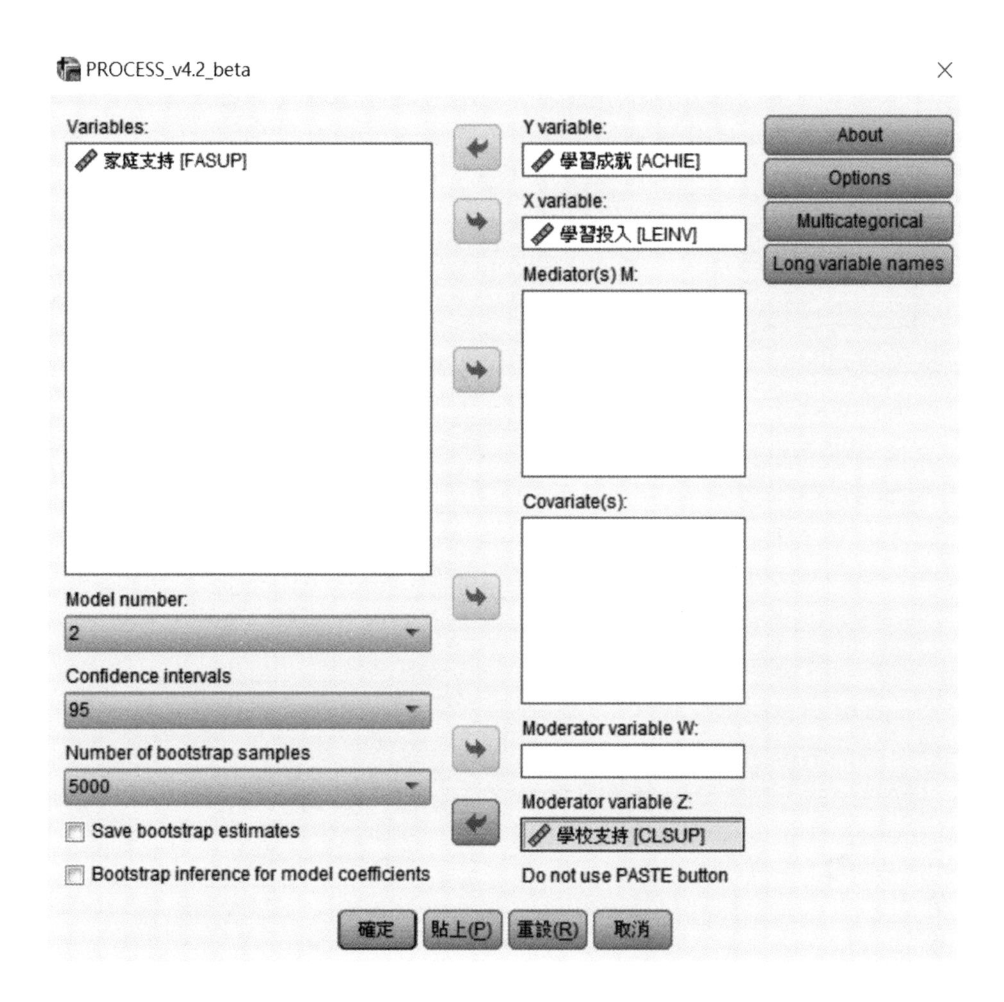

「Moderator variable W」方框內未選入調節變項家庭支持時，執行矩陣程序出現的錯誤訊息為模式中未特別界定W變項。

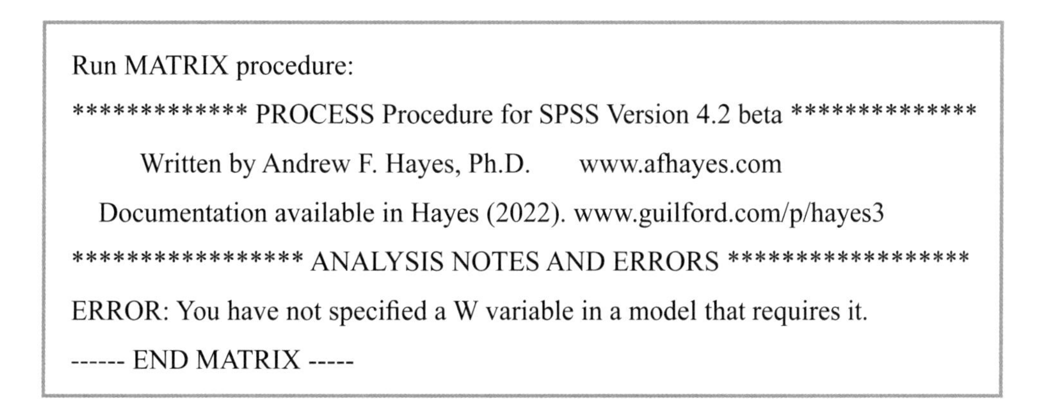

Run MATRIX procedure:

************* PROCESS Procedure for SPSS Version 4.2 beta **************

Written by Andrew F. Hayes, Ph.D.   www.afhayes.com

Documentation available in Hayes (2022). www.guilford.com/p/hayes3

***************** ANALYSIS NOTES AND ERRORS ******************

ERROR: You have not specified a W variable in a model that requires it.

------ END MATRIX -----

「PROCESS options」次對話視窗中的界定與模式 1 相同，由於自變項 X

（學習投入）、依變項 Y（學習成就）、調節變項 W（家庭支持）、調節變項 Z（學校支持）四個變項均為計量變項，因而除依變項 Y（學習成就）外，其餘變項都要經平均數中心化處理，模式中平均數中心化處理的方框中選取「⦿All variables that define products」選項。

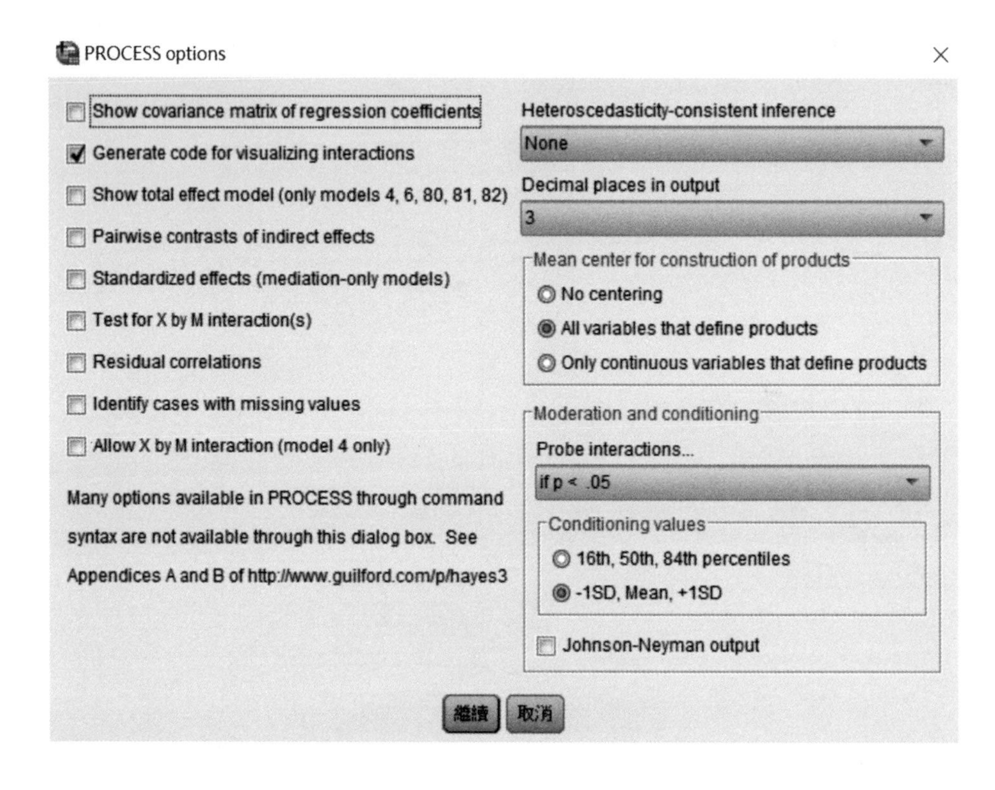

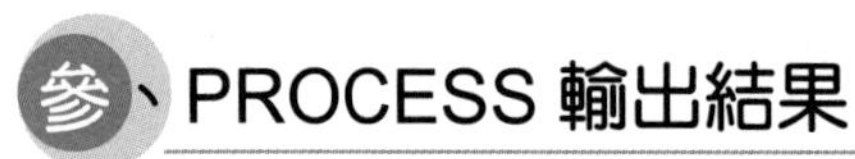

參、PROCESS 輸出結果

Run MATRIX procedure:

*************** PROCESS Procedure for SPSS Version 4.2 beta ***************

Written by Andrew F. Hayes, Ph.D.   www.afhayes.com

Documentation available in Hayes (2022). www.guilford.com/p/hayes3

****

Model : 2

Y : ACHIE

X : LEINV

W : FASUP

Z : CLSUP
Sample
Size: 1066

[說明] 模式序號為模式 2，第一個調節變項 W 為 FASUP（家庭支持）、第二個調節變項 Z 為 CLSUP（學校支持）、自變項 X 為 LEINV（學習投入）、依變項 Y 為 ACHIE（學習成就），有效樣本數 N = 1066。

****

OUTCOME VARIABLE:
ACHIE
Model Summary

R	R-sq	MSE	F	df1	df2	p
.698	.488	26.336	201.878	5.000	1060.000	.000

Model

	coeff	se	t	p	LLCI	ULCI
constant	55.642	.178	312.908	.000	55.293	55.991
LEINV	.401	.048	8.341	.000	.307	.495
FASUP	.468	.036	12.912	.000	.397	.539
Int_1	-.007	.004	-1.788	.074	-.014	.001
CLSUP	.153	.030	5.086	.000	.094	.213
Int_2	.013	.006	2.247	.025	.002	.025

[說明] OLS 線性迴歸方程式為：

$$Y = int_Y + b_1 \mathrm{X} + b_2 \mathrm{W} + b_3 \mathrm{Z} + b_4 \mathrm{XW} + b_5 \mathrm{XZ} + e_Y$$
$$= 55.642 + 0.401\mathrm{X} + 0.468\mathrm{W} + 0.153\mathrm{Z} + (-0.007)\mathrm{XW} + 0.013\mathrm{XZ}$$

多元線性迴歸的 R 平方值 = .488，多元相關係數 R = .698。第一個交互作用項 Int_1（學習投入 × 家庭支持）的迴歸係數 B = -0.007，顯著性檢定的 t 值統計量 = -1.788（p > .05），未達統計顯著水準；第二個交互作用項 Int_2（學習投入 × 學校支持）的迴歸係數 B = 0.013、標準誤 = 0.006，顯著性檢定的 t 值統計量 = 2.247（p < .05），達到統計顯著水準。W 與 Z 在不同數值下的條件化效果方程式為：$\theta_{X \to Y} = b_1 + b_4 \mathrm{W} + b_5 \mathrm{Z} = 0.401 - 0.007\mathrm{W} + 0.013\mathrm{Z}$。

以 SPSS 軟體求出自變項 X、二個調節變項 W、Z 的描述性統計量。

敘述統計

	個數	最小值	最大值	平均數	標準差
學習投入	1066	11	45	39.37	4.904
家庭支持	1066	13	50	41.91	6.301
學校支持	1066	1	43	37.61	5.552
有效的 N (完全排除)	1066				

經由描述性統計量摘要表中的平均數欄求出自變項與調節變項的平均數集中化數值（各變項受試者原始測量值減掉變項平均數）：

平減學習投入 = 學習投入 - 39.37（LEINV - 39.37）。

平減家庭支持 = 家庭支持 - 41.91（FASUP - 41.91）。

平減學校支持 = 學校支持 - 37.61（CLSUP - 37.61）。

經平減處理程序後分別求出二個交互作用項變項數值：

INT_1LF = MLEINV * MFASUP（平減學習投入 × 平減家庭支持）。

INT_2LC = MLEINV * MCLSUP（平減學習投入 × 平減學校支持）。

增列平減處理的變項與二個交互作用項的「變數檢視」次對話視窗之變項名稱與變項標記名稱如下：

	名稱	類型	寬度	小數	標記	值	遺漏	欄
1	LEINV	數字的	8	0	學習投入	無	無	8
2	FASUP	數字的	8	0	家庭支持	無	無	8
3	CLSUP	數字的	8	0	學校支持	無	無	14
4	ACHIE	數字的	8	0	學習成就	無	無	8
5	MLEINV	數字的	8	2	平減學習投入	無	無	10
6	MFASUP	數字的	8	2	平減家庭支持	無	無	10
7	MCLSUP	數字的	8	2	平減學校支持	無	無	10
8	INT_1LF	數字的	8	2	交互作用項1	無	無	10
9	INT_2LC	數字的	8	2	交互作用項2	無	無	10

執行線性迴歸之階層迴歸程序：

階層一：投入預測變項為平減學習投入、平減家庭支持、平減學校支持，依變項為學習成就（ACHIE）。

階層二：投入預測變項為交互作用項 INT_1LF。

階層三：投入預測變項為交互作用項 INT_2LC。

階層迴歸程序執行結果如下：

模式摘要

模式	R	R 平方	調過後的 R 平方	估計的標準誤	變更統計量				
					R 平方改變量	F 改變	df1	df2	顯著性 F 改變
1	.696[a]	.485	.483	5.143	.485	332.796	3	1062	.000
2	.697[b]	.485	.483	5.142	.001	1.586	1	1061	.208
3	.698[c]	.488	.485	5.132	.002	5.047	1	1060	.025

a. 預測變數: (常數), 平減學校支持, 平減學習投入, 平減家庭支持

b. 預測變數: (常數), 平減學校支持, 平減學習投入, 平減家庭支持, 交互作用項 1

c. 預測變數: (常數), 平減學校支持, 平減學習投入, 平減家庭支持, 交互作用項1, 交互作用項 2

階層二交互作用項 1（INT_1LF）預測變項的 R 平方改變量 = .001，淨 F 值統計量 = 1.586（p = .208 > .05），未達統計顯著水準。表示學習投入對學習成就的預測迴歸程度不會受到家庭支持變項所調節。

階層三交互作用項 2（INT_2CF）預測變項的 R 平方改變量 = .002，淨 F 值統計量 = 5.047（p = .025 < .05），達到統計顯著水準。表示學習投入對學習成就的預測迴歸程度會受到學校支持變項所調節。

係數[a]

模式		未標準化係數		標準化係數	t	顯著性
		B 之估計值	標準誤差	Beta 分配		
3	(常數)	55.642	.178		312.913	.000
	平減學習投入	.401	.048	.275	8.341	.000
	平減家庭支持	.468	.036	.412	12.912	.000
	平減學校支持	.153	.030	.119	5.086	.000
	交互作用項 1	-.007	.004	-.044	-1.788	.074
	交互作用項 2	.013	.006	.052	2.247	.025

a. 依變數: 學習成就

階層三迴歸方程式中的解釋變項共有五個，迴歸方程式為：

$$Y = int_Y + b_1 X + b_2 W + b_3 Z + b_4 XW + b_5 XZ + e_Y$$
$$= 55.642 + 0.401X + 0.468W + 0.153Z + (-0.007)XW + 0.013XZ$$
$$= 55.642 + 0.401 \times \text{平減學習投入} + 0.486 \times \text{平減家庭支持} + 0.153 \times \text{平減學校支持} - 0.007 \times \text{交互作用項 1} + 0.013 \times \text{交互作用項 2}$$

PROCESS 執行結果表格與 SPSS 軟體階層迴歸程序執行結果相同。

交互作用項 1 迴歸係數 B = -0.007、顯著性檢定 t 值 = -1.788（$p > .05$），未達統計顯著水準，迴歸係數顯著等於 0。

交互作用項 2 迴歸係數 B = 0.013、標準化迴歸係數 β = .052，顯著性檢定 t 值 = 2.247（$p < .05$），達到統計顯著水準，迴歸係數顯著不等於 0。

Product terms key:

Int_1	:	LEINV	x	FASUP
Int_2	:	LEINV	x	CLSUP

[說明] 二個交互作用項的界定，Int_1 = LEINV × FASUP（學習投入與家庭支持乘積）、Int_2 = LEINV × CLSUP（學習投入與學校支持乘積），調節變項模式關注的焦點是交互作用項變數的迴歸係數是否達到顯著。

Test(s) of highest order unconditional interaction(s):

	R2-chng	F	df1	df2	p
X*W	.002	3.197	1.000	1060.000	.074
X*Z	.002	5.047	1.000	1060.000	.025
BOTH	.003	3.320	2.000	1060.000	.037

[說明] 二個交互作用項的 R 平方改變量及顯著性檢定，X × W 項（Int_1）的 R 平方改變量為.002（四位小數數值為 .0015），改變量的淨 F 值 = 3.197（$p > .05$），未達統計顯著水準；X × Z 項（Int_2）的 R 平方改變量為 .002（四位小數數值為 .0024），改變量的淨 F 值 = 5.047（$p < .05$），達到統計顯著水準。二個調節變項累積的 R 平方改變量為 .003，改變量的淨 F 值 = 3.320（$p < .05$），達到統計顯著水準。

Focal predict: LEINV (X)

Mod var: FASUP (W)

Mod var: CLSUP (Z)

[說明] 模式中預測變項（X）、調節變項（W）、調節變項（Z）的變項名稱說明，分別為 LEINV（學習投入）、FASUP（家庭支持）、CLSUP（學校支持）。

Conditional effects of the focal predictor at values of the moderator(s):

FASUP	CLSUP	Effect	se	t	p	LLCI	ULCI
-6.301	-5.552	.368	.052	7.028	.000	.265	.471
-6.301	.000	.442	.049	9.079	.000	.347	.538
-6.301	5.388	.514	.064	8.049	.000	.388	.639
.000	-5.552	.327	.055	5.907	.000	.218	.436
.000	.000	.401	.048	8.341	.000	.307	.495
.000	5.388	.473	.060	7.830	.000	.354	.591
6.301	-5.552	.286	.067	4.289	.000	.155	.417
6.301	.000	.360	.058	6.255	.000	.247	.473
6.301	5.388	.431	.065	6.602	.000	.303	.560

[說明] 調節變項不同水準群組之條件化效果，第一欄為調節變項 W 家庭支持的條件數值群組、第二欄為調節變項 Z 學校支持的條件數值群組，第三欄為效果值：$\theta_{X \to Y} = b_1 + b_4 W + b_5 Z$。家庭支持低分組水準群組中，學校支持高低分組水準群組的影響效果分別為 .514、.368；家庭支持高分組水準群組中，學校支持高低分組水準群組的影響效果分別為 .431、.286。

Data for visualizing the conditional effect of the focal predictor:

Paste text below into a SPSS syntax window and execute to produce plot.

DATA LIST FREE/

LEINV	FASUP	CLSUP	ACHIE.

BEGIN DATA.

-4.904	-6.301	-5.552	50.038
.000	-6.301	-5.552	51.844
4.904	-6.301	-5.552	53.649

```
     -4.904      -6.301        .000      50.527
       .000      -6.301        .000      52.695
      4.904      -6.301        .000      54.863
     -4.904      -6.301       5.388      51.002
       .000      -6.301       5.388      53.521
      4.904      -6.301       5.388      56.041
     -4.904        .000      -5.552      53.187
       .000        .000      -5.552      54.791
      4.904        .000      -5.552      56.395
     -4.904        .000        .000      53.676
       .000        .000        .000      55.642
      4.904        .000        .000      57.608
     -4.904        .000       5.388      54.151
       .000        .000       5.388      56.469
      4.904        .000       5.388      58.786
     -4.904       6.301      -5.552      56.336
       .000       6.301      -5.552      57.738
      4.904       6.301      -5.552      59.140
     -4.904       6.301        .000      56.825
       .000       6.301        .000      58.589
      4.904       6.301        .000      60.354
     -4.904       6.301       5.388      57.300
       .000       6.301       5.388      59.416
      4.904       6.301       5.388      61.532
END DATA.
GRAPH/SCATTERPLOT=
 LEINV   WITH   ACHIE   BY    FASUP   /PANEL   ROWVAR= CLSUP.
```

[說明] 上述語法檔執行結果的視覺化圖形。

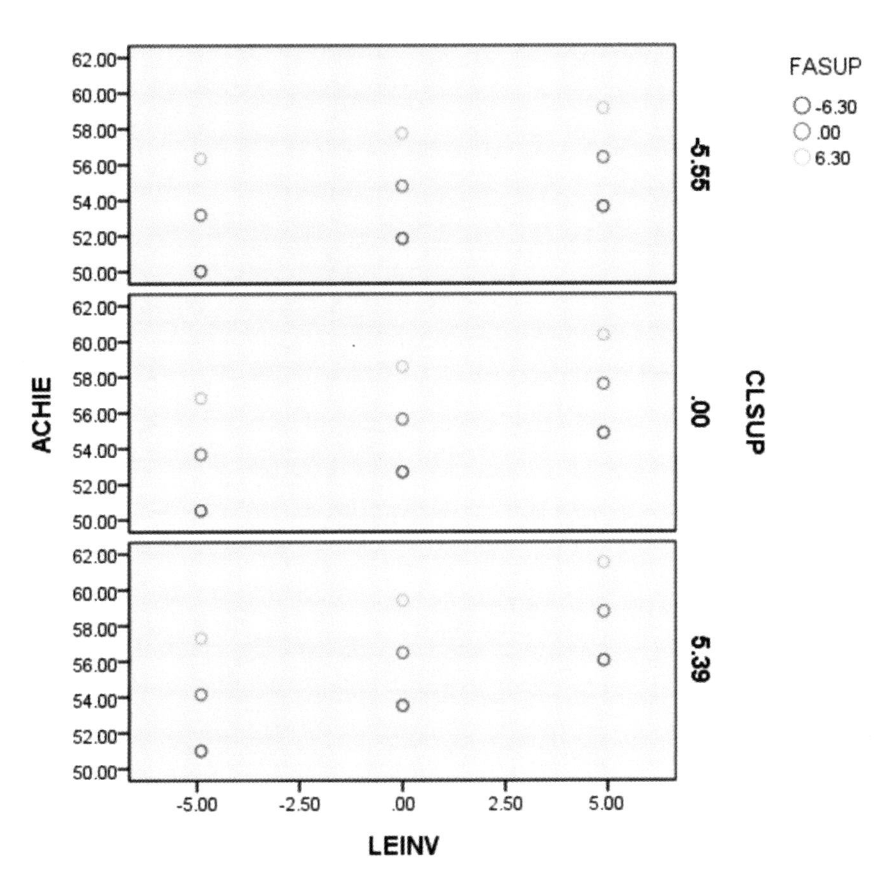

彩圖請詳見 Appendix

元素 (M) 說明(H)

資料標籤模型(A)

顯示資料標籤 (D)

顯示誤差長條圖 (B)

直線標記(M)

於總和繪出最適線 (F)

於子群組繪出最適線 (S)

於圖表編輯器中分別執行「元素 (M)/於總和繪出最適線 (F)」程序、「元素 (M)/於子群組繪出最適線 (S)」程序，增列的迴歸線圖示如下：

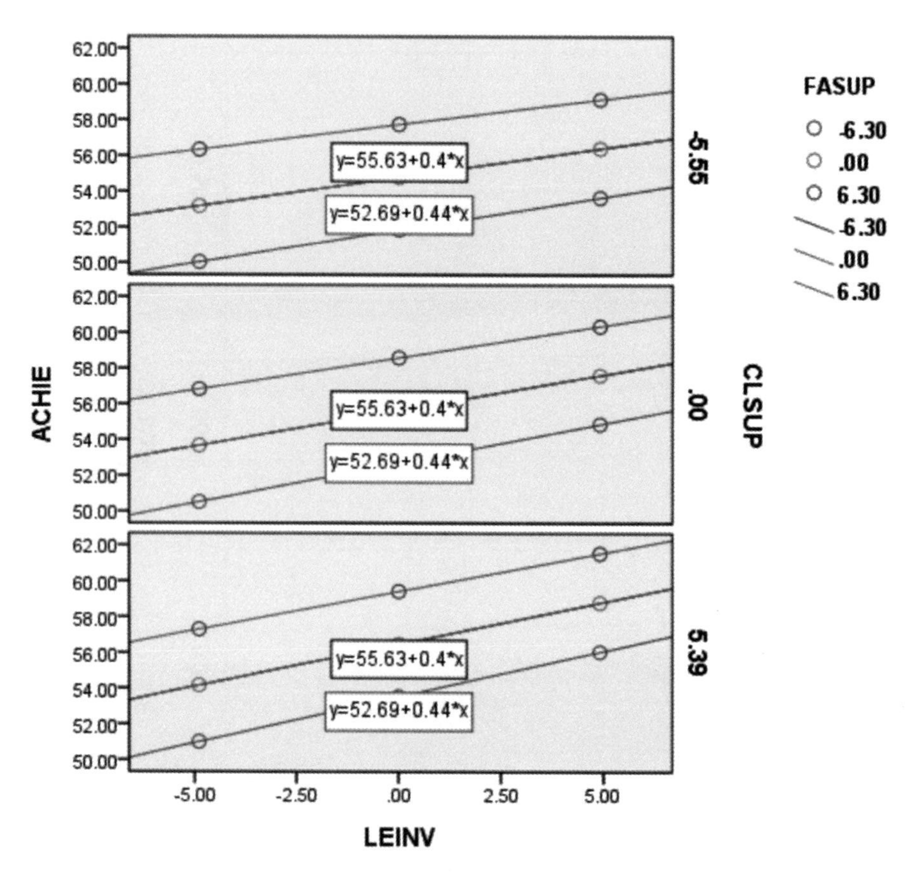

彩圖請詳見 Appendix

圖形顯示的是不同家庭支持水準群組中，高低學校支持水準群組之自變項 X 對依變項 Y 的預測迴歸情況。三個方盒中的三條迴歸線分佈圖形大致相同，表示家庭支持變項的調節作用不顯著。

****************** ANALYSIS NOTES AND ERRORS ********************

Level of confidence for all confidence intervals in output: 95.0000

W values in conditional tables are the mean and +/- SD from the mean.

Z values in conditional tables are 1 SD below the mean, the mean, and the maximum.

NOTE: One SD above the mean is above the maximum observed in the data for Z,
so the maximum measurement for Z is used for conditioning instead.

NOTE: The following variables were mean centered prior to analysis:
FASUP CLSUP LEINV

[說明] 調節變項水準群組分組說明與平均數中心化處理變項的註記。

------ END MATRIX -----

Chapter 14
調節變項絕對分數分組

在工作投入對留任意願的影響中，以組織環境氣氛為調節變項，組織環境氣氛的高分組與低分組採用絕對分數，分數高於 20 分（組織氣氛 > 20）表示受試者感受的組織氣氛佳、分數小於等於 20 分（組織氣氛 =< 20）表示受試者感受的組織氣氛不佳，知覺組織環境氣氛佳之高分組水準群組編碼為 1、知覺組織環境氣氛差之低分組水準群組編碼為 0。研究架構概念型模式圖如下：

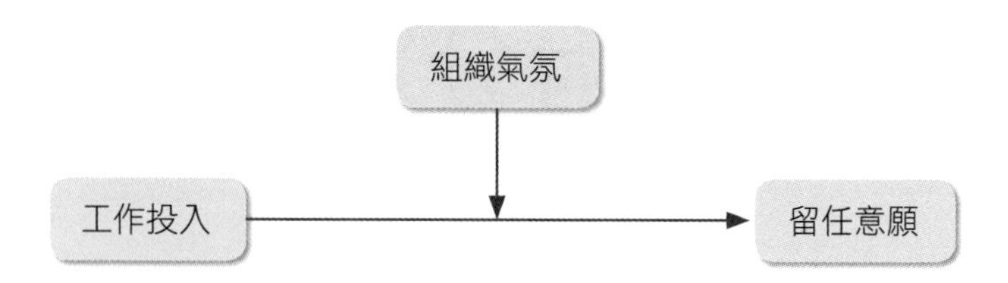

、SPSS 絕對分數分組

「計算變數」方盒中的「數值表示式 (E)」除可進行變項間的四則運算外，也可以進行受試者二分類別之水準群組編碼，符合數值表示式中邏輯運算式之受試者的水準編碼為 1，未符合邏輯運算式受試者的水準群組數值編碼為 0，範例中高分組的邏輯運算式為「組織氣氛 > 20」，目標變數之變項名稱界定為「組織氣氛組別」。「數值運算式 (E)」下的運算式鍵入「組織氣氛 > 20」表示是一個邏輯運算式，受試者在組織氣氛變項的分數符合此條件者，「組織氣氛組別」變項中的水準編碼為 1，「組織氣氛組別」變項為二分類別變數，水準數值為 1、0。

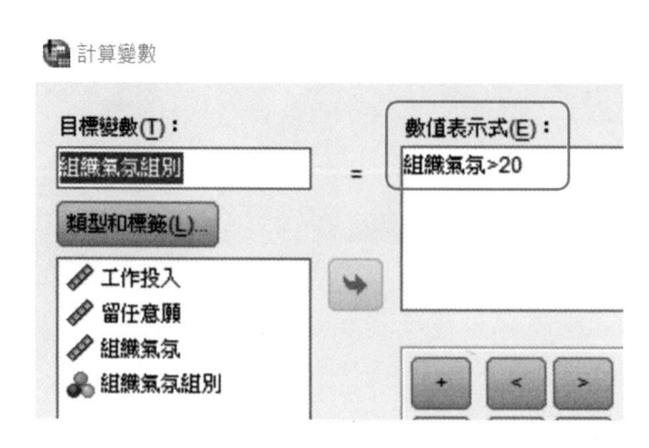

「變數檢視」（變數視圖）工作表中界定組織氣氛組別變項二個水準群組的數值標記，水準數值編碼 1 之受試者標記為高分組群體、水準數值編碼 0 之受試者標記為低分組群體。

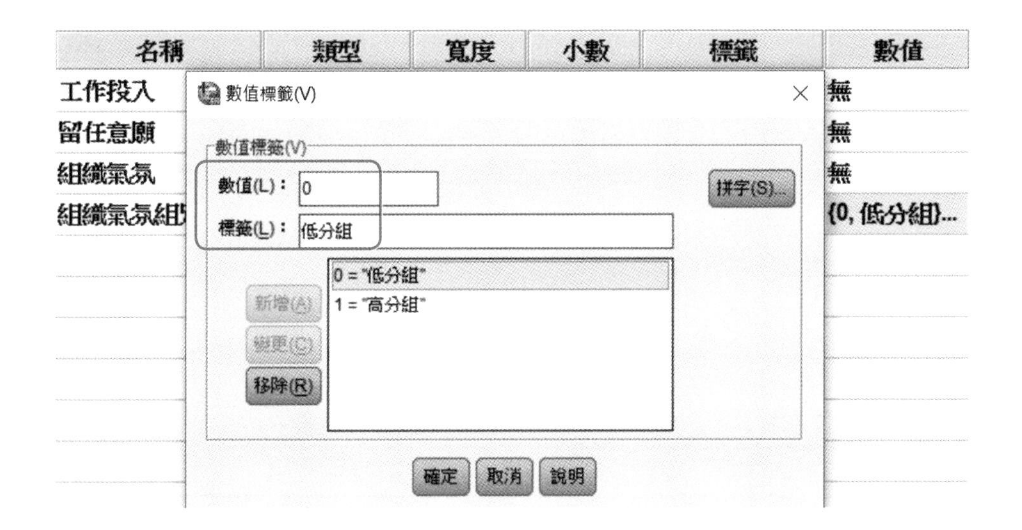

根據絕對分數分組後，知覺組織環境氣氛之高分組、低分組樣本數各有 35 位，有效樣本數 N = 70。組織氣氛調節變項的平均數 M = 19.16、標準差 = 9.069，因而若以平均數為分組臨界點，高分組與低分組的分組情形與採用絕對分數 20 差不多。

組織氣氛組別

		次數	百分比	有效的百分比	累積百分比
有效	0 低分組	35	50.0	50.0	50.0
	1 高分組	35	50.0	50.0	100.0
	總計	70	100.0	100.0	

調節變項組織氣氛，工作投入自變項的描述性統計量摘要中顯示：工作投入、組織氣氛二個變項的平均數分別為 10.63、19.16；標準差分別為 3.473、9.069。留任意願變項的平均數 = 14.03、標準差 = 2.939。

描述性統計資料

	N	最小值	最大值	平均數	標準差
工作投入	70	4	18	10.63	3.473
留任意願	70	4	20	14.03	2.939
組織氣氛	70	6	40	19.16	9.069

工作投入自變項、留任意願依變項、組織氣氛調節變項間的相關分析結果如下：工作投入自變項與留任意願依變項間達中度顯著正相關，積差相關係數 r = .660（p < .001）；工作投入自變項與組織氣氛調節變項間達低度顯著正相關，積差相關係數 r = .330（p < .01）；留任意願依變項與組織氣氛調節變項間的積差相關係數達統計顯著水準（r = .328，p < .01），二者為顯著低度正相關。

工作投入、留任意願與組織氣氛相關係數摘要表 (N = 70)

	工作投入	留任意願	組織氣氛
工作投入	1		
留任意願	.660***	1	
組織氣氛	.330**	.328**	1

** p < .01 ***p < .001

一、全部樣本的迴歸分析

未考量調節變項組織氣氛得分高低情況，以全體有效樣本 70 為受試者，工作投入自變項對留任意願依變項的線性迴歸結果如下：

模型摘要

模型	R	R 平方	調整後 R 平方	標準誤
1	.660[a]	.435	.427	2.224

a. 預測值: (常數), 工作投入

簡單迴歸分析中的決定係數為 .660，工作投入自變項可以解釋結果變項留任意願 43.5% 的變異量，調整後 R 平方 = .427。

係數[a]

模型		非標準化係數 B	標準錯誤	標準化係數 Beta	T	顯著性
1	(常數)	8.094	.862		9.395	.000
	工作投入	.558	.077	.660	7.242	.000

a. 應變數: 留任意願

非標準化迴歸方程式：留任意願 = 8.094 + 0.558 × 工作投入，標準化迴歸係數 $\beta = .660$，迴歸係數顯著性檢定的 T 值統計量 = 7.242，顯著性 $p < .001$，達到統計顯著水準，表示迴歸係數顯著不等於 0，工作投入自變項對留任意願有顯著的預測作用。

組織氣氛組別

		次數	百分比	有效的百分比	累積百分比
有效	0 低分組	35	50.0	50.0	50.0
	1 高分組	35	50.0	50.0	100.0
	總計	70	100.0	100.0	

組織氣氛組別二分類別變項之水準群組中，高分組人數有 35 位，水準群組數值編碼為 1、低分組人數有 35 位，水準群組數值編碼為 0。

二、轉換為標準化 Z 分數

避免投入預測變項出現多元共線性問題，自變項工作投入、調節變項組織氣氛均轉換為標準化 Z 分數，之後再求出二個變項的乘積項。

在「描述性統計資料」對話視窗中勾選，「☑標準化的數值存成變數 (Z)」選項。

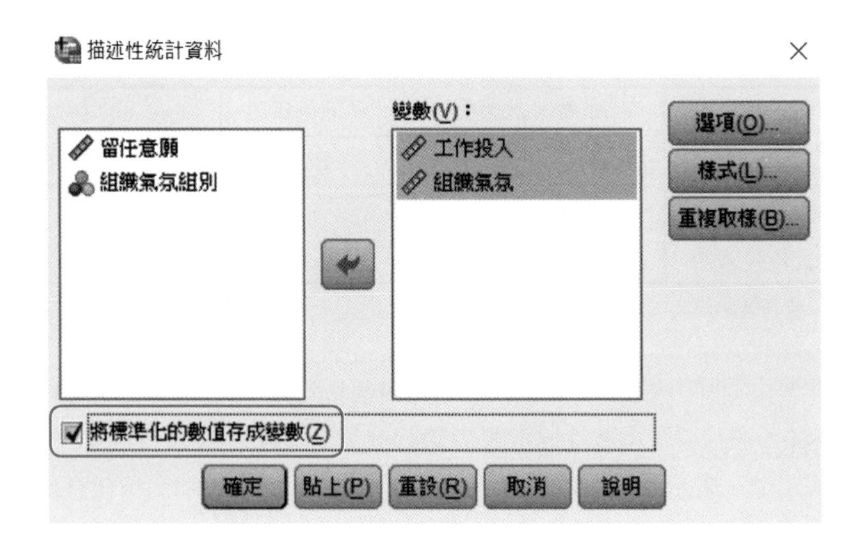

自變項工作投入與調節變項組織氣氛的交互作用乘積項為二個變項轉換為標準化分數（Z 分數）的乘積，二個變項標準化分數（Z 分數）的變項名稱分別為「Z 工作投入」、「Z 組織氣氛」。新變數變項名稱界定為「乘積項」，其中「乘積項 = Z 工作投入*Z 組織氣氛」。

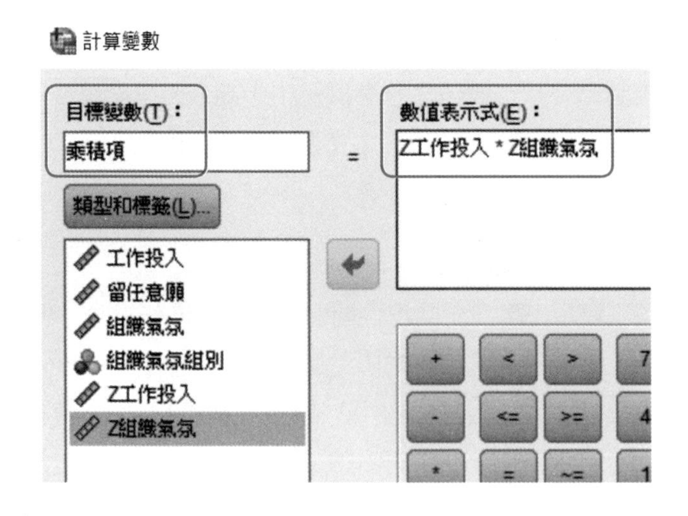

藉由分割檔案視窗界面將資料檔依組織氣氛組別類別變項將資料檔分割，再執行線性迴歸程序，可以分別求出組織氣氛高分組、低分組之工作投入對留任意願結果變項的線性迴歸方程式。

三、執行階層迴歸

線性迴歸程序採用階層迴歸分析，階層一投入的變項為「Z 工作投入」、「Z 組織氣氛」，階層二投入的變項為「乘積項」，此種迴歸方法可以得知各階層的 R 平方改變量的統計量數。若研究者只要檢定自變項與調節變項之乘積項變數對結果變項是否達到顯著，可直接採用強迫輸入法（一個階層模式），預測變項同時投入「Z 工作投入」、「Z 組織氣氛」、「乘積項」等三個變項。

階層一投入的自變項為「Z 工作投入」、「Z 組織氣氛」，投入的依變項為「留任意願」。

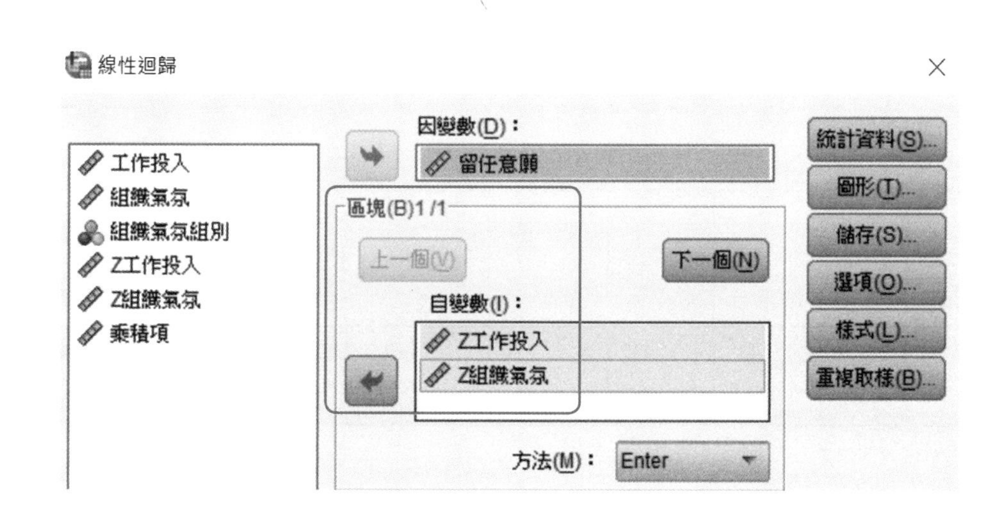

階層二增列投入的自變項為自變項與調節變項轉換為標準化 Z 分數的「乘積項」。

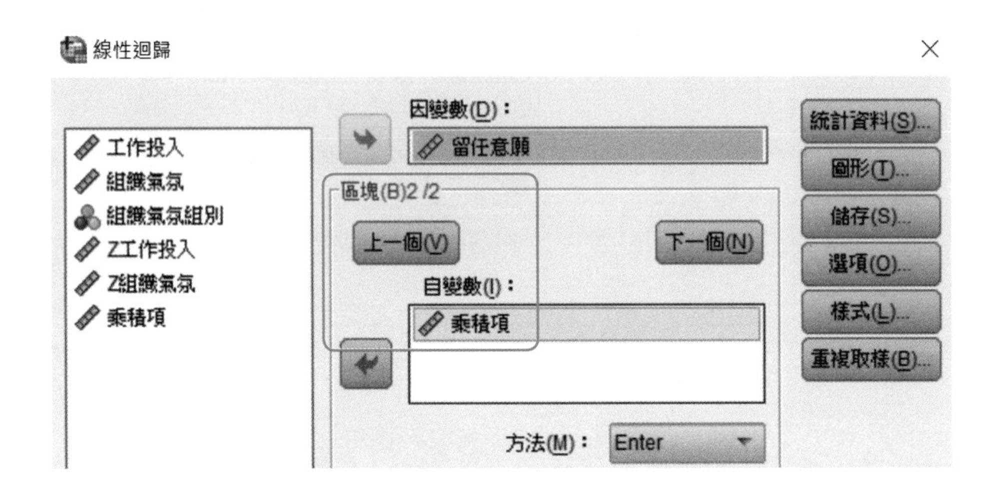

「線性迴歸：統計資料」次對話視窗，勾選「☑R平方改變量 (S)」選項，以增列輸出各階層 R 平方改變量數值及其淨 F 值統計量。

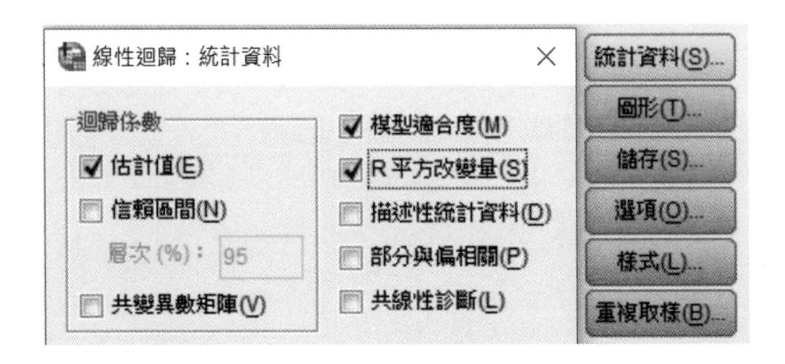

階層迴歸執行結果摘要表如下：

模型摘要

					變更統計資料				
模型	R	R 平方	調整後 R 平方	標準誤	R 平方變更	F 值變更	df1	df2	顯著性 F 值變更
1	.670[a]	.449	.432	2.214	.449	27.292	2	67	.000
2	.694[b]	.482	.458	2.163	.033	4.210	1	66	.044

a. 預測值: (常數), Z 組織氣氛, Z 工作投入

b. 預測值: (常數), Z 組織氣氛, Z 工作投入, 乘積項

階層一迴歸方程式中投入「Z 工作投入」、「Z 組織氣氛」二個變項，多元相關係數 R = .670，多元相關係數 R 平方 = .449，R 平方改變量的淨 F 值 = 27.292（p < .001），達到統計顯著水準；階層二迴歸方程式中投入 Z 工作投入、Z 組織氣氛、乘積項三個變項，多元相關係數 R = .694，多元相關係數 R 平方 = .482，R 平方改變量 = .033（此 R 平方改變量是乘積項的貢獻度），R平方改變量的淨 F 值 = 4.210（p = .044 < .05），達到統計顯著水準。

係數[a]

模型		非標準化係數		標準化係數	T	顯著性
		B	標準誤	Beta		
1	(常數)	14.029	.265		53.015	.000
	Z 工作投入	1.820	.282	.619	6.444	.000
	Z 組織氣氛	.362	.282	.123	1.282	.204
2	(常數)	13.854	.272		50.923	.000
	Z 工作投入	1.830	.276	.623	6.632	.000
	Z 組織氣氛	.200	.287	.068	.696	.489
	乘積項	.535	.261	.190	2.052	.044

a. 應變數: 留任意願

階層二「乘積項」預測變數的標準化迴歸係數 β = .190、非標準化迴歸係數 B = .535、標準誤為 .261，迴歸係數顯著性檢定的 T 值統計量 = 2.052（p = .044 < .05），達到統計顯著水準，表示工作投入自變項對結果變項留任意願的預測影響程度中受到組織氣氛高低分數的影響，工作投入對留任意願的預測或影響程度受到組織氣氛變項所調節，即不同組織氣氛水準群體，工作投入對留任意願的預測狀態或影響程度有顯著的差異存在，知覺組織環境氣氛較佳的受試者，其工作投入對留任意願的影響程度較高；相對的，知覺組織環境氣氛較差的受試者，其工作投入對留任意願的影響程度較低。

階層二非標準化迴歸方程式為：

留任意願 = 13.854 + 1.830 × Z 工作投入 + 0.200 × Z 組織氣氛 + 0.535 × 乘積項

調節變項的假設驗證，採用強迫輸入法執行統計分析所得之迴歸分析結果摘要中，關注的是「乘積項」變數的迴歸係數及其顯著性檢定，而非個別自變項或調節變項迴歸係數是否顯著的考驗。

四、組織氣氛高、低分組個別迴歸結果

工作投入自變項對結果變項留任意願的預測影響中，若考量調節變項受試者對組織氣氛感受程度的高低變因，直線迴歸分析目的主要在於探討組織氣氛調節變項高分組與低分組的直線迴歸方程式的斜率係數是否有顯著不同。分析標的受試者並非全體樣本，而是組織氣氛低分組、組織氣氛高分組二個水準群組。

直接開啟線性迴歸對話視窗，於「選擇變數 (E)」下選項內選取調節變項的分組變數（組織氣氛組別），按『規則 U』，開啟「線性迴歸：設定規則」次對話視窗，分別界定組織氣氛組別二分間斷變數的數值等於 0、1，此操作方式可以不用事先界定分割檔案程序，而可直接求出高分組、低分組二個組別的迴歸分析結果。

界定組織氣氛低分組（水準數值編碼 = 0）的線性迴歸的圖示如下，依變項為留任意願、自變數為工作投入，組織氣氛組別界定水準群組數值等於 0。

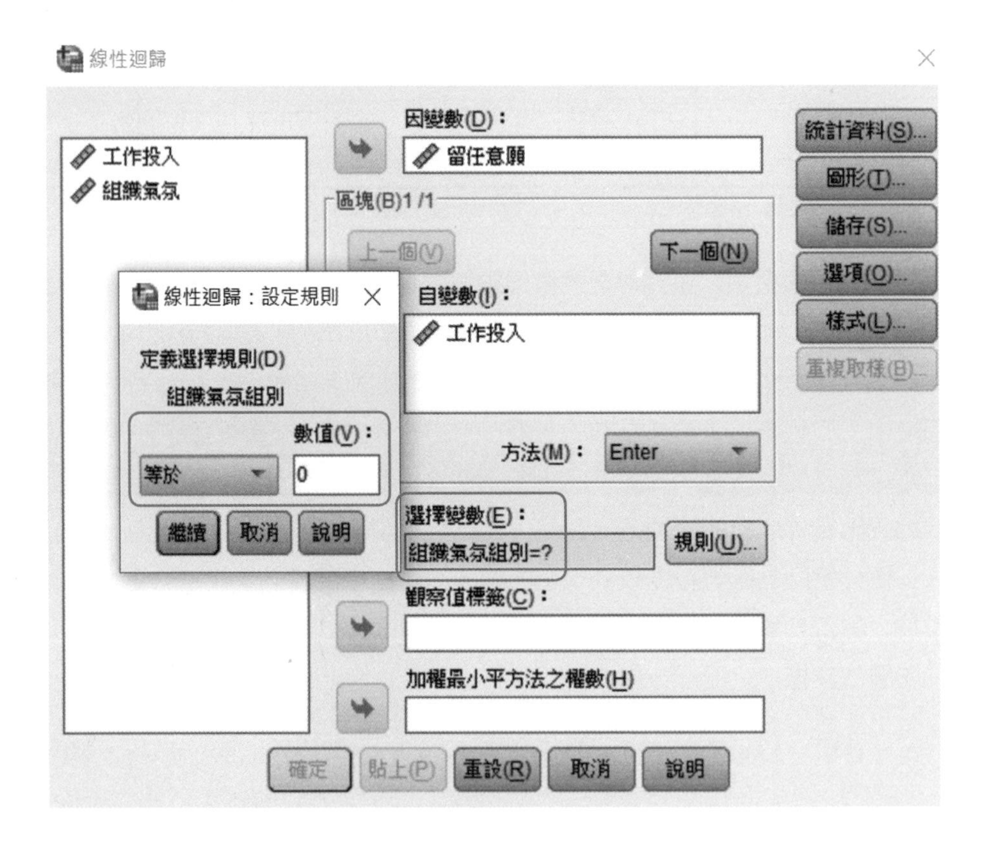

界定組織氣氛高分組（水準數值編碼 = 1）的線性迴歸的圖示如下，依變項為留任意願、自變數為工作投入，組織氣氛組別界定水準群組的數值等於 1。

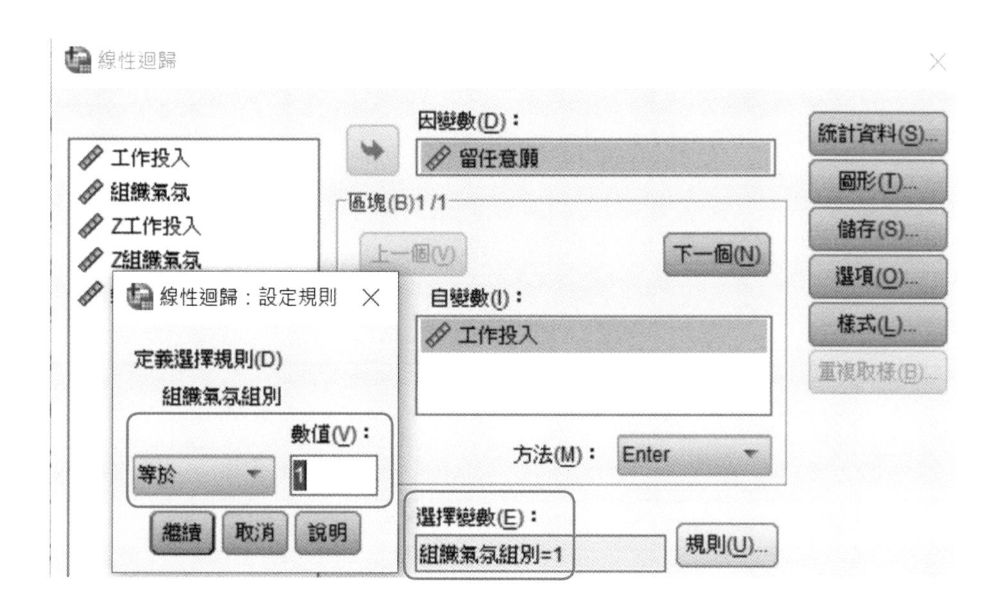

(一) 組織氣氛低分組

模型摘要

模型	R 組織氣氛組別 = 0 低分組 (已選取)	R 平方	調整後 R 平方	標準誤
1	.417[a]	.174	.149	2.533

a. 預測值: (常數), 工作投入

就組織氣氛低分組群組而言，簡單迴歸分析中的決定係數為 .174，工作投入自變項可以解釋結果變項留任意願 17.4% 的變異量。

係數[a,b]

模型		非標準化係數		標準化係數		
		B	標準誤	Beta	T	顯著性
1	(常數)	10.297	1.387		7.422	.000
	工作投入	.327	.124	.417	2.633	.013

a. 應變數: 留任意願

b. 僅選取 組織氣氛組別 = 0 低分組 的觀察值

就組織氣氛低分組群組而言，非標準化迴歸方程式：留任意願 = 10.297 + 0.327 × 工作投入，標準化迴歸係數 β = .417，迴歸係數顯著性檢定的 T 值統計量 = 2.633，顯著性 p = .013 < .05，達到統計顯著水準，表示迴歸係數顯著不等於 0。

(二) 組織氣氛高分組

模型摘要

模型	R 組織氣氛組別 = 1 高分組 (已選取)	R 平方	調整後 R 平方	標準誤
1	.880[a]	.775	.768	1.513

a. 預測值: (常數), 工作投入

就組織氣氛高分組群組而言，簡單迴歸分析中的決定係數為 .775，工作投入自變項可以解釋結果變項留任意願 77.5% 的變異量。

係數[a,b]

模型		非標準化係數		標準化係數	T	顯著性
		B	標準誤	Beta		
1	(常數)	5.891	.829		7.110	.000
	工作投入	.790	.074	.880	10.652	.000

a. 應變數: 留任意願
b. 僅選取 組織氣氛組別 = 1 高分組 的觀察值

就組織氣氛高分組群組而言，非標準化迴歸方程式：留任意願 = 5.891 + 0.790 × 工作投入，標準化迴歸係數 β = .880，迴歸係數顯著性檢定的 T 值統計量 = 10.652，顯著性 p = .000 < .001，達到統計顯著水準，表示迴歸係數顯著不等於 0。

組織氣氛低分組、高分組之迴歸方程式分別為：

低分組：留任意願 = 10.297 + 0.327 × 工作投入。
高分組：留任意願 = 5.891 + 0.790 × 工作投入。
總體樣本：留任意願 = 8.094 + 0.558 × 工作投入。

由於「乘積項」預測變項之迴歸係數達到統計顯著水準，表示 0.327、0.790 二個迴歸係數有明顯差異存在，低分組與高分組的斜率有明顯不同。

二個迴歸方程式之迴歸係數差異性檢定的簡易估計公式為：

$Z = \frac{B_1 - B_2}{\sqrt{(SEB_1)^2 + (SEB_2)^2}}$，其中 SEB_1、SEB_2 為迴歸係數標準誤。

範例二個方程的迴歸係數分別為 .790、.327，標準誤量數分別為 .074、.124，檢定統計量 Z 值 $= \frac{B_1 - B_2}{\sqrt{(SEB_1)^2 + (SEB_2)^2}} = \frac{.790 - .327}{\sqrt{(.074)^2 + (.124)^2}} = \frac{0.463}{0.144} =$ 3.206 > 1.96，拒絕虛無假設，二個迴歸係數值間差異量顯著不等於 0。

五、交互作用圖的繪製

交互作用圖中，虛線為組織氣氛低分組迴歸線、實線為組織氣氛高分組迴歸線，低分組迴歸線比較平坦，表示迴歸線的斜率係數比較小，二條迴歸線呈現交叉，表示二個迴歸線的斜率係數有顯著差異。

「簡單散佈圖」對話視窗中，「設定標記依據 (S)」選項下選取「組織氣氛組別」二分類別變項。

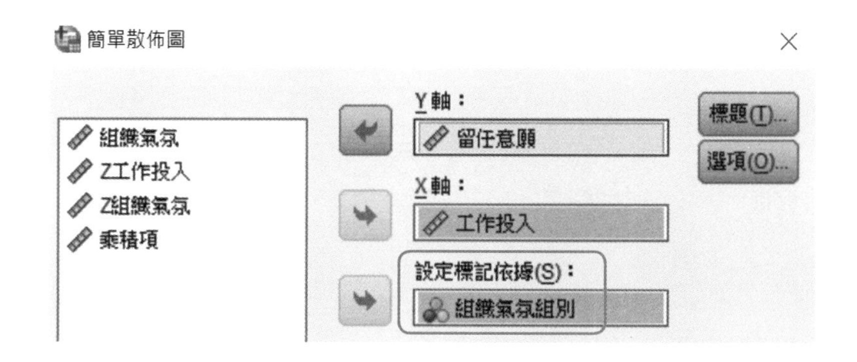

於「圖表編輯器」對話視窗執行「於總和繪出最適線 (F)」程序，繪製的直線為總體迴歸線，迴歸方程式為 y = 8.09 + 0.56*X，線性迴歸 R 平方 = 0.435。原迴歸方程式為：留任意願 = 8.094 + 0.558 × 工作投入。

散佈圖中低分組受試者為藍色小圓框、高分組受試者為綠色小圓框。

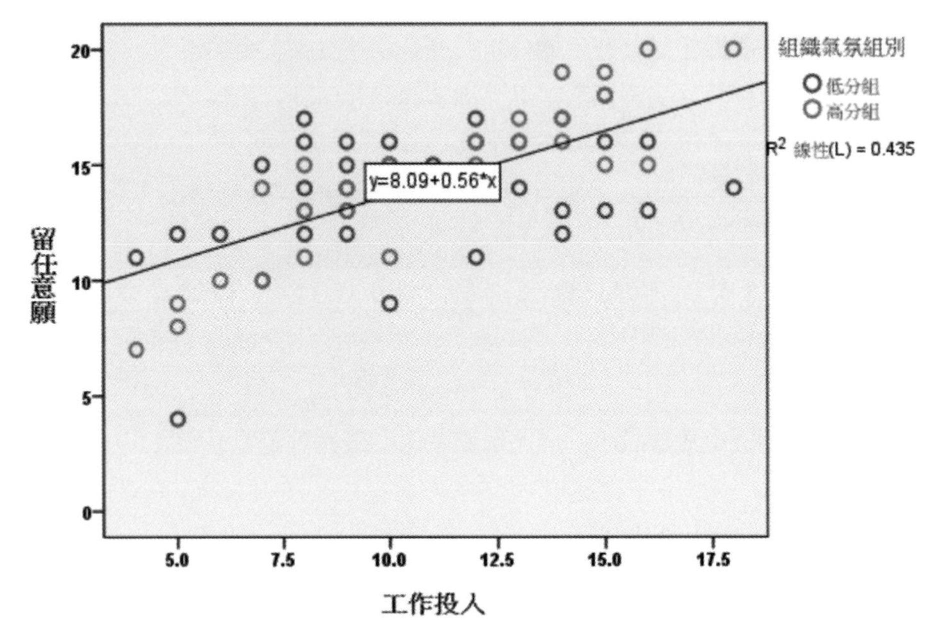

彩圖請詳見 Appendix

於「圖表編輯器」對話視窗執行「於子群組繪出最適線 (S)」程序，繪製的直線為高分組、低分組的迴歸線。虛線為低分組，實線為高分組。

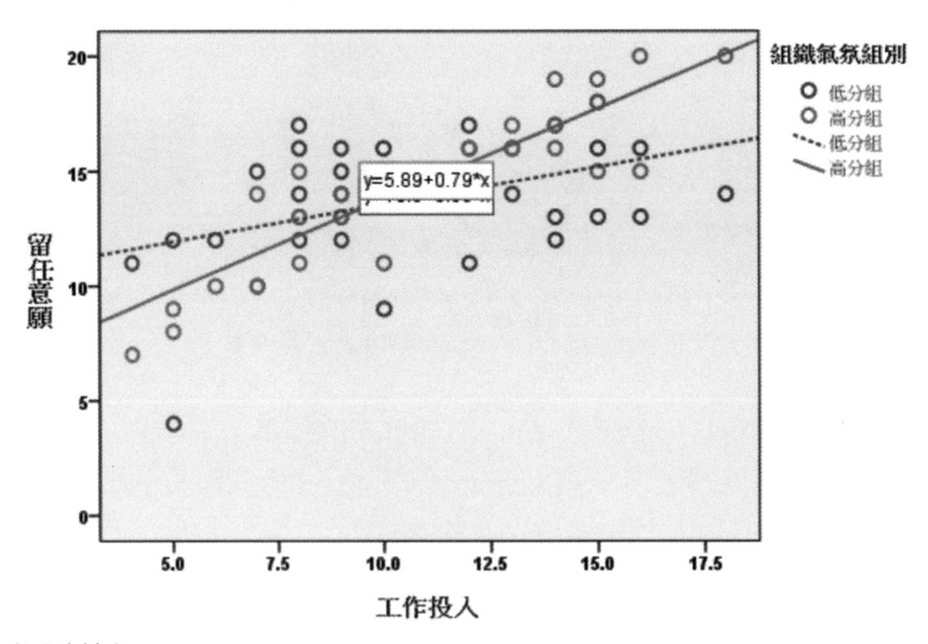

彩圖請詳見 Appendix

同時繪製總體、高分組、低分組三個樣本的迴歸線，中間直線為總體迴歸線，虛線直線為低分組迴歸線。

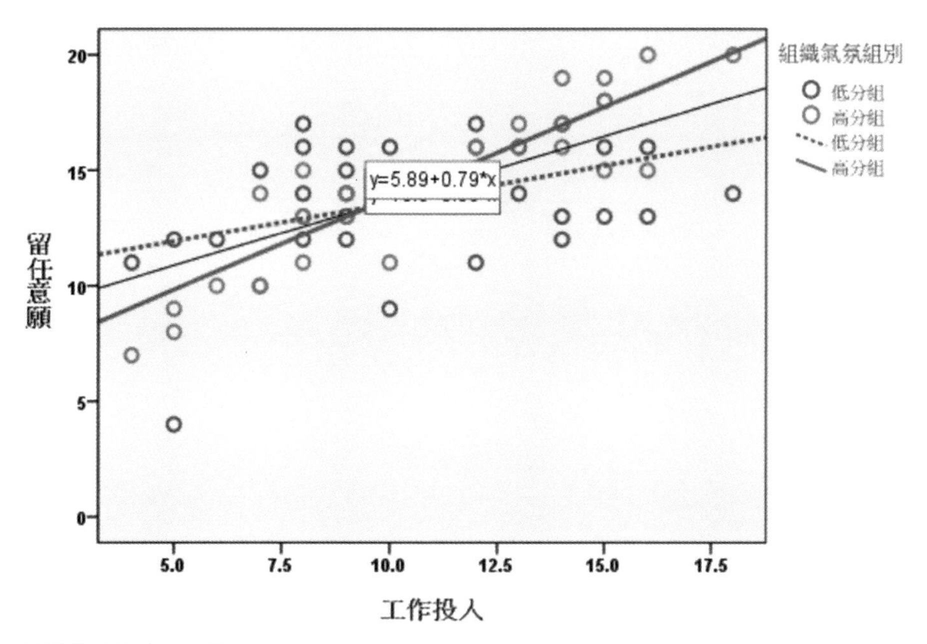

彩圖請詳見 Appendix

六、相對分組

調節變項組織氣氛相對分數分組，標準化 Z 分數 + 1 以上受試者的分組編碼為 1（高分組）、標準化 Z 分數 -1 以下受試者的分組編碼為 0（低分組）（標準化 Z 分數的平均數 = 0、標準差 = 1）。相對分組也可以採用調節變項組織氣氛的平均數為分組臨界點，平均數以上為高分組、平均數以下為低分組，此種將調節變項以組別為標的樣本分別求出迴歸方程，在於讓讀者對調節變項作用有進一步理解，實際操作時 PROCESS 模組可以直接輸出視覺化圖形的語法檔，根據語法檔繪製更為快速。

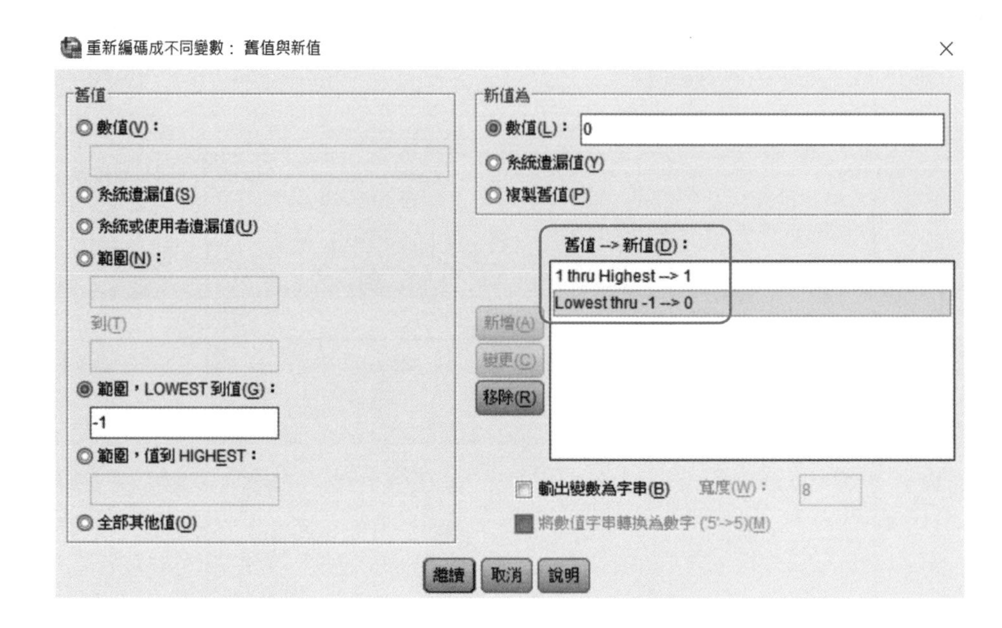

調節變項組織氣氛高分組、低分組的次數分配表如下，其中低分組樣本數 N1 = 14、高分組樣本數 N2 = 10，Z 組織氣氛組別變數為二分類別變項，水準數值 0 標記為低分組、水準數值 1 標記為高分組。

Z 組織氣氛組別

		次數	百分比	有效的百分比	累積百分比
有效	0 低分組	14	20.0	58.3	58.3
	1 高分組	10	14.3	41.7	100.0
	總計	24	34.3	100.0	
遺漏	系統	46	65.7		
總計	70	100.0			

Z 組織氣氛組別變項的水準群組（得分低分組、得分高分組）分開求得的二個迴歸方程如下：

(一) Z 組織氣氛組別低分組

模型摘要

模型	R Z 組織氣氛組別 = 0 低分組 (已選取)	R 平方	調整後 R 平方	標準誤
1	.464[a]	.215	.150	3.252

a. 預測值: (常數), 工作投入

就 Z 組織氣氛組別變項低分組群組而言，簡單迴歸分析中的決定係數為 .215，工作投入自變項可以解釋結果變項留任意願 21.5% 的變異量（此變異量未達統計顯著水準，母群體 R 平方統計量為 0）。

係數[a,b]

模型		非標準化係數		標準化係數		
		B	標準誤	Beta	T	顯著性
1	(常數)	5.023	4.407		1.140	.277
	工作投入	1.006	.555	.464	1.814	.095

a. 應變數: 留任意願
b. 僅選取 Z 組織氣氛組別 = 0 低分組 的觀察值

就 Z 組織氣氛組別變項低分組群組而言，非標準化迴歸方程式：留任意願 = 5.023 + 1.006 × 工作投入，標準化迴歸係數 $\beta = .464$，迴歸係數顯著性檢定的 T 值統計量 = 1.814，顯著性 $p = .095 > .05$，未達統計顯著水準，表示母群體的斜率係數顯著等於 0，就組織氣氛組別變項低分組群組而言，工作投入對留任意願沒有顯著預測或影響作用，迴歸線為水平直線。

(二) Z 組織氣氛組別高分組

模型摘要

模型	R Z 組織氣氛組別 = 1 高分組 (已選取)	R 平方	調整後 R 平方	標準偏斜度錯誤
1	.771[a]	.594	.544	1.912

a. 預測值: (常數), 工作投入

就 Z 組織氣氛組別變項高分組群組而言，簡單迴歸分析中的決定係數為 .594，工作投入自變項可以解釋結果變項留任意願 59.4% 的變異量。

係數[a,b]

模型		非標準化係數		標準化係數	T	顯著性
		B	標準誤	Beta		
1	(常數)	3.363	3.827		.879	.405
	工作投入	.917	.268	.771	3.423	.009

a. 應變數: 留任意願
b. 僅選取 Z 組織氣氛組別 = 1 高分組 的觀察值

就 Z 組織氣氛組別變項高分組群組而言，非標準化迴歸方程式：留任意願 = 3.363 + 0.917 × 工作投入，標準化迴歸係數 β = .771，迴歸係數顯著性檢定的 T 值統計量 = 3.423，顯著性 p = .009 < .01，達到統計顯著水準，表示迴歸係數顯著不等於 0。

組織氣氛組別變項高分組與低分組二個群體比較結果，高分組線性迴歸的標準化迴歸係數 β = .771（p < .05）、低分組線性迴歸的標準化迴歸係數 β 統計量 = .464（p > .05），低分組 β 統計量並沒有達到統計顯著水準；就迴歸線而言，低分組群體之工作投入對留任意願的迴歸線為水平直線，工作投入對留任意願沒有顯著影響作用，相對的，就高分組受試者而言，工作投入對留任意願有顯著正向影響作用，高分組與低分組的直線迴歸線的斜率係數有顯著不同。

上述範例分析之有效樣本數較少，若是有效樣本數較大，乘積項預測變項若是達到統計顯著水準，則低分組與高分組分別探討的迴歸係數多數均會不等於 0，此時直接繪製二條線的交互作用視覺化圖形較有意義。

貳、PROCESS 模組執行結果

PROCESS 模組處理調節變項模式中，調節變項的高分組、低分組分組方式是採用相對分數而非絕對分數，假定資料結構的分佈為常態，平均數上一個標準差為高分組、平均數下一個標準差為低分組。

PROCESS 模組對話視窗，各選項標的變項的變項名稱若界定為四個中文字元，執行時會出現錯誤訊息：「Variable names should be no more than eight characters in length.」（變項長度不能超過八個英文字元），較佳的處理方式是將變項名稱改為英文，或簡化為二個中文字元，待執行完後再取代原先簡化的中文變項名稱為完整的變項名稱。

Run MATRIX procedure:
*************** PROCESS Procedure for SPSS Version 4.2 beta ***************
Written by Andrew F. Hayes, Ph.D.   www.afhayes.com
Documentation available in Hayes (2022). www.guilford.com/p/hayes3
******************* ANALYSIS NOTES AND ERRORS ********************
ERROR: Variable names should be no more than eight characters in length.
------ END MATRIX -----

範例 PROCESS 對話視窗中的依變項留任意願、自變項工作投入、調節變項組織氣氛的變項名稱簡化為「意願」、「投入」、「氣氛」。自變項工作投入、調節變項組織氣氛經平減處理。

Run MATRIX procedure:
*************** PROCESS Procedure for SPSS Version 4.2 beta ***************
Written by Andrew F. Hayes, Ph.D.   www.afhayes.com
Documentation available in Hayes (2022). www.guilford.com/p/hayes3
****
Model : 1
Y : 意願
X : 投入
W : 氣氛
Sample
Size: 70

[說明] 依變項為留任意願，自變項為工作投入、調節變項為組織氣氛，有效樣本數 N = 70，對應的模式序號為模式 1。

****
OUTCOME VARIABLE:
意願

Model Summary

R	R-sq	MSE	F	df1	df2	p
.694	.482	4.677	20.470	3.000	66.000	.000

[說明] 工作投入自變項、組織氣氛調節變項、自變項與調節變項乘積項等三個變數為預測變項，留任意願為結果變項，多元相關係數 R = .694，多元相關係數 R 平方 = .482，表示三個預測變項可以解釋留任意願結果變項 48.2% 的變異量。

Model

	coeff	se	t	p	LLCI	ULCI
constant	13.854	.272	50.923	.000	13.311	14.398
投入	.527	.079	6.632	.000	.368	.685
氣氛	.022	.032	.696	.489	-.041	.085
Int_1	.017	.008	2.052	.044	.000	.033

[說明] 線性迴歸方程中同時投入自變項工作投入、調節變項組織氣氛與二個變項的乘積項（Int_1），乘積項（Int_1）的非標準化迴歸係數 .017（b_3），標準誤量數 = .008，迴歸係數顯著性檢定 T 值統計量 = 2.052（顯著性 $p = .044 < .05$），達到統計顯著水準，表示乘積項（Int_1）變項的迴歸係數顯著不等於 0，組織氣氛具有顯著的調節作用。

$$留任意願 = 截距項 + b_1X + b_2W + b_3WX = 截距項 + (b_1 + b_3W)X + b_2W$$
$$= 截距項 + \theta_{X\rightarrow Y}X + b_2W。$$

上述方程符號 $\theta_{X\rightarrow Y} = b_1 + b_3W$

留任意願 = 13.854 + 0.527X + 0.022W + 0.017WX

留任意願 = 13.854 + (0.527 + 0.017W)X + 0.022W

留任意願 = 13.854 +（0.527 + 0.017 × 組織氣氛）× 工作投入 + 0.022 × 組織氣氛

$\theta_{X\rightarrow Y} = (b_1 + b_3W) = 0.527 + 0.017 \times$ 組織氣氛。此方程為不同組織氣氛條件化情境下，工作投入自變項對結果變項留任意願的條件化效果。

Product terms key:

Int_1 : 投入 x 氣氛

[說明] 乘積項（Int_1）為工作投入與組織氣氛平減後相乘的量數（二個變項都經平減處理）。

Test(s) of highest order unconditional interaction(s):

	R2-chng	F	df1	df2	p
X*W	.033	4.210	1.000	66.000	.044

Focal predict: 投入 (X)

Mod var: 氣氛 (W)

[說明] 乘積項（Int_1）的 R 平方改變量為 .033，淨 F 值 = 4.210（p = .044 < .05），達到統計顯著水準，乘積項（Int_1）變項對留任意願結果變項有顯著的預測作用（讀者可將統計量數與前面 SPSS 執行結果進行比較，統計量數相同）。

Conditional effects of the focal predictor at values of the moderator(s):

氣氛	Effect	se	t	p	LLCI	ULCI
-9.069	.373	.108	3.444	.001	.157	.589
.000	.527	.079	6.632	.000	.368	.685
9.069	.681	.110	6.176	.000	.461	.901

[說明] 組織氣氛高分組迴歸方程式的斜率係數值 = .681，組織氣氛低分組迴歸方程式的斜率係數值 = .373，二個迴歸係數值檢定的 T 值統計量分別為 6.176（p < .001）、3.444（p = .001 < .01），均達統計顯著水準，表示二個迴歸係數均顯著不等於 0。就組織氣氛高分組群體而言，工作投入自變項對結果變項留任意願有顯著的預測作用；而組織氣氛低分組群體，工作投入自變項對結果變項留任意願也有顯著的預測作用，只是影響程度較小。第二列第二欄統計量數為總體迴歸係數值 = .527，95% 信賴區間值 [.368, .685]。

$\theta_{X \to Y} = b_1 + b_3 W = 0.527 + 0.017 \times$ 組織氣氛。

組織氣氛數值為 -9.069，$\theta_{X \to Y} = 0.527 + 0.017 \times (-9.069) = 0.373$。

組織氣氛數值為 0，$\theta_{X \to Y} = 0.527 + 0.017 \times (0) = 0.527$。

組織氣氛數值為 9.069，$\theta_{X \to Y} = 0.527 + 0.017 \times (9.069) = 0.681$。

Data for visualizing the conditional effect of the focal predictor:

Paste text below into a SPSS syntax window and execute to produce plot.

```
DATA LIST FREE/
          投入          氣氛          意願.
BEGIN DATA.
        -3.473       -9.069       12.360
          .000       -9.069       13.655
         3.473       -9.069       14.950
        -3.473         .000       12.025
          .000         .000       13.854
         3.473         .000       15.684
        -3.473        9.069       11.690
          .000        9.069       14.054
         3.473        9.069       16.418
END DATA.
GRAPH/SCATTERPLOT=
 投入  WITH   意願  BY    氣氛.
```

[說明] 將原始語法資料檔的變項重新界定。

```
DATA LIST FREE/
      工作投入    組織氣氛     留任意願.
BEGIN DATA.
        -3.473       -9.069       12.360
          .000       -9.069       13.655
         3.473       -9.069       14.950
        -3.473         .000       12.025
          .000         .000       13.854
         3.473         .000       15.684
        -3.473        9.069       11.690
          .000        9.069       14.054
         3.473        9.069       16.418
```

```
END DATA.
GRAPH/SCATTERPLOT=
工作投入　WITH　留任意願　BY　組織氣氛.
```

組織氣氛高分組的截距項為 14.054、低分組截距項為 13.655。

組織氣氛低分組的迴歸方程式為：留任意願 = 13.655 + .373 × 工作投入。

組織氣氛高分組的迴歸方程式為：留任意願 = 14.054 + .681 × 工作投入。

視覺化的交互作用圖如下，虛線為組織氣氛低分組的迴歸線，中間為總體迴歸線。

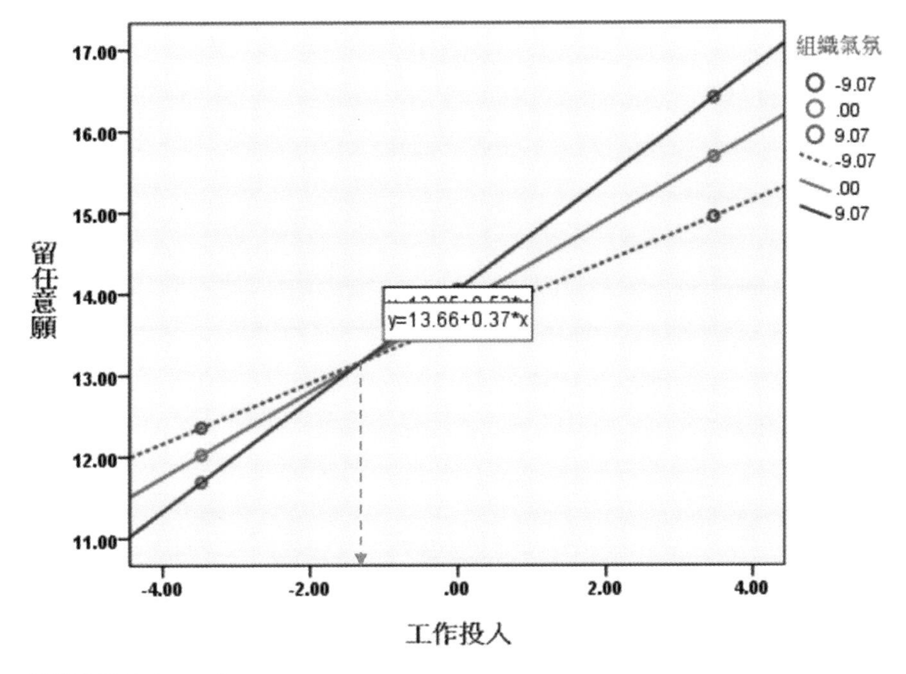

彩圖請詳見 Appendix

未增列執行「於子群組繪出最適線」程序，高分組、低分組的視覺化圖示如下，其中實心紅色圓心點為高分組、方形藍色實心點為低分組。將對應點線條連結起來即為迴歸線。

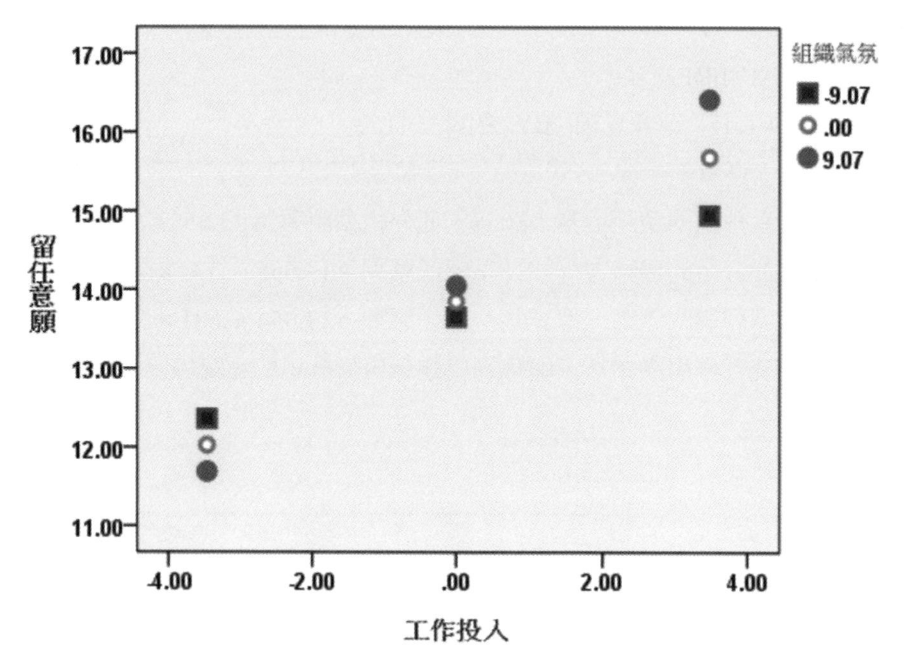

彩圖請詳見 Appendix

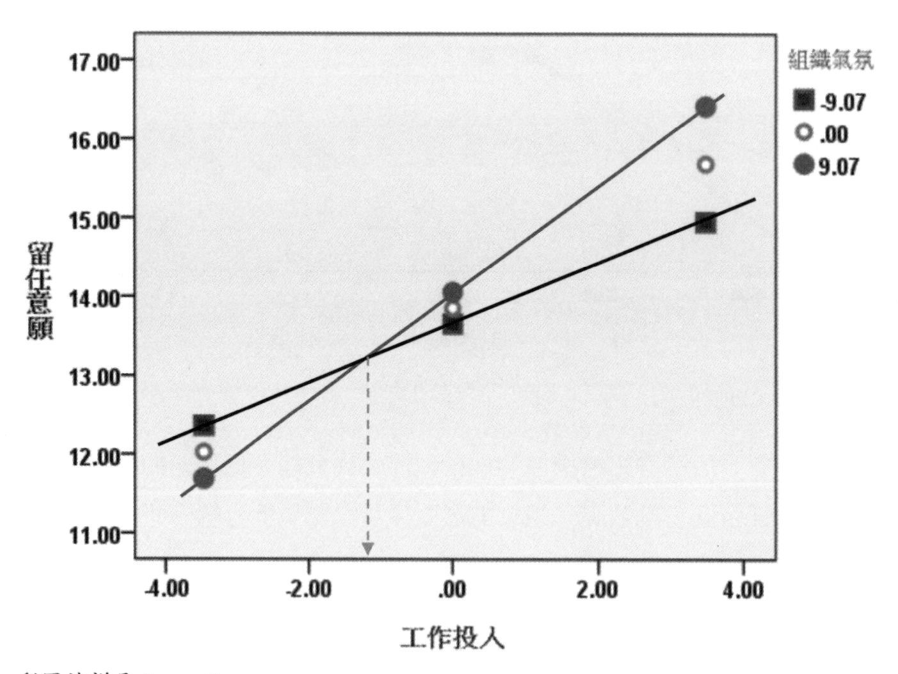

彩圖請詳見 Appendix

```
******************* ANALYSIS NOTES AND ERRORS ********************
Level of confidence for all confidence intervals in output:
 95.0000
W values in conditional tables are the mean and +/- SD from the mean.
NOTE: The following variables were mean centered prior to analysis:
     氣氛  投入
------ END MATRIX -----
```

參考書目

吳和堂、鍾明翰（2011）。國小實習教師的角色知覺、工作投入與專業成長之因果關係研究。教育心理學報 43:2，419-438。

龔于珊（2019）。矯正機關戒護人員角色衝突、知覺組織支持與工作士氣關係之研究。國立高雄師範大學成人教育研究所在職專班碩士論文。

Baron, R. M., & Kenny, D. A. (1986). The moderator-mediator variable distinction in social psychological research: Conceptual, strategic, and statistical considerations. *Journal of Personality and Social Psychology, 51*, 1173-1182.

Hayes, A. F. (2022). *Introduction to mediation, moderation, and conditional process analysis: A regression-based approach*. New YorK: The Guilford Press.

彩圖

Chapter 5

第 76 頁

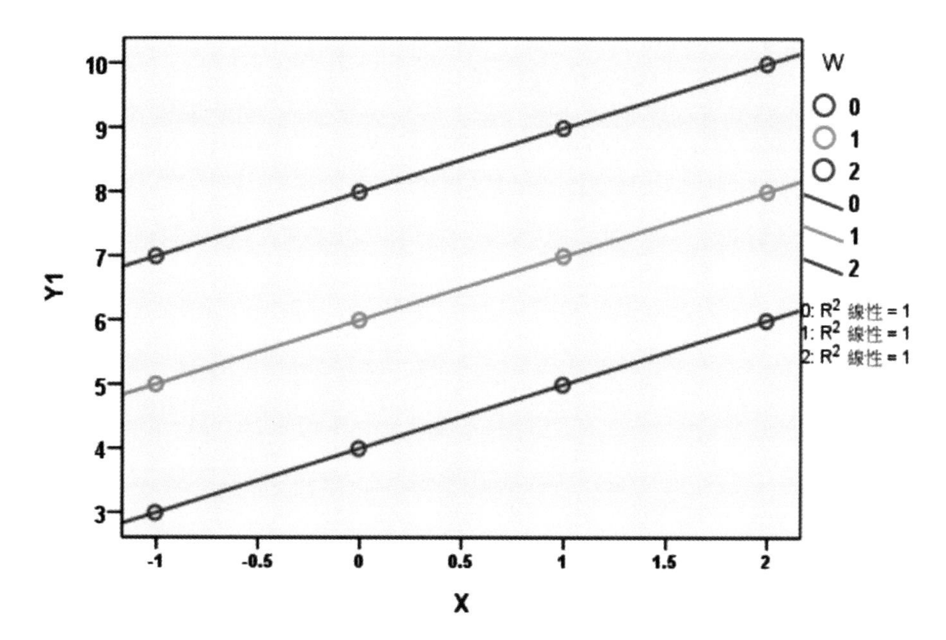

第 77 頁

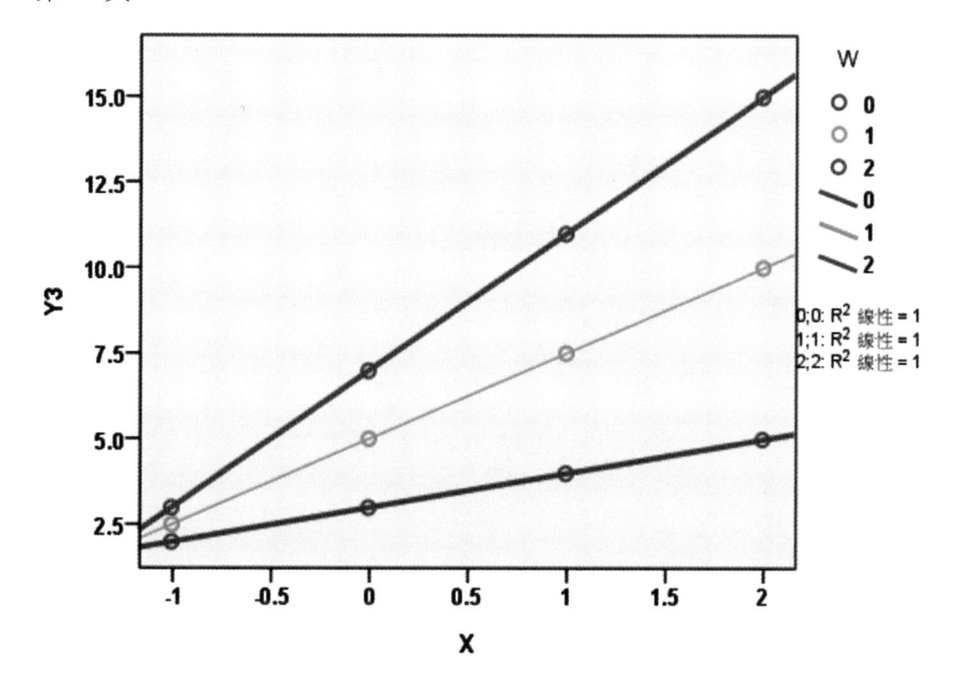

第 90 頁

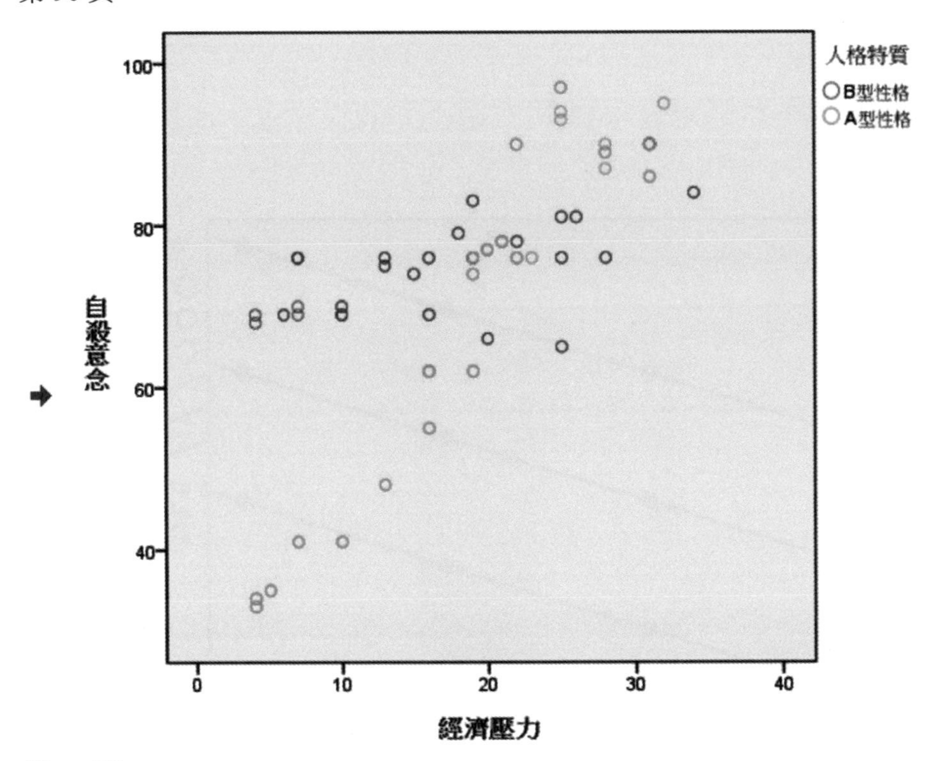
人格特質
B型性格
A型性格
100
80
60
40
0
10
20
30
40
自殺意念
經濟壓力

第 91 頁

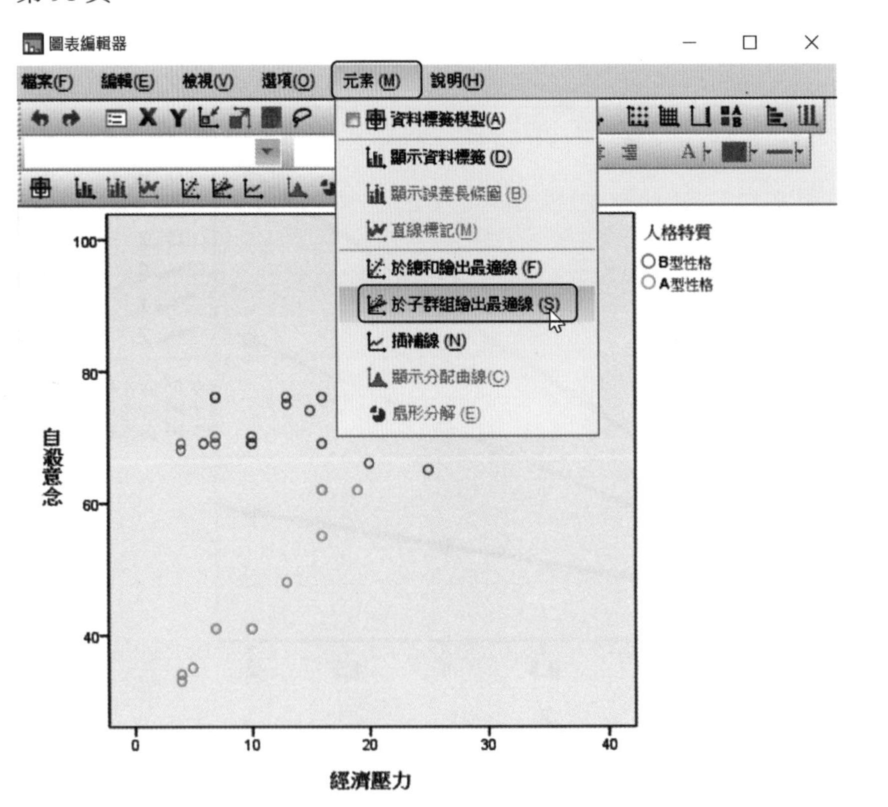
圖表編輯器
檔案(F)
編輯(E)
檢視(V)
選項(O)
元素(M)
說明(H)
資料標籤模型(A)
顯示資料標籤(D)
顯示誤差長條圖(B)
直線標記(M)
於總和繪出最適線(F)
於子群組繪出最適線(S)
插補線(N)
顯示分配曲線(C)
扇形分解(E)
人格特質
B型性格
A型性格
100
80
60
40
0
10
20
30
40
自殺意念
經濟壓力

第 92 頁

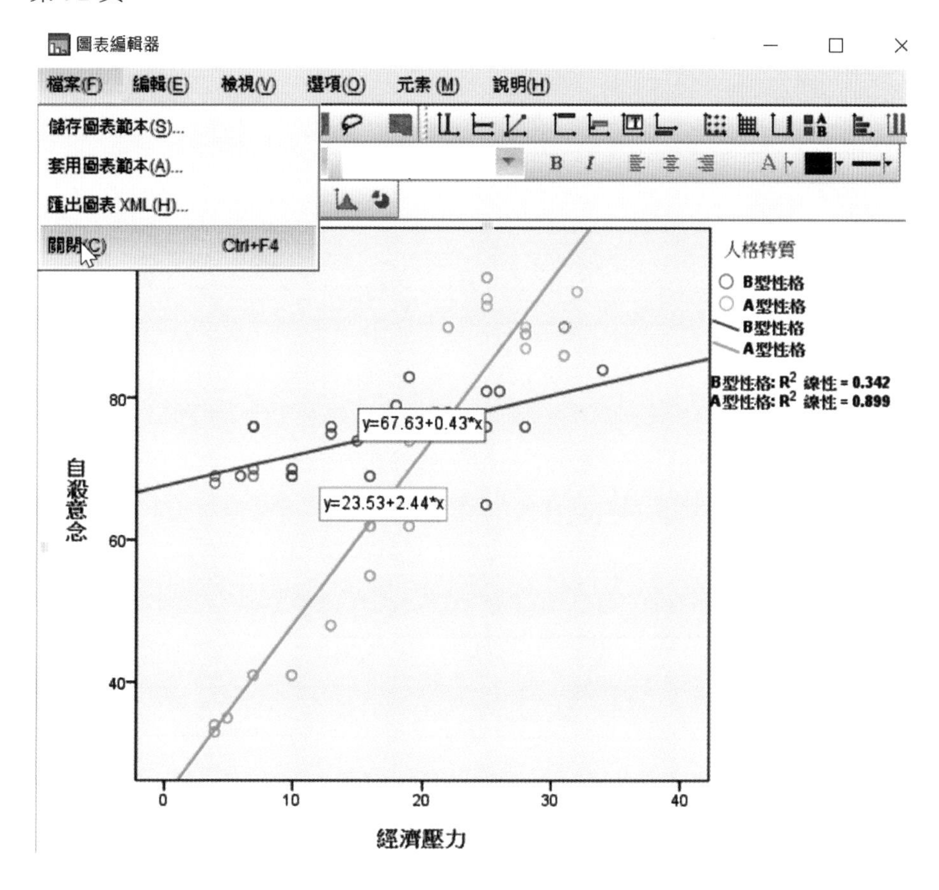
圖表編輯器
檔案(F)
編輯(E)
檢視(V)
選項(O)
元素(M)
說明(H)
儲存圖表範本(S)...
套用圖表範本(A)...
匯出圖表 XML(H)...
關閉(C)
Ctrl+F4
人格特質
B型性格
A型性格
B型性格
A型性格
B型性格: R2 線性 = 0.342
A型性格: R2 線性 = 0.899
y=67.63+0.43*x
y=23.53+2.44*x
自殺意念
經濟壓力

第 93 頁

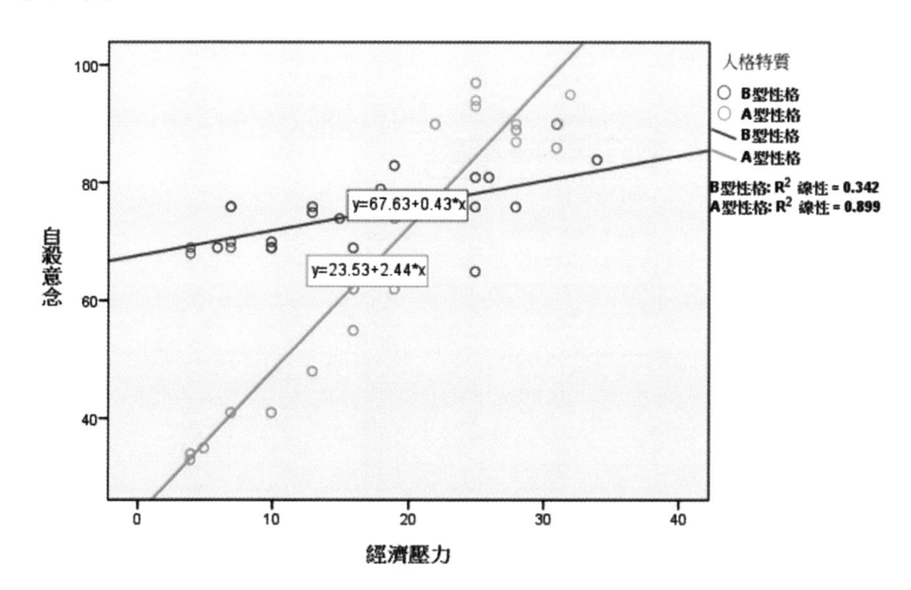
人格特質
B型性格
A型性格
B型性格
A型性格
B型性格: R2 線性 = 0.342
A型性格: R2 線性 = 0.899
y=67.63+0.43*x
y=23.53+2.44*x
自殺意念
經濟壓力

Chapter 6

第 108 頁

圖表

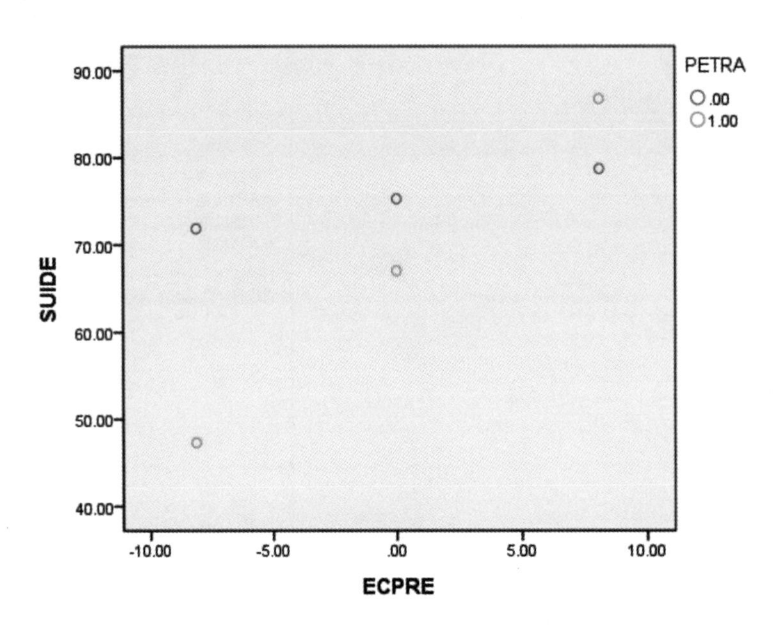

第 109 頁

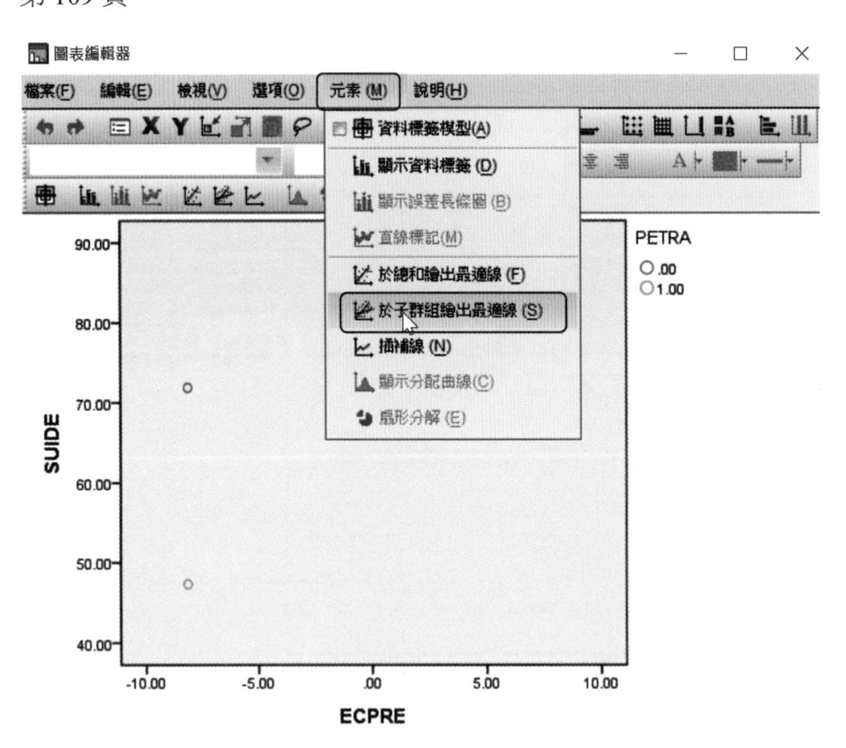

第 110 頁

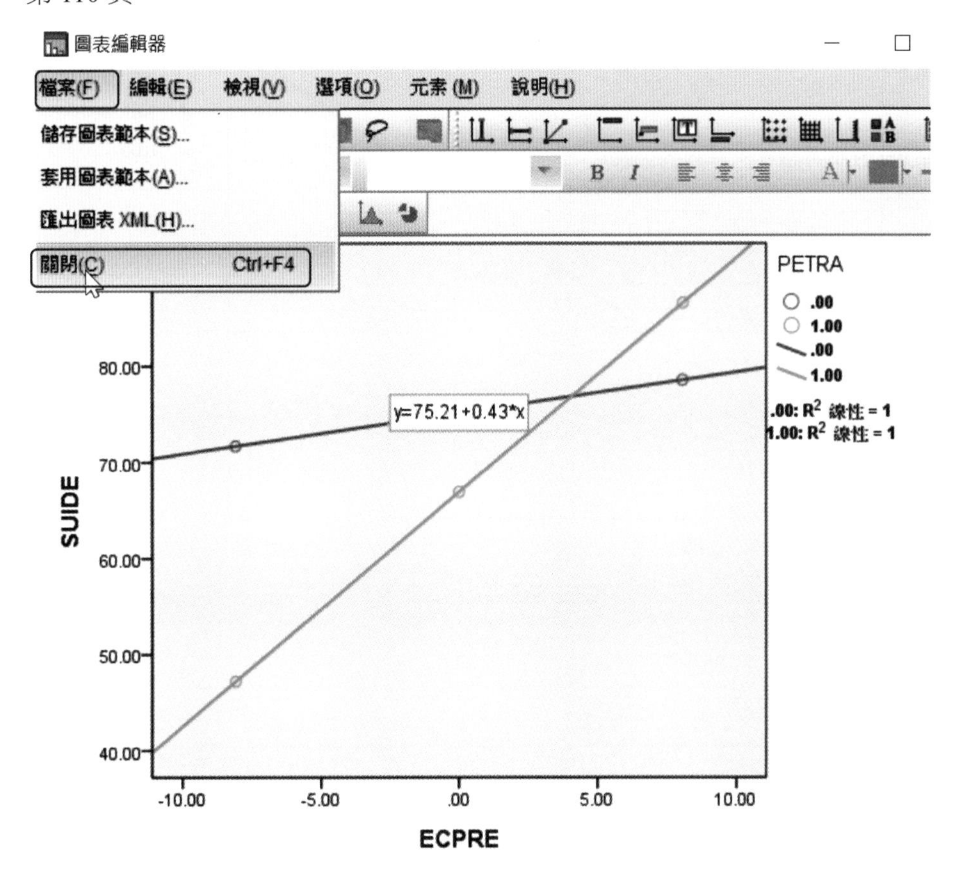

第 111 頁上

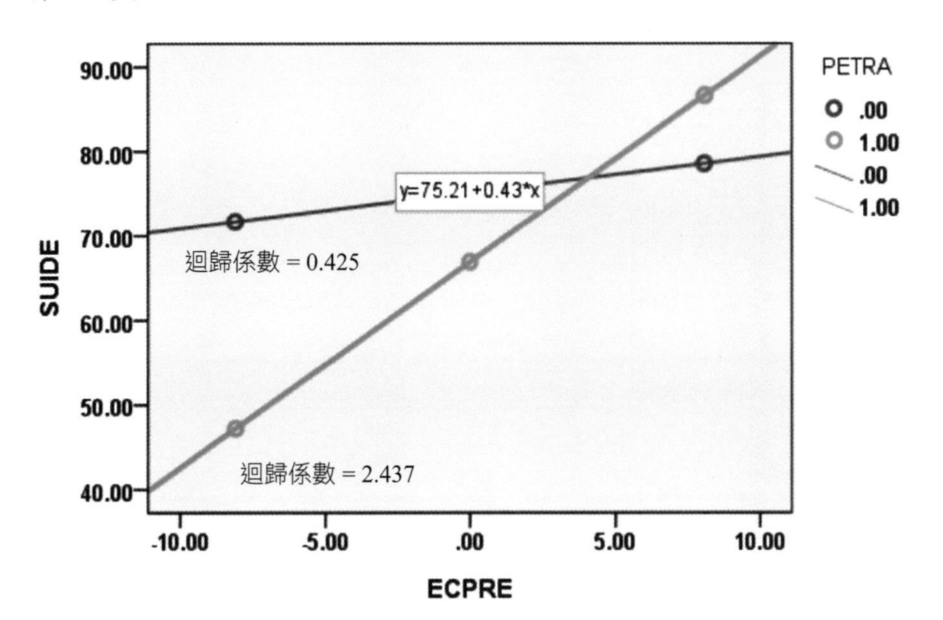

第 111 頁下

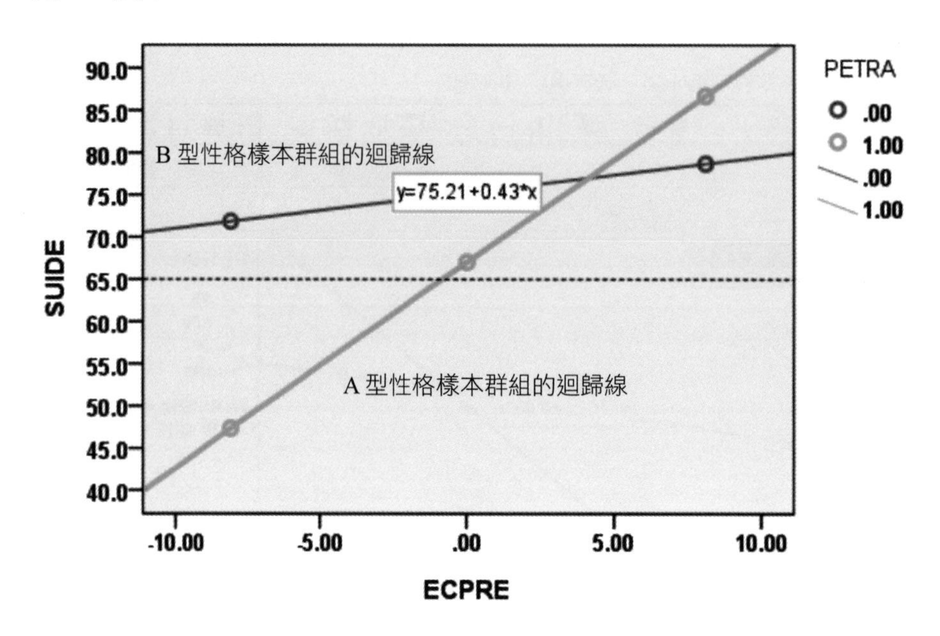

Chapter 7

第 133 頁

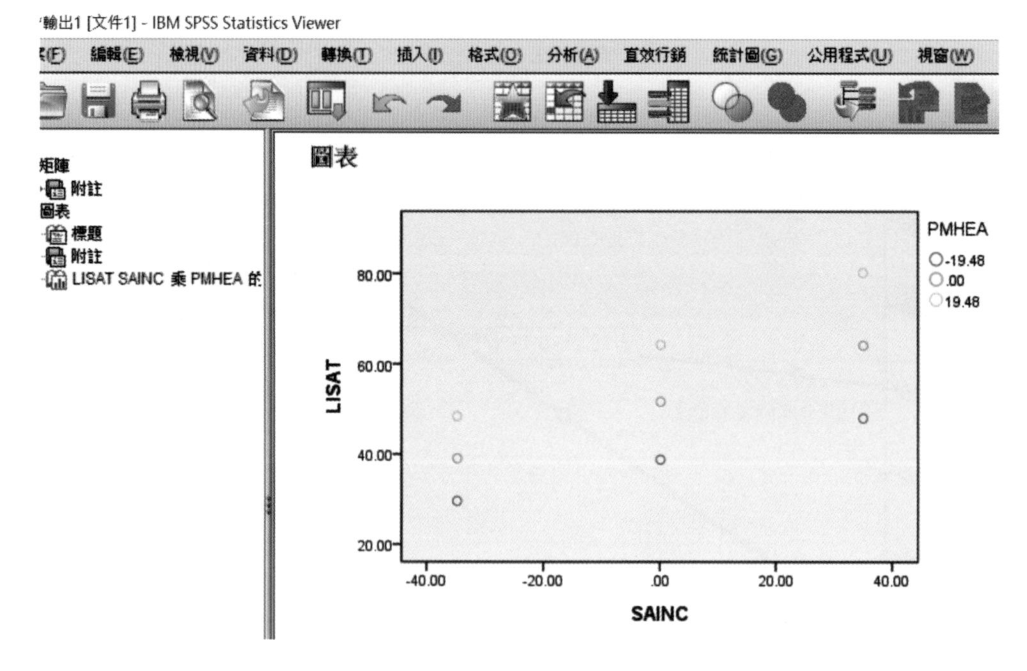

第 134 頁

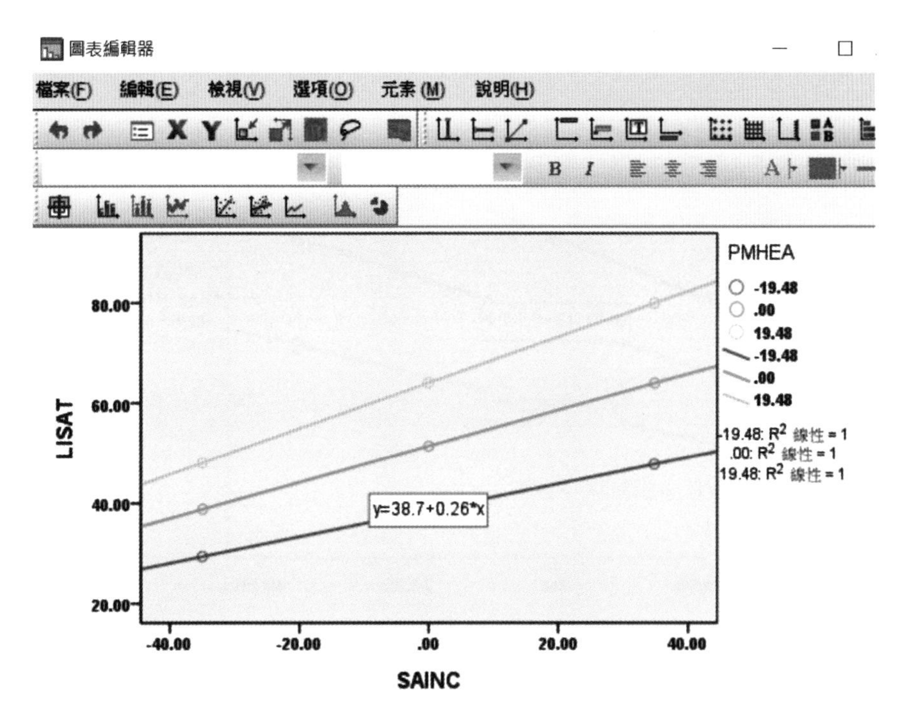
圖表編輯器
檔案(F) 編輯(E) 檢視(V) 選項(O) 元素(M) 說明(H)
PMHEA
-19.48
.00
19.48
-19.48
.00
19.48
-19.48: R^2 線性 = 1
.00: R^2 線性 = 1
19.48: R^2 線性 = 1
y=38.7+0.26*x
LISAT
80.00
60.00
40.00
20.00
-40.00
-20.00
.00
20.00
40.00
SAINC

第 135 頁

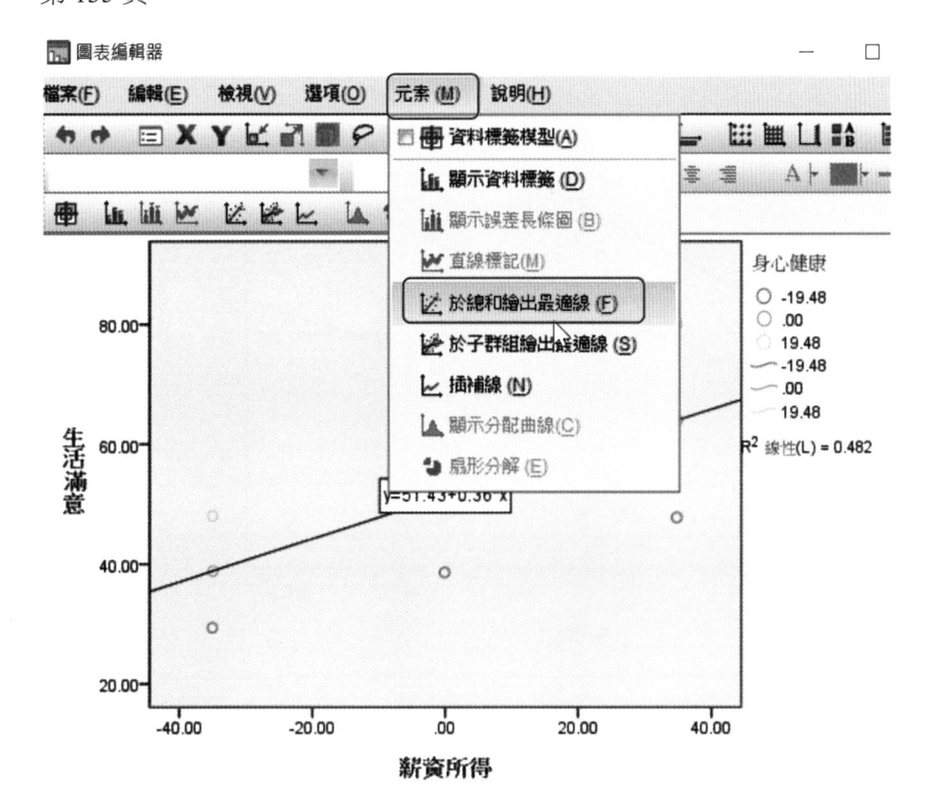
圖表編輯器
檔案(F) 編輯(E) 檢視(V) 選項(O) 元素(M) 說明(H)
資料標籤模型(A)
顯示資料標籤(D)
顯示誤差長條圖(B)
直線標記(M)
於總和繪出最適線(F)
於子群組繪出最適線(S)
插補線(N)
顯示分配曲線(C)
扇形分解(E)
身心健康
-19.48
.00
19.48
-19.48
.00
19.48
R^2 線性(L) = 0.482
生活滿意
80.00
60.00
40.00
20.00
-40.00
-20.00
.00
20.00
40.00
薪資所得

第 137 頁

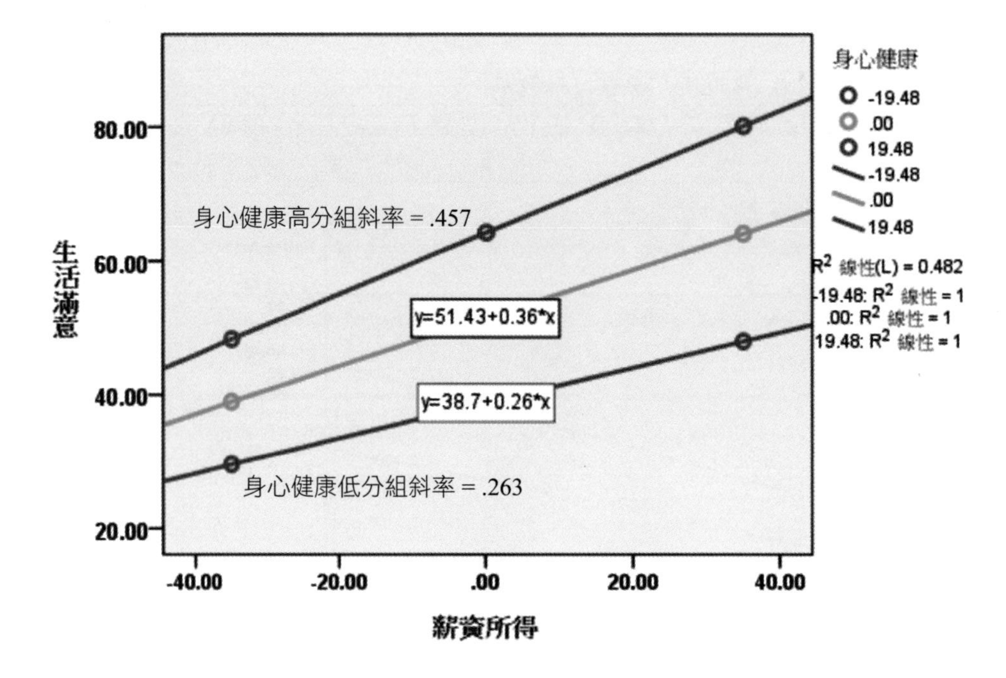
身心健康
-19.48
.00
19.48
-19.48
.00
19.48
R2 線性(L) = 0.482
-19.48: R2 線性 = 1
.00: R2 線性 = 1
19.48: R2 線性 = 1
身心健康高分組斜率 = .457
y=51.43+0.36*x
y=38.7+0.26*x
身心健康低分組斜率 = .263
生活滿意
80.00
60.00
40.00
20.00
-40.00
-20.00
.00
20.00
40.00
薪資所得

第 145 頁

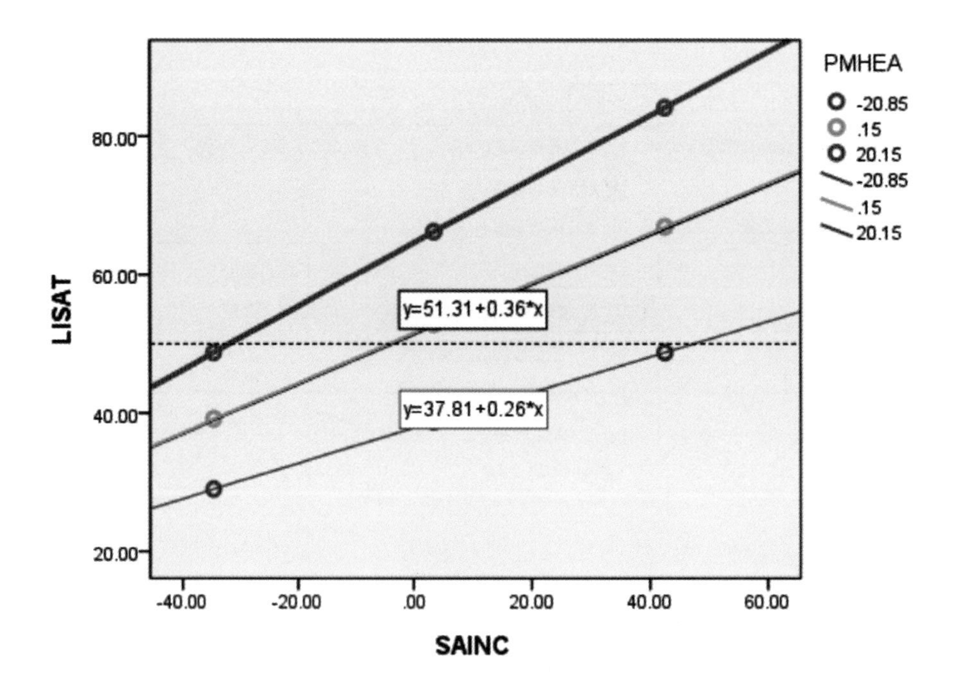
PMHEA
-20.85
.15
20.15
-20.85
.15
20.15
y=51.31+0.36*x
y=37.81+0.26*x
LISAT
80.00
60.00
40.00
20.00
-40.00
-20.00
.00
20.00
40.00
60.00
SAINC

Chapter 8

第 162 頁

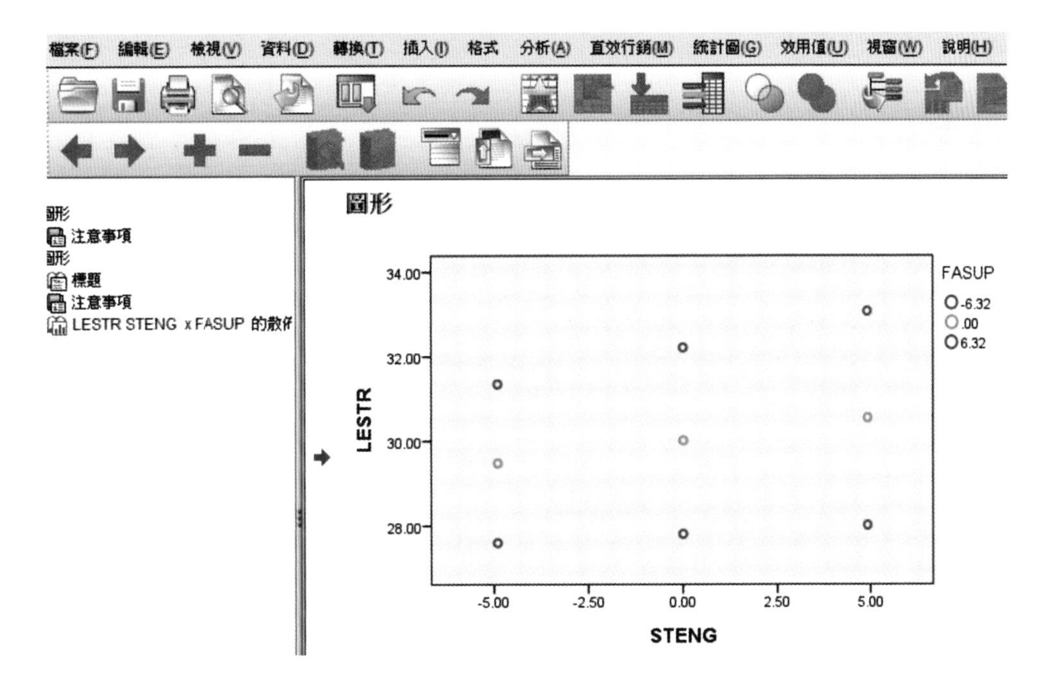

第 163 頁上

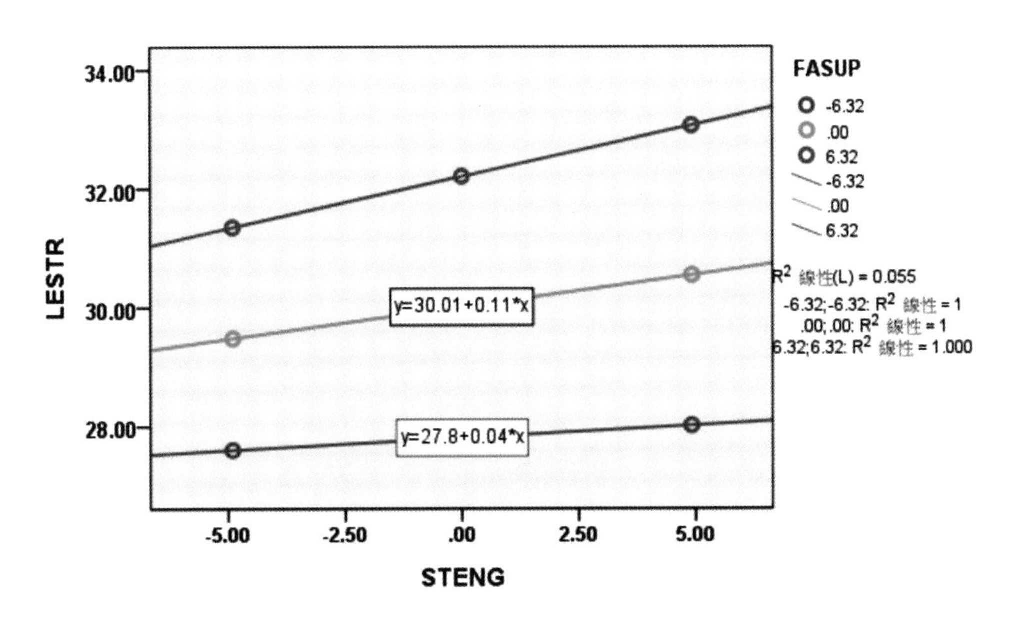

第 163 頁下

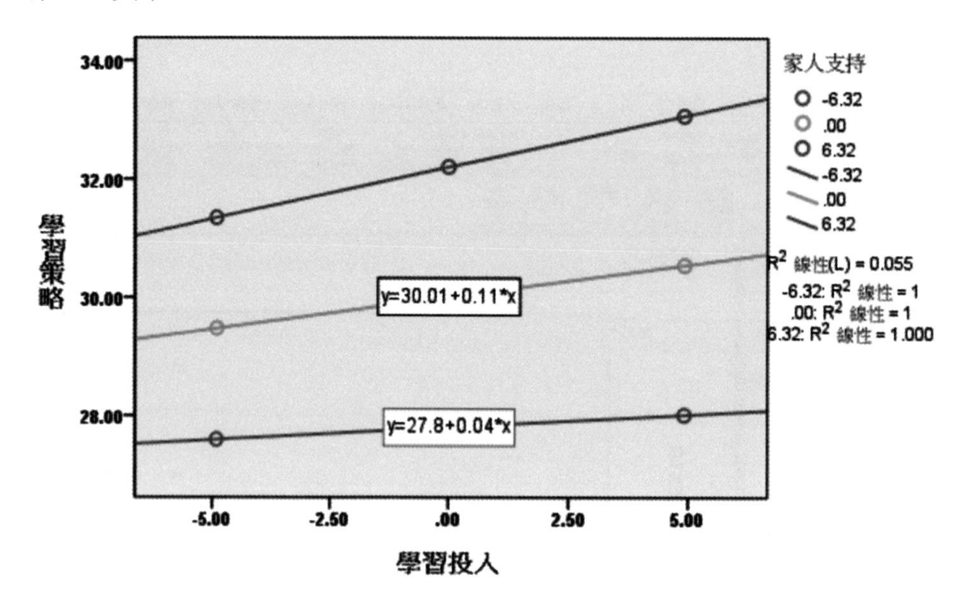

Chapter 9

第 171 頁

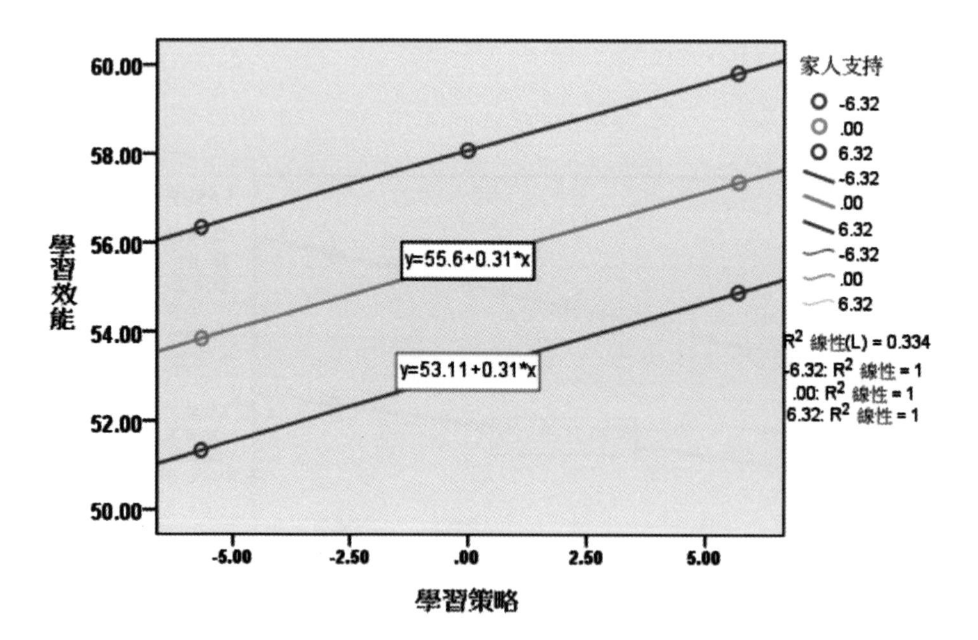

Chapter 10

第 186 頁

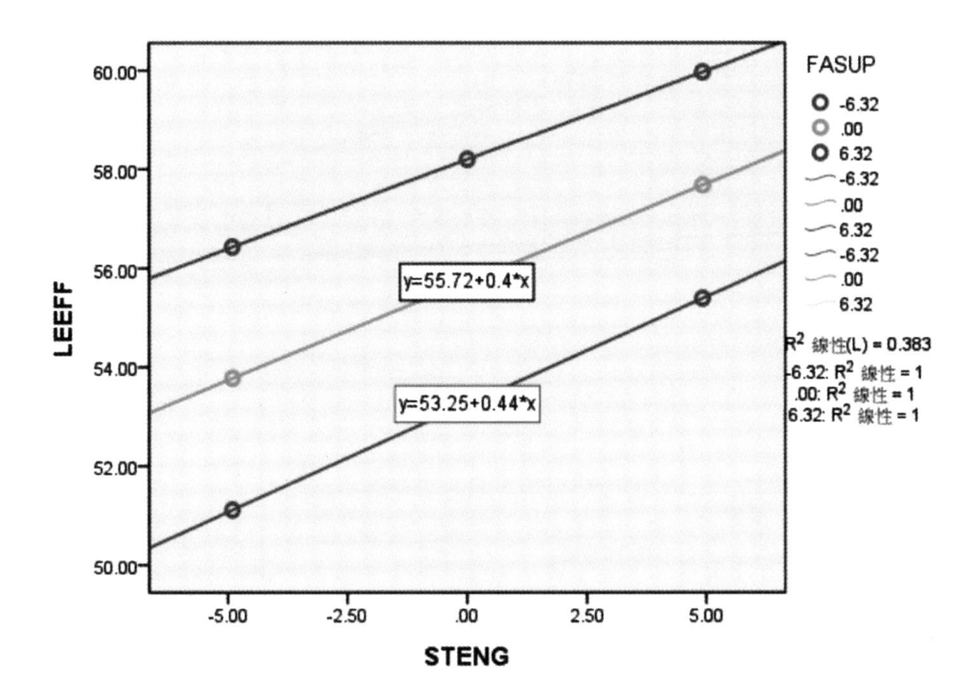

Chapter 11

第 194 頁

圖表

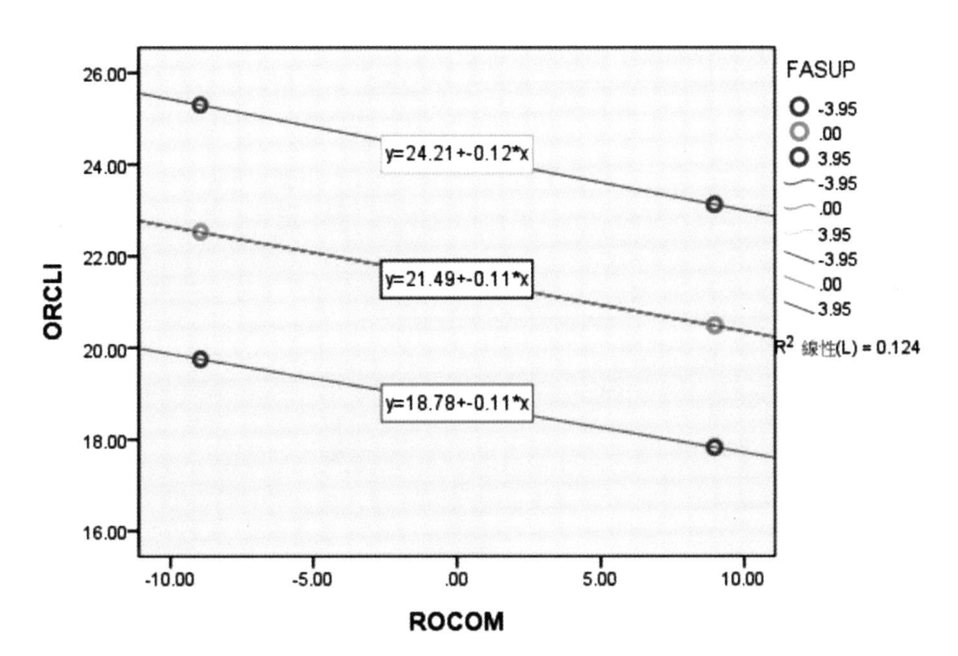

第 198 頁

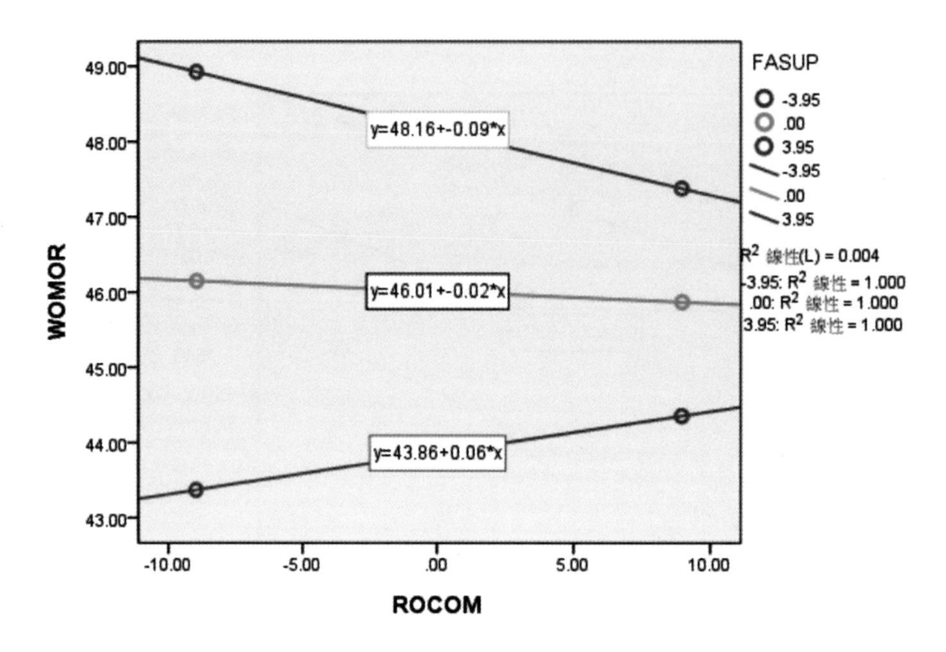

Chapter 13

第 257 頁

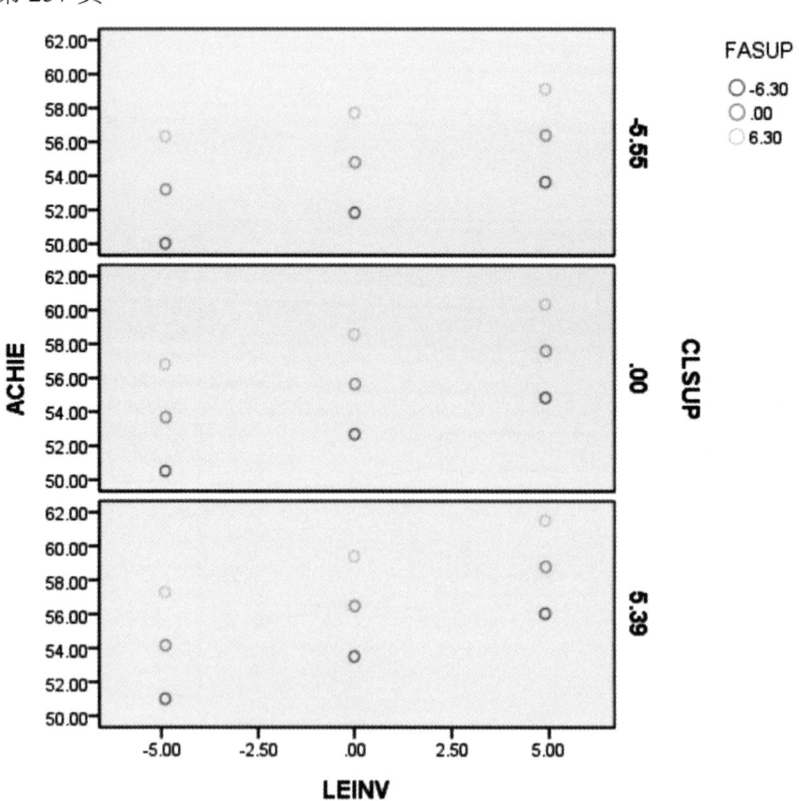

第 258 頁

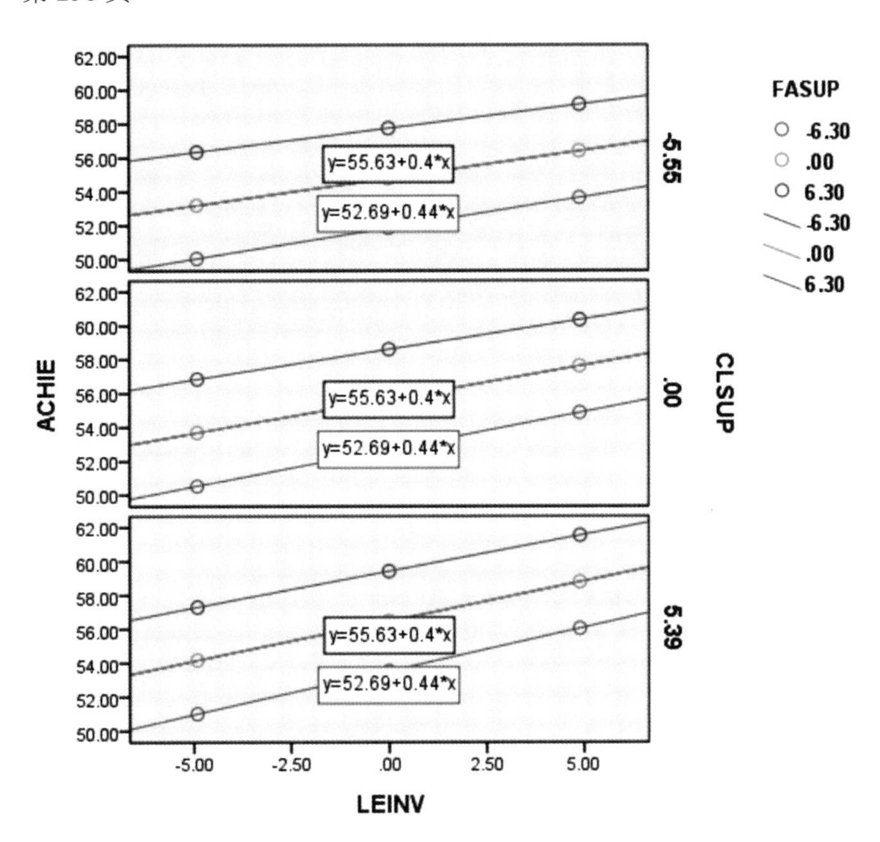

Chapter 14

第 272 頁上

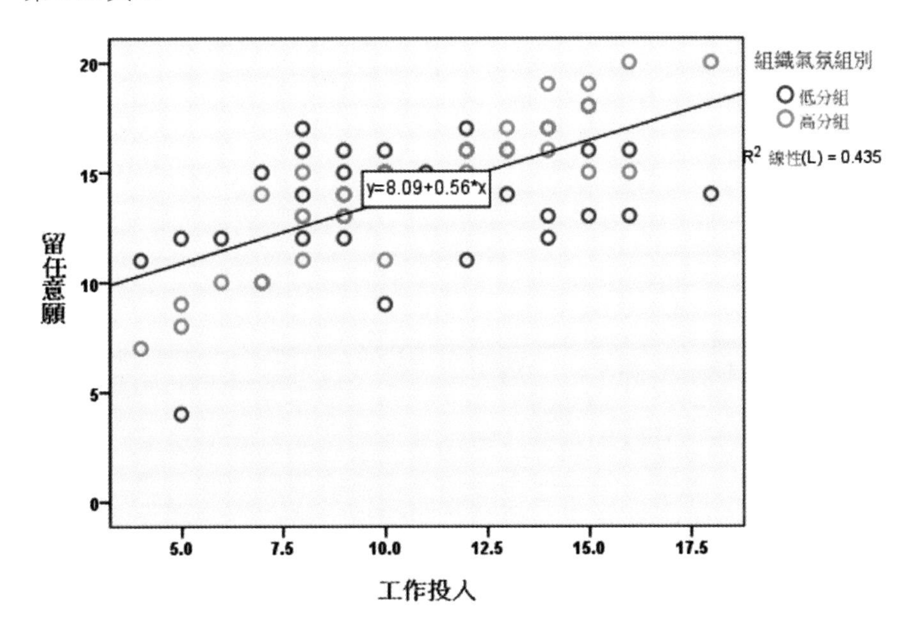

第 272 頁下

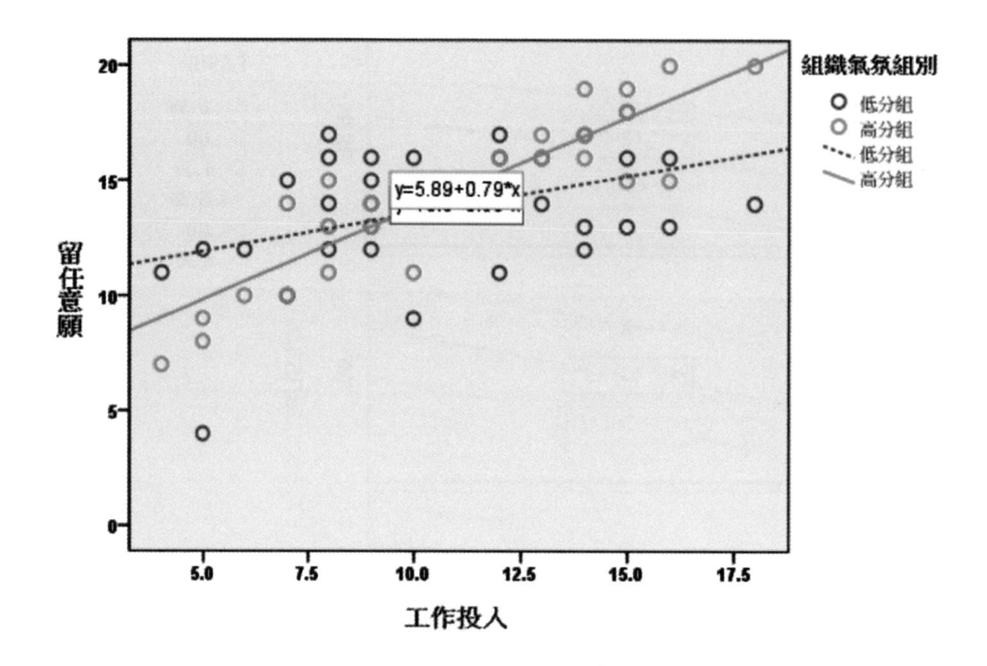

第 273 頁

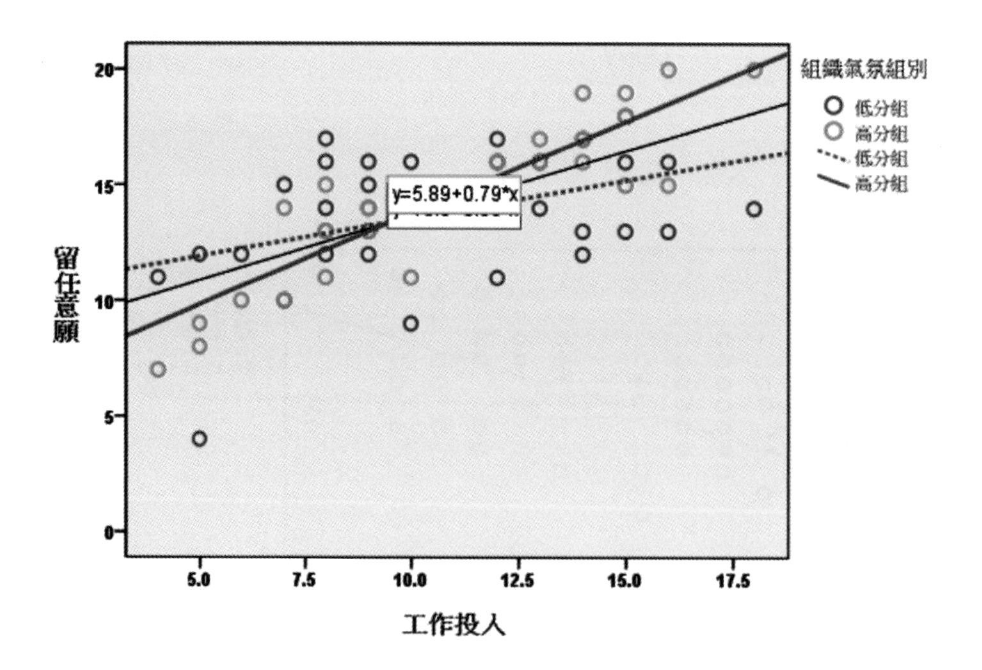

第 281 頁

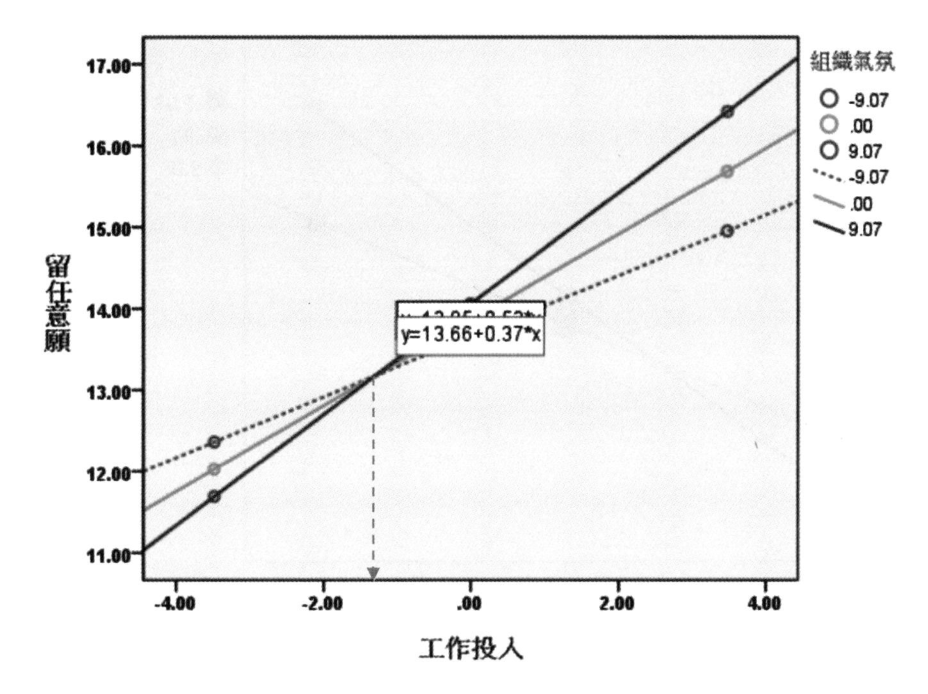

第 282 頁上

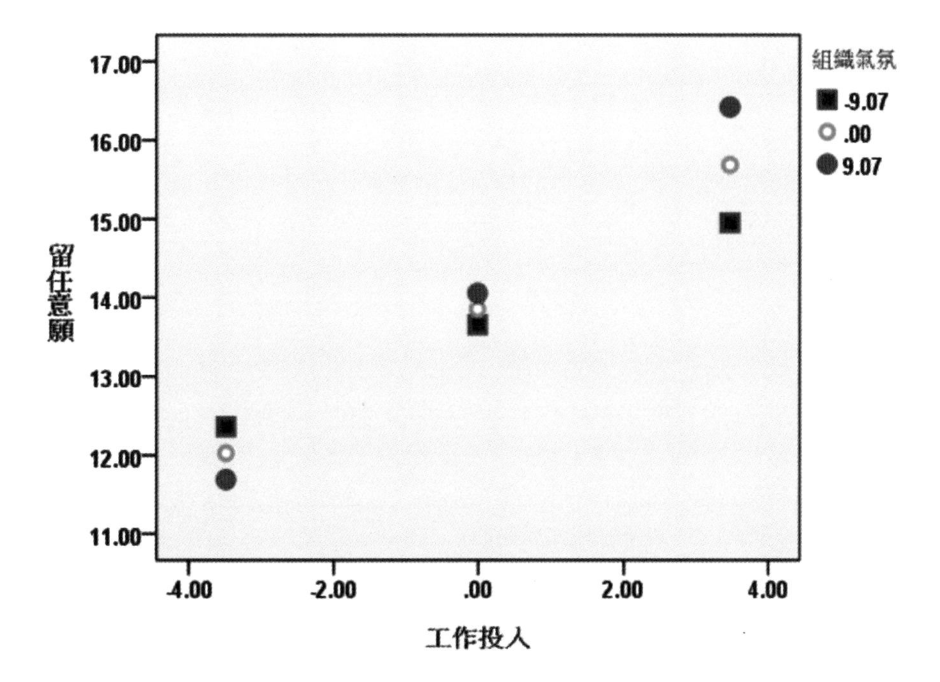

第 282 頁下

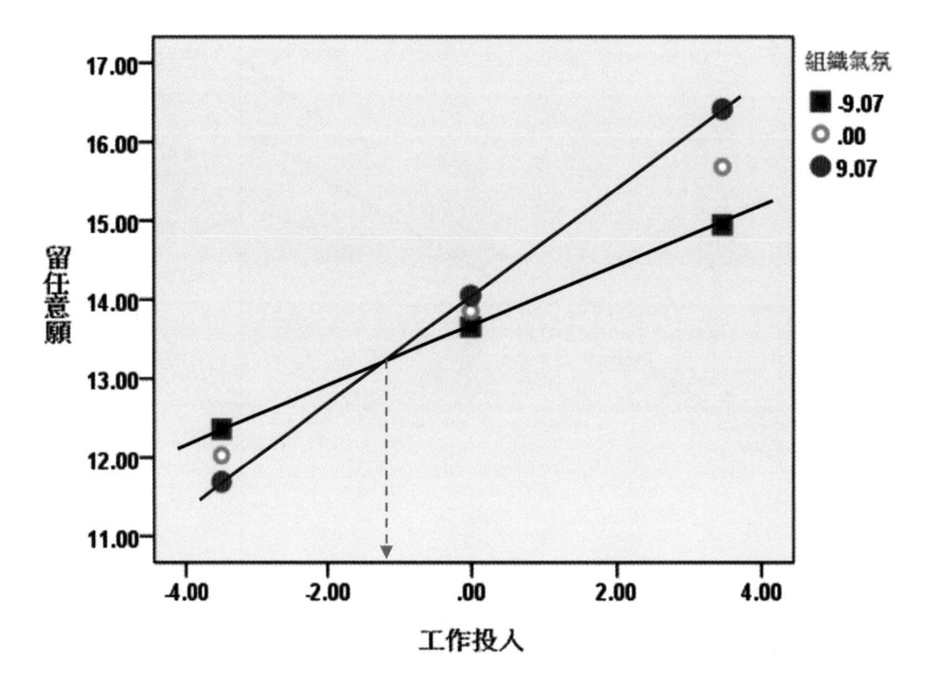
組織氣氛
-9.07
.00
9.07
留任意願
17.00
16.00
15.00
14.00
13.00
12.00
11.00
-4.00
-2.00
.00
2.00
4.00
工作投入

國家圖書館出版品預行編目(CIP)資料

中介與調節模式：SPSS+外掛模組PROCESS之應用／吳明隆著;－－初版.－－臺北市：五南圖書出版股份有限公司，2023.05
　面；　公分

ISBN 978-626-366-035-9（平裝）
1.CST: 統計套裝軟體 2.CST: 統計分析
3.CST: 電腦程式設計
512.4　　112005783

1H0Z

中介與調節模式：SPSS + 外掛模組PROCESS之應用

作　　者 — 吳明隆
發 行 人 — 楊榮川
總 經 理 — 楊士清
總 編 輯 — 楊秀麗
主　　編 — 侯家嵐
責任編輯 — 吳瑀芳
文字校對 — 鐘秀雲
封面設計 — 陳亭瑋
內文排版 — 張淑貞
出 版 者 — 五南圖書出版股份有限公司
地　　址：106臺北市大安區和平東路二段339號4樓
電　　話：(02)2705-5066　　傳　　真：(02)2706-6100
網　　址：https://www.wunan.com.tw
電子郵件：wunan@wunan.com.tw
劃撥帳號：01068953
戶　　名：五南圖書出版股份有限公司

法律顧問：林勝安律師

出版日期：2023年5月初版一刷
定　　價：新臺幣450元